सूर-साहित्य

सूर-साहित्य

हजारीप्रसाद द्विवेदी

राजकमल प्रकाशन

ISBN : 978-81-267-0081-3

मूल्य : ₹ 495

पहला संस्करण : 1973
बारहवाँ संस्करण : 2024

प्रकाशक : राजकमल प्रकाशन प्रा.लि.
1-बी, नेताजी सुभाष मार्ग, दरियागंज
नई दिल्ली-110 002
शाखाएँ : अशोक राजपथ, साइंस कॉलेज के सामने, पटना-800 006
पहली मंजिल, दरबारी बिल्डिंग, महात्मा गांधी मार्ग, प्रयागराज-211 001
1, अनमोल सोराबजी संतुक लेन, धोबी तलाव, मरीन लाइंस, मुम्बई-400 002
वेबसाइट : www.rajkamalprakashan.com
ई-मेल : info@rajkamalprakashan.com

मुद्रक : विकास कंप्यूटर एंड प्रिंटर्स
ट्रॉनिका सिटी-201 102

SOOR SAHITYA
Literary Criticism by Hazari Prasad Dwivedi

क्रम

राधा-कृष्ण का विकास : 19

स्त्री-पूजा और उसका वैष्णव रूप : 32

भक्ति-तत्त्व : 36

उस युग की साधना और तात्कालिक समाज : 43

प्रेम-तत्त्व : 74

सूरदास की विशेषता : 102

कवि सूरदास की बहिरंग-परीक्षा : 108

परिशिष्ट : 122

सूर-साहित्य

भूमिका

'सूर-साहित्य' पुस्तक पढ़कर मैं बड़ा आनन्दित हुआ था; पर जब सुना कि पुस्तक की भूमिका मुझे ही लिखनी पड़ेगी तो वही आनन्द उद्वेग के रूप में बदल गया।

उद्वेग का कारण बताऊँ। श्री हजारीप्रसाद द्विवेदी मेरे छोटे भाई के समान हैं। नित्य ही उनके साथ नाना विषयों पर मेरी बातचीत और आलाप-आलोचना होती रहती है। इसीलिए वे एक तरह से मेरे नितान्त 'अपने' हैं। उनके किसी मतामत की आलोचना करना मानो अपने ही बारे में अपने आप लिखना है। इसीलिए यह काम मेरे लिए ज़रा मुश्किल है।

एक और गुरुतर कारण से भी इस ग्रन्थ की भूमिका लिखने में हिचक होती है, उसे भी समझा देना जरूरी है।

श्री हजारीप्रसादजी भक्ति-तत्त्व, प्रेम-तत्त्व, राधा-कृष्ण-मतवाद आदि के सम्बन्ध में जो कुछ भी उल्लेख योग्य, जहाँ कहीं से पा सके हैं, उसे इस ग्रन्थ में संग्रह किया है और उस पर भली-भाँति विचार किया है; विचार का फलाफल उन्होंने स्पष्ट भाषा में ही लिखा है। इसका फल यह हुआ कि पुस्तक आराम के साथ, निश्चिन्त और अलस भाव से पढ़ने लायक नहीं हुई है। पद-पद पर चिन्ता और विचार करने की जरूरत है।

हमारे इस 'आराम-प्रिय' आलसी देश में चिन्ता और विचार करने के लिए बहुत कम आदमी राजी होते हैं। इसीलिए हम लोग युग-युगान्तर से चिन्ता का भार शास्त्र और ऋषि-मुनियों पर, विचार का भार गुरु पर और आचार का भार लोक-परम्परा पर लादते आये हैं। हमारी सनातन रीति वही रही है जिसे बंगाल में कहा करते हैं—कर्ता (मालिक) की इच्छा ही कर्म्म है।

इसके बाद जब पश्चिम से ज्ञान-विज्ञान का यह नया युग आया तब भी हमने अपनी सनातन रीति बदली नहीं, अर्थात् जड़ता का आलस्य छोड़ा नहीं। बदला हमने अपने 'कर्ता' को। भारतीय शास्त्र, गुरु और लोकाचार के सिंहासन पर यूरोप के Authority, मत और सिद्धान्त को बिठा दिया। अर्थात् एक राजा गया, दूसरा आया; किन्तु शासन, शोषण, पीड़न और चालन की विधि वही चलती रही।

बीच-बीच में प्राय: देखा जाता है कि एकान्त स्त्री-परायण व्यक्ति स्त्री के मरते ही और दूसरी स्त्री का पाणिग्रहण करके उसी की ताबेदारी में लग जाता है। जो इसका मर्म नहीं समझते वे विस्मित होते हैं। उन्हें समझना चाहिए कि स्त्रैण का स्वभाव ही ऐसा होता है। पत्नी का अर्थ है 'स्वामिनी'। इसीलिए जब एक स्वामिनी चली गयी तो दूसरी को उसी शून्य सिंहासन पर बैठना पड़ता है। इसीलिए इस युग में हमने शास्त्र, गुरु और लोकाचार की दुहाई देना छोड़कर उसके स्थान पर अगर यूरोपियन Authority की दुहाई देना शुरू किया है तो इसमें आश्चर्य की क्या बात है?

लेकिन आश्चर्य सचमुच तब होता है जब देखते हैं कि पुराने स्वामी तो हैं ही, नये स्वामी को भी हमने उन्हीं के बगल में बैठा लिया है। मानते-मानते, माना कि हमारा मन 'मानना'-परायण हो गया है, जहाँ एक जातीय प्रभु के अधीन थे वहाँ अगर एक और प्रभु की अधीनता स्वीकार कर ही ली तो कोई बात नहीं, उससे कुछ हमारा आता-जाता नहीं। पर दोनों जाति के प्रभुओं को एक ही सिंहासन पर एक के बगल में दूसरे को, बैठने के लिए कैसे हमने राजी कर लिया, यही आश्चर्य की बात है!

यह सर्ववादि-सम्मत है कि दो राजा का राज्य सुखकर नहीं होता। दो स्त्री के साथ गृहस्थी चलाना भी परम दुर्गती है, यह भी सभी जानते हैं। किन्तु सनातन और नूतन दो प्रभुओं की ताबेदारी हम एक ही साथ कैसे चला रहे हैं? प्राचीनतम सनातनी विधि के साथ नूतनतम वैज्ञानिकी अधुनातनी रीति को हमने 'बेमालूम' जोड़ दिया है। वृद्ध के साथ बालिका के विवाह में जैसा गोलमाल होता है वैसा इस क्षेत्र में बिलकुल नहीं हुआ। इसमें जो एक बेडौल विसदृश व्यापार है वह किसी को दिखा ही नहीं।

जो हो, बात यह है कि हमने सुदीर्घ काल तक समझने, सोचने और विचार करने का भार पुराने प्रभुओं को दे रखा था। और अब रिवाज हुआ है कि यह भार यूरोपियन प्रभुओं (Authority) को देना चाहिए। किसी-किसी सज्जन के अनुपम कौशल और अचिन्तनीय चातुरी के बल पर इन दोनों का समन्वय करके भावना, चिन्ता और विचार के भार को पुरातन और नूतन दोनों तरह के प्रभुओं के सिर समान भाव से लाद दिया है। सीधी बात यह है कि इस तरह के लोग स्वयं चिरन्तन प्रथा से बड़े आराम से अलस भाव से अपनी बँधी-बँधायी बोलियों को रटते जा रहे हैं।

जब चारों ओर की अवस्था ऐसी है तब श्री हजारीप्रसाद द्विवेदी की 'सूर-साहित्य' पुस्तक पढ़कर बड़ा विस्मय हुआ। इन्होंने तो पुराने या नये किसी 'कर्ता' (मालिक) को बिना विचारे प्रभु नहीं माना, अथच कहीं भी किसी के प्रति असंगत असम्मान भी नहीं दिखाया। उनके प्रत्येक मत को इन्होंने अपने विचार-बुद्धि की कसौटी पर भली-भाँति घिसकर, परखकर, सावधानी के साथ ग्रहण या वर्जन किया

है। हमारे इस 'कर्ता-भजा'[1] देश में यह क्या मामूली ढिठाई है? फिर वे स्वयं माल-मसाला इकट्ठा करके भावना, चिन्ता और विचार करने में स्वयं प्रवृत्त होने को कह रहे हैं। हमारे इस आराम-प्रिय अलस देश में यह दारुण दुर्लक्षण है। अब अगर ऐसी पुस्तक के बारे में मैं एक अच्छी-सी भारी-भरकम भूमिका लिखूँ तो हमारे देश के जड़ता विलासी पाठकों को फिर एक बार बैठ सोचना-विचारना पड़ेगा। इतनी तकलीफ उठाने को सब लोग क्यों राजी होने लगे?

इसीलिए इस ग्रन्थ की भूमिका लिखने के लिए अनुरुद्ध होकर भी मैंने हफ्तों तक कार्य स्थगित रखा। मेरे संकोच का हेतु क्या था, यह बात अब सब लोग समझ सकेंगे।

लेकिन भरोसा यह है कि एक श्रेणी के पाठक ऐसे हैं जरूर, यद्यपि उनकी संख्या बहुत कम है, जो सत्य के अनुसंधान के लिए सब तरह के दुःख सहने को तैयार हैं। वे गतानुगतिक सभी प्रकार की जड़ता और आलस्य त्याग करने के लिए कृत-संकल्प हैं। द्विवेदीजी ने इन्हीं संख्या-विरल पाठकों के लिए अपनी पुस्तक लिखी है। इसीलिए वे राधा-कृष्ण-मतवाद के क्रम-विकास की आलोचना इस तरह प्रगाढ़ भाव से कर सके हैं। उन्होंने नूतन और पुरातन सब प्रकार के मतामत को चुनौती दी है, साहस के साथ विचार किया है और नाना युक्तियों के साथ अपना सिद्धान्त उपस्थित किया है।

प्रत्न-विचार के क्षेत्र में प्रधानतः दो तरह की विपत्तियाँ हैं। एक है अति प्राचीन करने की प्रवृत्ति और दूसरी है अत्यन्त नवीन करने की जिद। ये दोनों ही कोटिवाद (Extremism) सत्य-अनुसंधान के परम शत्रु हैं।

प्राचीन काल में किसी भी मतवाद को प्रतिष्ठित करने के लिए किसी-न-किसी वैदिक या पौराणिक नाम के साथ उसे युक्त करने की चेष्टा की गयी है। ये मतवाद मानो झोले हैं, जिन्हें टाँगने के लिए ये वैदिक या पौराणिक नाम खूँटियों के समान हैं। कभी-कभी झोले को सुरक्षित रखने के लिए एकाधिक नामों की खूँटियाँ तलाश की गयी हैं। इसका फल यह हुआ है कि परवर्ती काल में भिन्न-भिन्न जातियों की खूँटियाँ झोलों के गड़बड़-झाले से एक ही जाति की-सी प्रतीत होने लगी हैं। फिर ऐसा भी हुआ है कि एक ही खूँटी पर दो-तीन तरह के झोले लटका रखे गये हैं, फिर उसी खूँटी की दुहाई देकर भिन्न जाति के झोलों को एक में ही चला दिया गया है।

इसके बाद जब झोलों की पुरानी कहानी का विचार किया जाने लगता है तो उस झोले की जगह हम उस खूँटी से काल-विचार शुरू करते हैं जिसमें वह लटकाया गया था। हम प्रायः भूल जाते हैं कि इन झोलों को अति प्राचीन सिद्ध करने के लिए ही इन खूँटियों की खोज हुई थी। ऐसे विचार का गोलमाल अधिकतर हमीं लोगों में होता है।

1. बंगाल में 'कर्ता-भजा' नामक एक सम्प्रदाय है। ये लोग विवेक, शास्त्र, आदि सबके ऊपर कर्ता (मालिक, गुरु) की वाणी ही मानते हैं। ये 'कर्ता' का ही भजन करते हैं।

लेकिन जो लोग बाहर से विचार करने आते हैं उनकी समस्या दूसरी ही होती है। ये लोग अगर निरपेक्ष होते तो कोई समस्या होती ही नहीं। पर असल बात है कि वे साम्राज्यवाद के चालक हैं और हम चालित। यह बात उनके लिए भूलना बड़ा कठिन है। इसीलिए ज्ञानतः और अज्ञानतः इस देश की महिमा को खर्च करने की ओर उनकी प्रवृत्ति होना स्वाभाविक ही है।

इस देश के धार्मिक आन्दोलन को अगर अर्वाचीन सिद्ध किया जा सके तो सहज ही उसे ईसाई धर्म के निकट ऋणी सिद्ध किया जा सकता है। और ईसाई धर्म का जो कुछ गौरव है उसमें ये बाहरी विचारक समझते हैं कि उनका सम्पूर्ण दावा है। किन्तु वे भूल जाते हैं कि ईसाई धर्म के अनुवर्तियों के दल में कितने दिनों से उन्हें शरण मिली है! किसी ऐश्वर्यवान् के घर अगर किसी ने दयावश आश्रय पा लिया तो इसका अर्थ यह थोड़े ही है कि वह सारे ऐश्वर्य का दावेदार हो गया? अगर ईसाई धर्म में कुछ महिमा है तो उस महिमा का दावा हम लोगों का है, क्योंकि ईसाई धर्म पूर्व का धर्म है, हमारे ही घर की चीज है।

ईसाई धर्म को परवर्ती सिद्ध करने से ही यदि सारे भारतीय धर्म-मत को ईसाई धर्म का ऋणी सिद्ध किया जा सके तो इस एक ही कारण से सारा ईसाई धर्म ही बौद्ध धर्म का ऋणी है। यह ऋण तो अनेकांश में सचमुच सही है। यह बात निरपेक्ष पण्डितगण धीरे-धीरे स्वीकार भी करने लगे हैं।

भारतवर्ष का यह परम अपराध रहा है कि वह पर-मत-सहिष्णु और आश्रित-वत्सल रहा है। दुर्दिन में, दुरवस्था की मार से जब एक दल के ईसाई भारत के दक्षिणी हिस्से में शरणापन्न हुए उस समय शरणागतवत्सल भारत ने उन्हें बिना विचारे आश्रय दिया। उस दिन उसने सोचा भी नहीं था कि इन दुर्गत-आश्रितों के समधर्मी इस मामूली से सूत्र से भारतवर्ष के सारे गौरवों का दावा पेश करने लगेंगे। यह दावा प्रतिष्ठित करने के लिए युक्त-अयुक्त सभी उपायों से भारत के सारे भाव-ऐश्वर्य को ठेल-ठालकर उसे आश्रयदान के परवर्ती काल का बना दिया जायेगा!

इसीलिए हम देखते हैं कि भारतीय धर्ममत के इतिवृत्त की आलोचना की एक विपद् है। एक, सबकुछ को अति प्राचीन सिद्ध करने की प्रवृत्ति और दूसरी, सबकुछ को अति अर्वाचीन सिद्ध करने की जिद। दोनों तरफ के इन दो पाषाण संकटों के भीतर तरंग-संकुल खरस्रोत-धारा में से भी द्विवेदीजी जो नैया खेकर घाट पर भिड़ा सके हैं, यह उनके लिए कम प्रशंसा की बात नहीं है।

किसी एक धर्म का मूल कहाँ है, इस बात के अनुसन्धान में सबसे बड़ी विपद् क्या है, यही कहकर मैं पाठकों से विदा ग्रहण करूँगा। किसी धर्म या मतवाद का आरम्भ निर्णय करना बड़ा कठिन है। गंगा का आरम्भ कहाँ है, यह बात क्या आज भी निर्णीत हुई है? गंगोत्री को ही गंगा का आदि स्थान क्यों माना जाय, उसके भी कितने ऊपर क्षीण से क्षीणतर स्रोत और धाराएँ पकड़ते-पकड़ते किस एक आदि बिन्दु पर उसका मूल मिलेगा, कौन बता सकता है?

धर्म का वह मूल-बिन्दु बताना और भी कठिन है। हमारे अपने भीतर के ही

बहुत से भाव हमारे अज्ञात चेतन-लोक में कितने दिनों से धीरे-धीरे उपचित होते-होते किसी एक विशेष दिन को प्रत्यक्ष-गोचर होते हैं, इस बात को क्या हमने कभी सोचकर देखा है ? जिस दिन उसे स्फुट देखते हैं, उसी दिन को उसका जन्म-दिन मान लेते हैं, किन्तु उसके पीछे जो सुदीर्घ इतिहास है वह हमारे अपने भीतर की चीज होने पर भी अपने ही निकट अगोचर है। लेकिन धर्म-मत तो एक समूचे देश की ऐसी असंख्य चिन्मय-धाराओं का प्रकाश है। फिर उसके आदि की बात निर्णय करके कौन बता सकता है। मिट्टी के नीचे असंख्य अज्ञात धाराएँ अनेक दिशाओं में बहती रहती हैं, परन्तु तृषार्त मनुष्य प्रयोजनवश उनमें से किसी एक का कुएँ की खुदाई के द्वारा आविष्कार करता है। लेकिन वहीं तो उसका आदि नहीं है, वहाँ तो केवल उसका परिचय पाया गया। यह बात भी बहुत कुछ इसी तरह की है।

इसी प्रकार मध्ययुग के व्यक्त लिंगाचार तथा अव्यक्त लिंगाचार बहुविध भक्ति-धाराएँ भारतवर्ष में भीतर-ही-भीतर दीर्घकाल से बहती आ रही थीं। बीच-बीच में उनका परिचय बिलकुल मिलता ही नहीं सो बात नहीं है, फिर भी हमारी शिरा-उपशिराओं के रक्त-प्रवाह की तरह वे हमारे अलक्ष्य में ही बहती रहीं। जो हमारे लिए जीवन का भी जीवन हुआ करता है वही अत्यन्त अगोचर होता है। इसी समय हठात् बाहर से मुसलमान धर्म का आगमन हुआ। इसका अर्थ यह था कि भारत के धर्म और आदर्श के सामने एक नयी चुनौती उपस्थित हुई। इसीलिए रघुनन्दन आदि निबन्धकारों ने स्मृतिशास्त्र से जो सर्वोत्तम था, उसे सबके सामने उपस्थित किया; पूर्णानन्द, सर्वानन्द, कृष्णानन्द और तान्त्रिक साधकों का दल नये सिरे से अपनी साधना का महत्त्व प्रमाणित करने लगा और भक्ति तथा भाव के साधकों का दल सगुण-निर्गुण नाना भाव से अपनी-अपनी श्रेष्ठ सम्पद् को सबके सामने उपस्थित करने लगा। अर्थात् इतने दिनों तक जो धाराएँ अन्त:सलिला थीं, प्रयोजनवश कुआँ खोदकर उन्हें सबके सामने उपस्थित करना पड़ा।

एक धर्म-मत का इतिहास ढूंढ़ने के लिए यदि हम ग्रन्थ, शिलालेख आदि के लिए कोई स्पष्ट Document (दलील) देखकर ही उसका आदि निर्णय करने लगें तो यह बड़ी भारी भूल होगी। मनुष्य अपने जन्मदिन को पैदा होता है, फिर क्रमश: बड़ा होता है। इसके बाद अगर किसी दिन कोई वैषयिक प्रयोजन उपस्थित हुआ तो शायद किसी दिन वही दलील पर दस्तखत भी कर देता है। ऐसे भी कितने ही हैं, जिन्होंने इस जीवन में कभी कहीं दस्तखत ही नहीं किये। इसीलिए यह तो नहीं कहा जा सकता कि इन आदमियों का जन्म ही नहीं हुआ या इन्होंने जीवन-यात्रा का निर्वाह ही नहीं किया।

इस देश में ऐसे अनेकानेक मतवाद और साधनाएँ हो चुकी हैं और आज भी जिन्होंने कभी किसी दलील पर दस्तखत नहीं किये। किन्तु आध्यात्मिक गगनबिहारी इन ज्योतिष्क पिण्डों का परिचय वेधशाला के पण्डितों को नहीं मिला। इसीलिए इनका अस्तित्व अस्वीकार नहीं किया जा सकता।

भारत के साधक नहीं जानते थे कि अपनी सत्ता और महिमा प्रमाणित करने

के लिए समाचारपत्र, विज्ञापन और प्रोपेगण्डा प्रभृति का ढोल पीटकर खाली अमेरिकन पद्धति से सारे संसार में 'बूमिंग' (Booming) करना होता है। इसीलिए भारतवर्ष के साधकों की प्राण-पण चेष्टा अपने आपको छिपा रखने की थी। अपने को प्रचारित करने की चेष्टा से संसार-भर के लोगों को चकित कर देने की कोशिश उन्होंने कभी की ही नहीं। वृक्ष का जीवन-धारी मूल मिट्टी के नीचे रहता है। जीवन का धर्म भी लोक-लोचन के अन्तरात्मा में रहता है। जिसे जीवन की झंझट नहीं रहती उसी को Booming करने में हिचक नहीं होती। भारत के साधकगणों ने हमारी अन्तर-चारिणी धर्म-साधना को सबके सामने जाहिर करने की पापचेष्टा की, पतिव्रता कुलवधू को वेश्या बनाने के साथ, तुलना की है। अपने मतामत को ये साधक कहीं भी विपुल करके दिखाना नहीं चाहते थे। वरन् वे बीज और अंकुर की तरह जीवन्त धर्म को स्वल्पायतन देखकर ही उसके प्रति विश्वास रखते थे। इसीलिए उन्होंने कहा है—'स्वल्पमप्यस्य धर्मस्य त्रायते महतो भयात्।'

स्थूल विचार से और जड़ दृष्टि से देखने पर ये सब धर्ममत पैदा ही नहीं हुए, क्योंकि अदालत-ग्राह्य किसी दलील को सर्वसाधारण के सामने दाखिल करने में उन्हें संकोच हुआ था। धर्म का विचार उसके अपने महत्त्व से, उसके अनुवर्तियों के त्याग और साधना से और उसकी अन्तरतम आध्यात्मिक प्राण-शक्ति से होता है।

जिन्होंने भारत की साधना और धर्म-मत की आलोचना की है उनके मन ने बारम्बार भारतीय धर्म-मत और साधना का यह रहस्य अनुभव किया है। आजकल चारों ओर का वातावरण बहिर्मुखी है जहाँ की भाषा Booming की भाषा है। पर ये साधनाएँ हैं शान्त और अन्तर्मुखी। मौत ही इनका जीवन-लक्षण है इसीलिए आज दिन उसके साथ आधुनिक वातावरण का पद-पद पर विरोध होता है, पद-पद पर आघात होता है। आशा करता हूँ, श्री हजारीप्रसादजी के ग्रन्थ को पढ़ते-पढ़ते पाठक-वर्ग के अन्तर में बार-बार यह वेदना जाग उठेगी।[1]

शान्ति-निकेतन

—क्षितिमोहन सेन

* श्रद्धेय आचार्य क्षितिमोहन सेन महाशय ने कृपापूर्वक यह भूमिका लिखकर 'सूर-साहित्य' का जो गौरववर्धन किया है, उसके लिए लेखक अपनी आन्तरिक कृतज्ञता ज्ञापन करता है।

निवेदन

'सूर-साहित्य' मेरी पहली रचना है। आज से कोई पच्चीस वर्ष पहले यह पुस्तक लिखी गयी थी। उस समय साहित्य-क्षेत्र में कुछ नया देने की उमंग थी और ऐसा विश्वास था कि जो कुछ लिख रहा हूँ, सब प्रकार से नवीन और ग्राह्य है। इसीलिए भाषा में जहाँ एक प्रकार का आत्मविश्वास का गुण था, वहीं थोड़ा-बहुत आक्रामक भाव भी आ गया था। आज यदि नये सिरे से इसी विषय पर लिखना पड़े, तो इसकी भाषा और शैली में बहुत कुछ परिवर्तन हो जायेगा। और यह पुस्तक कदाचित् उपयोगी तो अधिक हो जायेगी, लेकिन इसमें जो थोड़ी-सी भास्वरता है वह क्षीण हो जायेगी। पुस्तक बहुत दिनों से नहीं मिल रही थी; और कई प्रेमी पाठक इसको फिर से प्रकाशित करने के लिए आग्रह कर रहे थे। मेरा अनुमान है कि इस पुस्तक की भाषा और शैली ही इन पाठकों को अधिक प्रिय है। इसीलिए मैंने पुस्तक को उसी रूप में प्रकाशित करना ही उचित समझा, जिस रूप में यह प्रथम बार प्रकाशित हुई थी। प्रथम संस्करण में जो छापे की गलतियाँ थीं, उन्हें सुधारने के अतिरिक्त सिर्फ उन स्थानों को थोड़ा-सा परिवर्तित कर दिया गया है, जिनके बारे में मेरे विचार अब निश्चित रूप से बदल गये हैं। मुझे यह कहने में थोड़ी प्रसन्नता ही होती है कि ऐसे स्थल बहुत ही कम हैं। इस प्रकार यह पुस्तक प्रायः उसी रूप में प्रकाशित हो रही है जिस रूप में प्रथम बार छपी थी।

जिन मित्रों ने बार-बार आग्रह करके इस पुस्तक को फिर से प्रकाशित कराने की प्रेरणा दी है, उनके प्रति मैं हार्दिक कृतज्ञता प्रकट करता हूँ। मैं सोचता था कि 'सूर-साहित्य' अगर छपना ही है तो उसका बिलकुल कायाकल्प हो जाना चाहिए; क्योंकि इधर अनेक विद्वानों के परिश्रम के फलस्वरूप अनेक नयी जानकारी प्राप्त हुई हैं और उनका समावेश किये बिना पुस्तक अधूरी ही मालूम होगी। परन्तु मुझे यह देखकर आश्चर्य हुआ कि सूर-साहित्य के कई विशेषज्ञ मित्रों ने भी इसे ज्यों-का-त्यों छापने का ही आग्रह किया। मेरा भी इसके मूल रूप पर थोड़ा मोह है; इसलिए सहृदय पाठकों के सम्मुख अपनी इस बाल-कृति को पुनः उपस्थित करने का साहस कर रहा हूँ।

प्रथम संस्करण की भूमिका श्रद्धेय आचार्य क्षितिमोहन सेन ने लिखी थी। वह भूमिका अपने आप में अत्यन्त महत्त्वपूर्ण कृति है, उसमें उनके अगाध पाण्डित्य और सहृदयता का मणि-कांचन योग तो है ही, मेरे प्रति जो स्नेह का भाव है वह भी उन्हीं के योग्य है। एक लम्बी अवधि के बाद जब मैं उस भूमिका को पढ़ता हूँ तो मुझे अद्भुत आनन्द और गौरव का बोध होता है। मैं मन-ही-मन इस बात के लिए लज्जा अनुभव करता हूँ कि दीर्घकाल तक उनके सम्पर्क में रहकर भी मैं उनके स्नेह का उचित अधिकारी नहीं सिद्ध हो सका। लेकिन मैं अपने मन को समझा लेता हूँ कि स्नेह का मिलना भी कम सौभाग्य नहीं है। आज आचार्यपाद अत्यन्त वृद्ध हो गये हैं, और अस्वस्थ भी हैं। आज भी उनका स्नेह मुझे उसी तरह प्राप्त है। पुस्तक का पुनः मुद्रण देखकर उन्हें जितनी प्रसन्नता होगी, उतनी शायद दूसरे को न हो। इस अवसर पर उनके प्रति मैं अपनी सश्रद्ध प्रणति निवेदन करता हूँ।

पं० नाथूरामजी प्रेमी ने पुस्तक को फिर से प्रकाश में लाने में सर्वाधिक प्रेरणा दी है। यदि उनका आग्रह न होता तो कदाचित् पुस्तक छपती ही नहीं। मेरी आरम्भिक रचनाओं को उन्होंने ही प्रोत्साहन दिया था, और पुस्तक को भी विस्मृति के गड्ढे में गिरने से उन्होंने ही बचा लिया है। पुस्तक की छपाई का वे पूरा ध्यान रखते हैं और मैं निश्चित जानता हूँ कि उनके प्रति कृतज्ञता के दो शब्द लिख भी दूंगा, तो वे अवश्य काट देंगे। इसलिए उनके प्रति कृतज्ञता-व्यंजक कुछ भी न लिखकर चुपचाप अपनी हार्दिक श्रद्धा और प्रीति के भाव निवेदन करता हूँ।

सूरदास भारतीय साहित्य के सर्वाधिक महत्त्वपूर्ण रत्नों में हैं। जिस प्रसंग को उन्होंने उठाया है उसके बारे में सबकुछ कह दिया है। अपने वक्तव्य विषय के साथ ऐसी तन्मयता संसार के कुछ थोड़े कवियों में ही मिल सकती है। जिन दिनों मैंने इस पुस्तक को लिखा था उन दिनों इस महान् भक्त की कविता का नशा था। ज्यों-ज्यों अवस्था बढ़ती गयी है त्यों-त्यों अनेक प्रपंचों में उलझता गया हूँ। जीवन में काव्य चर्चा के बहाने जिन भक्त रत्नों की रचनाओं में मन रमा रहता था—उनसे दूर हट गया हूँ। पुरानी बातों को पढ़ता हूँ तो हृदय में एक प्रकार की पीड़ा का अनुभव करता हूँ। कहाँ से शुरू किया और कहाँ आ गिरा हूँ! जो होना चाहा था, वह नहीं हो सका; जो सोचा भी नहीं था, उसके चक्कर में फँस गया हूँ। भक्तों के साहित्य में जो अपूर्व तन्मयता दिखायी देती है वह किसी महान् अज्ञात के चरणों में अहैतुक आत्मसमर्पण के उल्लास से अनुप्राणित है। जब तक आत्मदान का अद्भुत उल्लास जीवन में नहीं आता, तब तक कोई बड़ा साहित्य नहीं लिखा जा सकता। सूरदास, कबीरदास और तुलसीदास जैसे भक्त कवियों के साहित्य में जिस प्रकार के माधुर्य, तेजस्विता और मंगल का साक्षात्कार होता है वे उसी महिमामयी दातृत्व-शक्ति की उपज हैं। जो जितना देता है उतना ही पा सकता है। यही जीवन में सत्य है, यही साहित्य में भी सत्य है, ऐसा मेरा दृढ़ विश्वास है। पिछले पच्चीस वर्षों के साहित्यिक जीवन से मैं स्पष्ट अनुभव कर रहा हूँ कि उस दातृत्व-शक्ति के

अभाव में हमारा साहित्य दुर्बल होता जा रहा है। मैं निराश होने को बुरा समझता हूँ; गलतियों और कमजोरियों को मनुष्य-जीवन का इतना बड़ा अभिशाप नहीं मानता कि उसकी चिन्ता में व्याकुल हो उठूँ, बल्कि कभी-कभी तो ऐसा लगता है कि त्रुटियाँ और विच्युतियाँ जीवन को शुद्ध और निर्मल बनाने में सहायक होती हैं, शर्त यह है कि हम इन्हें ही जीवन का अन्तिम लक्ष्य न बना लें। परन्तु यह सोचकर मैं अवश्य विचलित हो जाता हूँ कि हमारे साहित्य में देने की लगन के स्थान पर पाने की स्पृहा अधिक बलवती हो उठी है। सूरदास के उत्तराधिकारियों के लिए यह बहुत गौरव की बात नहीं कही जा सकती। हमारे साहित्य की महिमा सन्तों की अपूर्व दातृत्व-शक्ति में है। इन सन्तों ने अपने-आपको ही दे दिया है। मुझे ऐसा लगता है कि यदि किसी दिन हमारे नये साहित्य में ऐसी तेजस्विता आयेगी जो संसार को प्रकाश दे सके, तो वह इन्हीं सन्तों के आदर्श पर चलनेवाले साहित्यिकों के द्वारा ही सम्भव हो सकेगी। आज भी हमारे नये साहित्य में जहाँ कहीं तेज है, वह आत्मदानी सन्तों के आदर्श पर चलनेवाले साहित्य-सर्जकों के तप का ही फल है।

भक्ति-काल के साहित्यकारों के ज्योतिष्क-मण्डल को देखकर भरोसा होता है कि हम नये युग में भी नयी चेतना को जाग्रत करने योग्य साहित्य अवश्य उत्पन्न कर सकेंगे। अभी यदि उतनी उल्लसित होने योग्य अवस्था नहीं आ सकी है तो यह क्षणस्थायी शैथिल्य ही है। आज अपने-आपको देखकर मेरे चित्त में जो ग्लानि का भाव आया है, यह भी कोई बुरा लक्षण नहीं है, इस पुस्तक के प्रकाशित होने के बहाने आत्म-निरीक्षण का जो अवसर मिल गया। वह भी किसी पुराकृत पुण्य का ही फल है। भक्तप्रवर सूरदास के चरणों में अपनी श्रद्धा निवेदन करते समय मुझे इस अवसर के मिलने का सुख भी हो रहा है और कृतज्ञता के भाव भी उदय हो रहे हैं।

आशा करनी चाहिए कि भक्त कवियों का बार-बार स्मरण हमें उचित मार्ग की ओर अग्रसर करेगा।

फाल्गुनी पूर्णिमा: 2012 **हजारीप्रसाद द्विवेदी**

राधा-कृष्ण का विकास

ईसा से कम-से-कम चार सौ वर्ष पूर्व वासुदेव की पूजा चल पड़ी थी[1]। धीरे-धीरे वासुदेव और नारायण को एक ही समझा जाने लगा था। इतना निश्चित है कि ब्राह्मण-काल के अन्त में नारायण को परम-दैवत माना जाने लगा था (शतपथ ब्राह्मण, 12-3-4)। ऋग्वेद में भी नारायण की प्रधानता का प्रमाण पाया जाता है (ऋ. 12-6-1)। तैत्तिरीय आरण्यक (10-11) में नारायण को परम-दैवत के रूप में माने जाने की बात पायी जाती है। महाभारत और पुराणों में नारायण और विष्णु को अभिन्न समझा गया है। परन्तु आरम्भ में नारायण और विष्णु का कोई सम्बन्ध नहीं दिखायी पड़ता। इसमें सन्देह नहीं कि विष्णु वैदिक युग के एक महत्त्वपूर्ण देवता थे। (ऋ. 1-155-5, 1-154-5 इत्यादि) ब्राह्मण-काल में तो

1. पाणिनि के एक सूत्र (4-1-98) से पता चलता है कि वासुदेव उस समय देवता समझे जाते थे। पाणिनि का काल कुछ निश्चित नहीं है, पर इतना निःसंकोच कहा जा सकता है कि यह काल ईसा से चार सौ वर्ष से कम पुराना नहीं है। परन्तु बौद्ध जातकों (घट-जातक) से यह बात प्रमाणित की जा सकती है कि वासुदेव की पूजा और भी पुरानी है। बुद्धदेव का पूर्वजन्म में वासुदेव होना सिद्ध करता है कि जातक युग में वासुदेव की महिमा प्रतिष्ठित हो चुकी थी। जैन शास्त्रों में भी महावीर स्वामी का पूर्वभव में वासुदेव होना बताया गया है। जैकोबी ने 'एनसाइक्लोपीडिया आफ रेलिजन्स एण्ड एथिक्स' के 'अवतार' शीर्षक लेख में बताया है कि जैनों की सारी वंशावली हिन्दुओं के अनुकरण पर है। वासुदेव के आदर्श पर उन्होंने जो वंशावली कल्पना की है उसमें नौ वसुदेव, नौ वासुदेव, नौ बलदेव और नौ प्रति-वासुदेवों की कल्पना है। इन बातों से सिद्ध होता है कि उस युग में वासुदेव खूब प्रतिष्ठित देवता हो चुके थे। सभी सम्प्रदायों के लोग अपने नेताओं को वासुदेव का अवतार सिद्ध करना चाहते थे। स्वयं द्वारकापति श्रीकृष्ण के युग में ही पुण्ड्र-वंग-किरातों के राजा पुण्डरीक ने अपने को वासुदेव कहकर पुजवाना शुरू कर दिया था। कृष्ण ने इसे मारकर अपना वासुदेवत्व स्थापित किया था। इन बातों से सिद्ध होता है कि वासुदेव की पूजा ईसा से बहुत पुरानी है।

विष्णु सर्वोच्च देवता हो चुके थे[1] (ऐतरेय 1-1, शतपथ 14-1-1)। जान पड़ता है उस युग में नारायण और विष्णु में कोई भेद नहीं समझा जाता था।

पुराणों से पता चलता है कि विष्णु का स्थान श्वेतद्वीप था। 'कथा-सरित्सागर' में इसी को स्वर्ग बताया गया है। भाण्डारकर का कहना है कि नारायण का श्वेत-द्वीप वैसा ही है जैसा विष्णु का वैकुण्ठ, शिव का कैलास या श्रीकृष्ण का गोलोक[2]। महाभारत में लिखा है कि नारद मुनि ने इसी श्वेतद्वीप से भक्ति का आनयन किया था। इस श्वेतद्वीप को लेकर यूरोपियन पण्डितों ने बड़ी-बड़ी थियोरियाँ खड़ी की हैं। किसी ने कहा है, यह अलेग्जेंड्रिया[3] है, दूसरे ने बैक्ट्रिया[4] बताया है, और तीसरे ने इसिकुल ह्रद! समझ में नहीं आता कि इस श्वेतद्वीप के लिए इतना बावेला क्यों खड़ा किया गया है। यह तो एक स्वर्ग की कल्पना मात्र है[5]। इसका जो वर्णन महाभारत में है उसके किसी अंश से यूरोप के किसी प्रदेश का मिलना असम्भव है। यूरोपियन पण्डित सफ़ेद होते हैं, इसलिए सफ़ेद द्वीप का नाम आते ही कह उठते हैं कि यह द्वीप निश्चय ही यूरोप होगा। कम-से-कम यूरोपियनों से उसका सम्बन्ध तो होगा ही। यह तो उसी प्रकार का कथन है जैसे 'टेम्स' नदी का 'तमसा' के साथ नामसाम्य देख कोई कह उठे कि वाल्मीकि का आश्रम निश्चय ही टेम्स नदी के किनारे, अर्थात् इंग्लैण्ड में था और चूँकि वहीं पर कवि ने प्रथम श्लोक बनाया था इसलिए भारतीयों को कविता बनाने की शिक्षा निश्चय ही अंग्रेजों ने दी है!

इस प्रकार देखा जाता है कि नारायण ब्राह्मण-काल में परम-दैवत के रूप में स्वीकार कर लिये गये थे। जब सात्वतों के वासुदेव की पूजा प्रधान हो गयी तो महाभारत के युग में वासुदेव और नारायण को एक ही देवता समझा जाने लगा।

1. क्षीरसागर-शायी, शंखचक्रादिधारी विष्णु और वैदिक विष्णु एक नहीं हैं। प्रथमोक्त विष्णु किसी आर्येतर जाति के देवता हैं जो बाद को वैदिक विष्णु से मिलाकर एक कर दिये गये हैं। नारायण का सम्बन्ध जल से था, यह बात महाभारत से सिद्ध है (महा. वन पर्व, अ. 188-9); पर शंख और सर्प आर्य उपादान नहीं है। (दे. 'भारती', जनवरी, 1934 में लेखक का लेख और उस पर अध्यापक क्षितिमोहन सेन की टिप्पणी)।
2. वैष्णविज्म, शैविज्म एण्ड माइनर रेलिजस सिस्टम्स, पृ. 32
3. ग्रियर्सन, जर्नल आफ रायल एशियाटिक सोसायटी, 1907
4. केनेडी, ज. रा. ए. सो., 1907
5. श्रियः कान्ताः कान्तः परमपुरुषः कल्पतरवो।
द्रुमा भूमिश्चिन्तामणिगणमयी तोयममृतम्॥
कथा गानं नाट्यं गमनमपि वंशी प्रियसखी।
चिदानंदं ज्योतिः परमपि तदास्वाद्यमपि च॥
निमेषार्द्धाख्यो वा व्रजति नहि यत्रापि समयः।
स यत्र क्षीराब्धिः स्रवति सुरभिभ्यश्च सुमहान्॥
भजे श्वेतद्वीपं तमहमिह गोलोकमिति यं।
विदन्तस्ते सन्तः क्षितिविरलचाराः कतिपये॥

—ब्रह्मसंहिता, 56

यहाँ तक आकर वासुदेव कृष्ण, विष्णु और नारायण एक हो चुके थे। पर गोपाल-कृष्ण का अब तक इनसे कोई सम्बन्ध नहीं था। इस प्रकार के किसी देवता का नाम न तो महाभारत के नारायणीय मत में आता है और न पातंजल महाभाष्य में। नारायणीय में वासुदेव के अवतार का उल्लेख है। इसमें कंस-वध की भी चर्चा है। पर उसमें गोपाल-कृष्ण का नाम नहीं है। गोपाल-कृष्ण के द्वारा मारे गये राक्षसों का भी कोई उल्लेख नहीं मिलता।

गोपाल-कृष्ण सम्बन्धी कथाओं का वर्णन हरिवंश और वायुपुराण में उपलब्ध होता है। भागवतपुराण में कंस-वध, पूतना तथा अन्य राक्षसों का वध आदि कथाओं का विस्तृत वर्णन है। इनमें कंसारि कृष्ण और गोपाल-कृष्ण को अभिन्न समझा गया है। इन ग्रन्थों के बनने के समय निश्चय ही गोपाल-कृष्ण की कथा खूब प्रचलित हो गयी होगी। महाभारत के ही सभापर्व (अ. 41) में शिशुपाल के मुँह से ऐसी बातें कहलायी गयी हैं जिनमें कृष्ण की गोकुलवाली कथा का आभास पाया जाता है। भाण्डारकर कहते हैं कि ये बातें बाद की प्रक्षिप्त होंगी क्योंकि शान्ति-पर्व में भीष्म के मुँह से जो कृष्णस्तुति करायी गयी है उसमें इन बातों की चर्चा नहीं है[1]। गीता में गोविन्द शब्द आया है। इसे कुछ विद्वान् 'गोपेन्द्र' शब्द का प्राकृत रूप बताते हैं[2]। पाणिनि (3-1-138) पर वार्त्तिक लिखकर कात्यायन ने इस शब्द को सिद्ध किया है। भाण्डारकर के मत से इस शब्द का सम्बन्ध ऋग्वेद के 'गोविन्द' (=इन्द्र) से अधिक सम्भव है[3]।

इन सारी बातों का निष्कर्ष निकालकर भाण्डारकर कहना चाहते हैं कि ईसवी सन् के प्रारम्भ में कृष्ण के बाल्यकाल में गोकुलवास की कथा प्रचलित नहीं होगी। कृष्ण आभीर नामक एक घुमक्कड़ जाति के बाल-देवता हैं। इन आभीरों ने मधुपुर से लेकर आनर्त और अनूप तक के प्रदेशों पर अधिकार कर[4] लिया था। इन्हें महाभारत में डाकू और म्लेच्छ कहा गया है। इन्होंने अर्जुन पर, जबकि वे वृष्णियों की स्त्रियों को लिये जा रहे थे, आक्रमण किया था। उस समय ये पंचनद के पास रहते थे। विष्णु-पुराण और वराहमिहिर ने इन्हें अपरान्त (कोंकण) और सौराष्ट्र के आसपास रहनेवाले बताया है[5]। वर्त्तमान अहीर इन्हीं आभीरों की सन्तान हैं। केनेडी के मत से[6] श्रीकृष्ण जिस घुमक्कड़ जाति के बालदेवता हैं उनकी वर्त्तमान सन्तान हैं जाट और गूजर। काठियावाड़ में पायी गयी एक लिपि से जाना

1. वैष्णविज़्म, शैविज़्म एण्ड माइनर रेलिजस सिस्टम्स, पृ. 36
2. ग्रियर्सन ने इस शब्द को 'गोपेन्द्र' शब्द से निकला हुआ बताया है। (ज. रा. ए. सो., सन् 1907)। कीथ इस विषय में ग्रियर्सन से सहमत नहीं थे (ज. रा. ए. सो., सन् 1907)।
3. वैष्णविज़्म, शैविज़्म एण्ड माइनर रेलिजस सिस्टम्स, पृ. 36
4. वही, पृ. 36-37
5. ज. रा. ए. सो., सन् 1907
6. वही।

जाता है कि शक. 102 में आभीर राज्य करने लगे थे। केनेडी ने बताया है कि पाँचवीं-छठी शताब्दी में आभीरों का राजा होना यह सिद्ध करता है कि वे बहुत पूर्व आ चुके होंगे। पर काठियावाड़ के लेख से पता चलता है कि ईसवी सन् की दूसरी शताब्दी में आभीर उच्च पदाधिकारी और शासक होते थे। निश्चय ही इनका आना बहुत पूर्व हुआ होगा। वायुपुराण में, जो कि बहुत पुराना पुराण माना जाता है, आभीर राजाओं की वंशावली का उल्लेख है। इन सारी बातों को देख-कर यह कहा जा सकता है कि आभीर ईसवी सन् के पहले ही इस देश में आकर बस गये होंगे।

आभीरों के बाल-देवता श्रीकृष्ण की कथा का सबसे पुराना उल्लेख हरिवंश में पाया जाता है। भाण्डारकर ने इस ग्रन्थ का काल सन् ईसवी की तीसरी शताब्दी के बाद माना है। क्योंकि उसमें 'दीनार' शब्द (लैटिन--denarious) का उल्लेख है[1]। आधुनिक शोधों से जाना गया है कि 'दीनार' शब्द ईसवी सन् के पूर्व में ही इस देश में पहुँच चुका था। इसलिए कहा जा सकता है कि हरिवंश का काल और भी पुराना मानने में 'दीनार' शब्द बाधक नहीं होगा। यदि ऐसा माना जा सके तो यह भी कहा जा सकता है कि आभीरों के बाल-देवता श्रीकृष्ण की कहानियों का उक्त ग्रन्थ में स्थान पाना निश्चय ही यह सिद्ध करता है कि उनका अस्तित्व सन् ईसवी से पुराना है।

वेवर[2], ग्रियर्सन[3], केनेडी[4], भाण्डारकर[5]—सबका कहना है कि बालकृष्ण की कथा ईसामसीह की कथा का भारतीय रूप है। इस कथा को सीरिया से चलकर आयी हुई घुमक्कड़ आभीर जाति ने भारतवर्ष में परिचित कराया[6]। भाण्डारकर के शब्दों में, "वे (आभीर) ही सम्भवतः बाल-देवता की जन्म-कथा और पूजा तथा उनके प्रख्यात पिता का उनके विषय में यह अज्ञान कि वह उनके पिता हैं, और निरपराधों के वध की कथा अपने साथ ले आये।" अन्तिम दो का सम्बन्ध इन कथाओं से है—1. नन्द का यह न जानना कि वे कृष्ण के पिता हैं; और 2. कंस द्वारा निरपराध बालकों का वध। कृष्ण की बाल-लीला में जैसे धेनुक का, जो गधे के रूप में था, मारना आभीर अपने साथ लाये थे। अन्य कथाएँ उनके भारत आने के बाद विकसित हुईं। यह सम्भव है कि वे अपने साथ क्राइष्ट नाम भी ले आये हों और सम्भवतः यही नाम वासुदेव-कृष्ण के साथ भारतवर्ष में बाल-देवता के एकीकरण का कारण हुआ हो। गोआनीज और बंगाली प्रायः कृष्ण शब्द को

1. वैष्णविज्म शैविज्म., पृ. 37
2. इण्डियन एण्टिक्वेरी, जिल्द 3-4 में 'कृष्ण-जन्माष्टमी' वाला लेख।
3. ज. रा. ए. सो., सन् 1907 ई. में 'हिन्दुओं पर नेष्टोरियन ईसाइयों का ऋण' शीर्षक लेख।
4. ज. रा. ए. सो., सन् 1907 में 'कृष्ण, ईसाइयत और गूजर'।
5. वैष्णविज्म शैविज्म., पृ 38-39
6. ज. रा. ए. सो., सन् 1907 में कीथ ने बालकृष्ण की कथा को ईसवी सन् से पहले होना सम्भव बताया है।

'किष्ट', 'कुष्ट' या 'क्रिष्टो' के रूप में उच्चारण करते हैं[1]।"

वेबर ने जिन युक्तियों के बल पर श्रीकृष्ण-जन्म की कथा को ईसामसीह की जन्म-कथा से मिलती हुई सिद्ध किया था, उनकी निस्सारता ऐतिहासिक प्रमाणों से सिद्ध हो चुकी है। वेबर का सारा तर्क कृष्ण-जन्माष्टमी के अनुष्ठानों और अजन्ता के चित्रों के ऊपर निर्भर है। कीथ ने प्रथम अंश को असंगत बताया है। उन्होंने कहा है कि याद रखना चाहिए कि ये अनुष्ठान ख्रष्ट पूर्व हैं। केनेडी ने[2] यह तो स्वीकार किया है कि अजन्ता की गुफाओं में ईसाई प्रभाव है, पर वेबर के इस कथन को कि देवकी का वर्जिन रूप से चित्रण मिस्र से होकर आया होगा, उन्होंने ऐतिहासिक भूल माना है। उनका कहना है कि Modona laclans का परिचय मिस्र में पाँचवीं शताब्दी तक अज्ञात था[3]।

यही नहीं, ईसा का वर्जिन का स्तन्य-पान करना तो उन्होंने बारहवीं शताब्दी की कल्पना बतायी[4]। वेबर जिस चित्र पर अधिक जोर देते हैं उसमें स्तन्य-पान की बात ही महत्त्वपूर्ण है; क्योंकि वेबर के मत से वह ईसा के स्तन्य-पान का अनुकरण है। यदि केनेडी की बात सच है[5] तो ईसा के स्तन्य-पान की घटना अजन्ता-अंकन से कम-से-कम सात सौ वर्ष बाद की ठहरती है। फिर भी पण्डितों का एक दल बाल-कृष्ण को क्राइस्ट का रूपान्तर कहने में जरा भी नहीं हिचकता।

हम ऊपर बता चुके हैं कि आभीरों का ख्रीष्ट-पूर्वकाल में भारतवर्ष में आना एकदम असम्भव नहीं है। मगर यह तो कोई जरूरी बात नहीं है कि बाल-कृष्ण की कथा का पतंजलि या अन्य समकालीन ग्रन्थों और शिलालेखों में न पाया जाना यह भी सिद्ध कर दे कि ये आभीर सीरिया से ही चलकर आये थे। आभीर इसी देश

1. भाण्डारकर का यह अनुमान निःसन्देह असंगत है। जिन्होंने भाषाशास्त्र से कुछ परिचय प्राप्त किया होगा, वे आसानी से इसकी असंगति समझ सकते हैं। भाण्डारकर जैसे पण्डित ने कैसे इस प्रकार का अनुमान किया, यह सोचकर आश्चर्य होता है। पर और भी आश्चर्य-जनक है इस पर यूरोपियन पण्डितों का आस्फालन। स्वर्गीय तिलक ने एक जगह 'वेन' शब्द का सम्बन्ध ग्रीक 'वेनस्' से दिखाकर यह सिद्ध करना चाहा था कि वेदों में शुक्र ग्रह की चर्चा है। मैकडोनाल्ड और कीथ ने 'वैदिक इण्डेक्स' में कई जगह इस अनुमान को 'अति असम्भव'(most impossible, most improbable) कहा है तथापि उन्हें सन्तोष नहीं हुआ और एक जगह एक और भी उद्‌गारपूर्ण टिप्पणी जड़ दी है—Tilak's conjecture that the planetes are referred to here is absurd! (वैदिक इण्डेक्स, दूसरी जिल्द, पृ. 132)परन्तु ये ही यूरोपियन पण्डित भाण्डारकर के इस अनुमान को इतना महत्त्व देते हैं! हम तिलक की बात के समर्थक नहीं हैं, परन्तु पूछना चाहते हैं कि तिलक का अनुमान क्या इससे अधिक absurd है ? यूरोपियन पण्डितों से अधिक इस बात को कोई नहीं जानता कि 'Christ' का मूल उच्चारण वही नहीं है जो आज अंग्रेज़ी में प्रचलित है और उस पर से बंगाली या गोआनीज उच्चारण 'किष्टो' या 'क्रिष्टो' होना एकदम असम्भव है।
2. ज. रा. ए. सो., सन् 1907
3. वही।
4. वही।
5. वही।

की पुरानी जाति हो सकती है। उनके अपने बाल-देवता भी हो सकते हैं। श्री कुमारस्वामी ने कहा है कि आभीर शब्द द्रविड़ भाषा का है जिसका अर्थ होता है 'गो-पाल'। यह कहा जा सकता है और कहा भी गया है कि आभीरों (अहीर, जाट और गूजरों) की मुखाकृति, शरीर-गठन आदि द्राविड़ नहीं बल्कि सीथियन है। केनेडी इन्हें सीथियन मानते भी हैं।[1] पर इससे उक्त अनुमान में कोई बाधा नहीं पड़ती। हो सकता है कि आभीर नाम की कोई द्रविड़ जाति, जिसका धर्म भक्ति-प्रधान और देवता बाल-कृष्ण हों, पहले से ही इस देश में रहती हो; बाद को ये सीथियन जातियाँ आकर इनका धर्म ग्रहण करके अपने को आभीर कहने लगी हों। आभीर शब्द का द्रविड़ होना और देवता का कृष्ण (काला) होना इस अनुमान का सहायक होना बताया जा सकता है। यह बात ऐतिहासिकों के ऊहापोह का विषय बनी हुई है कि बाहर से आयी हुई कितनी ही जातियाँ ब्राह्मण-धर्म में शरण न पा सकी थीं।[2]

मगर इस मत पर हमारा आग्रह नहीं है। कारण यह है कि यह सारा-का-सारा अनुमान एकमात्र आभीर शब्द पर अवलम्बित है, जिसे किसी एक विद्वान ने द्रविड़-शब्द बताया है। मगर यह बात न भी हो तो यह कैसे माना जा सकता है कि कृष्ण क्राइस्ट के रूप हैं? यह तो मानी हुई बात है कि ईसा का जन्म एशिया के देश और जाति में हुआ था। क्या यह बात सम्भव नहीं है कि ईसा की जन्म-कथा इन्हीं सीथियन आभीरों के बाल-देवता की जन्म-कथा का अनुकरण हो? क्या संसार की अन्य जातियों की कथाओं का प्रभाव भारतवर्ष की धार्मिक कथाओं पर ही पड़ता है, ईसाइयों पर नहीं? क्या ईसाइयत के जन्म के पूर्व ये आभीर और इनके बाल-देवता थे ही नहीं? क्या एक ही सामान्य मूल से ईसा और कृष्ण के पृथक् विकास की बात सोची ही नहीं जा सकती? यह तो अब सबने स्वीकार कर लिया है कि युसुफ या जोजेफ शब्द 'बोधिसत्त्व' का ही रूपान्तर है।

जिस प्रकार यह कहना अन्याय है कि कृष्ण क्राइस्ट के रूपान्तर हैं, उसी प्रकार यह कहना भी अनुचित है कि क्राइस्ट कृष्ण के रूपान्तर हैं। वेबर की युक्तियों की निस्सारता को जैकोबी ने सिद्ध कर दिया है।[3] ग्रियर्सन साहब बता चुके हैं कि ईसवी सन् की पहली शताब्दी में दो ईसाई सन्त भारत के उत्तर-पश्चिमी प्रदेशों में आ चुके थे।[4] यह भी सिद्ध हो चुका है कि ईसा से बहुत पूर्व आभीरों का आगमन सम्भव है। ईसामसीह की मृत्यु के बाद उनकी जन्म-कथाएँ उनके शिष्य-

1. ज. रा. ए. सो., सन् 1907
2. आर्यों में से भी कुछ जो दक्षिण में जा बसे थे, अपने को 'द्रविड़' कहने लगे थे। द्रविड़ ब्राह्मण ऐसे ही हैं।
3. 'एनसाइक्लोपीडिया आफ रेलिजन एण्ड एथिक्स' के 'अवतार' (Incarnation) शीर्षक लेख में।
4. ज. रा. ए. सो., सन् 1907

प्रशिष्यों ने लिखी थीं। फिर क्या यह सम्भव नहीं कि सेंट लूक[1] लिखित सुसमाचारों में आभीरों के बाल-देवता का प्रभाव पड़ा हो जो भारतवर्ष में देवकी-पुत्र कृष्ण के रूप में प्रख्यात हो चुके थे ? यह बात निश्चित रूप से नहीं कही जा सकती; पर यूरोपियन पण्डितों के आरोप की अपेक्षा इस बात की सम्भावना अधिक है। क्योंकि कृष्ण अगर ईसा के रूपान्तर होते तो राधा और गोपियों की कथा, जो निश्चय ही आभीरों की देन है, उसमें नहीं आ सकती थी; क्योंकि मथुरा के बाल-कृष्ण से (देवकी-पुत्र कृष्ण, वासुदेव या द्वारका के राजा कृष्ण नहीं) मनुष्य का कोई सम्बन्ध नहीं, वे विशुद्ध देवता हैं। दूसरी ओर क्राइस्ट या ईसामसीह मनुष्य और ईश्वर के मिले हुए रूप हैं। देवता में कल्पना की प्रधानता रहती है, मनुष्य में गौणता। कोई जाति जब किसी अन्य जाति के किसी मत या कल्पना को अपनाकर अपने नायक मनुष्य से सम्बन्ध करती है, तो उतना ही अंश ग्रहण करती है जितना उस मनुष्य की जीवन-घटनाओं के साथ अविरुद्ध भाव से घुल-मिल सके। ईसामसीह के लिए अगर कृष्ण की कथाओं को ग्रहण किया गया होगा तो उतना ही अंश जितना उनके ब्रह्मचारी जीवन का अविरोधी हो। पर बाल-कृष्ण के लिए तो यहीं तक सीमा नहीं रहेगी। जो हो, ये सारी बातें कुछ महत्त्व नहीं रखतीं। असल बात यह है कि ईसा और कृष्ण की कथाएँ भारतवर्ष में आकर बसी हुई आभीर जाति के एक ही भाण्डार से ग्रहण की गयी होंगी।

यह बात सर्वसम्मत है कि कृष्ण का वर्त्तमान रूप नाना वैदिक-अवैदिक, आर्य-अनार्य धाराओं के मिश्रण से बना है। केनेडी[2] ने इसके तीन खण्ड किये हैं— 1. द्वारका का राजा कृष्ण, जो अपने धूर्त्त कृत्यों के लिए महाभारत में बहुत विख्यात है; 2. निचली सिन्धु-उपत्यका का अनार्य वीर जो आधा देवता है, इसने राक्षस-पैशाच आदि निन्द्य विवाह किये थे; और 3. मथुरा का बाल-कृष्ण। जैकोबी[3] ने बताया है कि पाणिनि से पूर्व वासुदेव देवता रूप में पूजे जाने लगे थे। छान्दोग्योपनिषद् में घोर आंगिरस के शिष्य देवकी-पुत्र की चर्चा पायी जाती है। इस ऋषि कृष्ण और देव वासुदेव के योग से एक श्रीकृष्ण ब्राह्मण युग के अन्त में प्रतिष्ठित हो चुके थे। इन्हीं में बाद को एक कृष्ण आ मिले—1. मथुरा के बाल-गोपाल, और 2. वृष्णियों के नायक राजपूत कृष्ण। इस प्रकार कृष्ण का विकास हुआ है। साथ ही यह भी समझ रखना चाहिए कि इस कृष्ण में वैदिक देवता विष्णु और नारायण भी मिल गये थे।[4]

ईसवी सन् के पूर्व ही वासुदेव भगवान् या परम-दैवत के रूप में पूजित होने लगे थे। आर. गार्बे की गीता-सम्बन्धी शोधों के आधार पर डॉ. ग्रियर्सन ने यह

1. इसी सन्त के लिखे ईसा के जीवन-चरित को पण्डितों ने इस प्रसंग में बार-बार उद्धृत किया है।
2. ज. रा. ए. सो., सन् 1907
3. एनसाइक्लोपीडिया आफ रेलिजन एण्ड एथिक्स
4. भाण्डारकर : वैष्णविज़्म शैविज़्म।

स्वीकार कर लिया था कि गीता का कुछ अंश ख्रष्ट-पूर्व में रचित हो गया था। उससे श्रीकृष्ण का परम-दैवत और भक्ति-उपदेशक होना सिद्ध होता है।[1] पर इस श्रीकृष्ण में आभीरों का बाल-देवता नहीं आ मिला था। वस्तुतः बाल-कृष्ण की कथाएँ ईसा से पूर्व खूब प्रचलित हो गयी थीं। यही नहीं, गोपियों की लीला और राधा के साथ श्रीकृष्ण का सम्बन्ध भी इस युग में प्रचलित होना असम्भव नहीं। हम आगे इस बात की जाँच करेंगे।

हरिवंश के बारे में पहले बताया जा चुका है कि इसका ख्रष्टपूर्व होना असम्भव नहीं है। इसमें श्रीकृष्ण का गोपियों के साथ केलि-क्रीड़ा-वर्णन पाया जाता है। गाथा-सप्तशती में 'राधा' शब्द पाया जाता है। इसी ग्रन्थ के अनुसार इसकी रचना विक्रमादित्य के राज्य में हुई थी। यह मालवा का राजा विक्रमादित्य वही है जिसने विक्रम संवत् चलाया था। यह बात अब ऐतिहासिकों को अमान्य नहीं रह गयी है कि विक्रम-संवत् का प्रवर्त्तक सचमुच एक ऐतिहासिक व्यक्ति था। 'गाथा-सप्तशती' में प्राचीनता के सब लक्षण हैं। उसकी प्राचीनता में सन्देह करने के लिए दो शब्द ही कुल जमा पाये गये हैं—राधिका और मंगलवार[2]। कहा जाता है कि वार-पद्धति का परिचय भारतीयों को पाँचवीं शताब्दी में हुआ था। गौरीशंकर हीराचन्द ओझा ने इस कथन को अयथार्थ बताया है, क्योंकि उन्होंने एक ताम्र-पत्र पाया है जिसके अनुसार शक 52 में बृहस्पतिवार शब्द का उल्लेख है।[3] वस्तुतः वार-गणना का प्रचलन तो ग्रीस में ईसा से बहुत पूर्व हो चुका था। टिबुलस नामक कवि ने ईसा से 26 वर्ष पहले वारों की चर्चा की है।[4] इससे पुराना अस्पष्ट उल्लेख भी मिला है जो ईसा से 96 वर्ष पूर्व का है।[5] इससे इतना तो स्पष्ट ही है कि ईसा के पहले वारों का प्रचार भारतवर्ष में होना असम्भव नहीं है।[6] अगर यह बात स्वीकार्य है, जो बहुत दुर्बल प्रमाणों पर अवलम्बित है, तो 'गाथा-सप्तशती' में राधा का नाम आना सिद्ध कर सकता है कि बाल-कृष्ण की कथा ईसा से बहुत पूर्व फैल चुकी थी। 'पंचतन्त्र' में भी राधा का नाम आता है। पण्डितों ने इसका समय पाँचवीं शताब्दी में इसलिए भी फेंक दिया है कि इसमें राधा शब्द आता है!

अब तक जिन प्रमाणों की चर्चा की गयी है वे उस समय के पण्डितों की युक्तियों

1. एनसाइक्लोपीडिया आफ रेलिजन एण्ड एथिक्स, जिल्द 2, पृ. 547
2. भारतीय लिपिमाला, पृ. 128 टि. में डी. आर. भाण्डारकर के मत की आलोचना देखिए।
3. वही।
4. नाटिकल एलमेनक, सन् 1932 में एक्सप्लेनेशन्स का सप्ताह-दिन पर विचार।
5. 'एनसाइक्लोपीडिया आफ रेलिजन एण्ड एथिक्स' का 'सण्डे' प्रबन्ध।
6. इस बात में सन्देह होने का एक कारण है। भारतीय ज्योतिष-ग्रन्थों में सर्वत्र वार रविवार से शुरू होते हैं। इससे यह अनुमान किया जा सकता है कि वार-पद्धति भारतवर्ष में उस समय आयी होगी जब रविवार आदि-दिन माना जाने लगा होगा। पहले शनिवार ही सप्ताह का आदि-दिन था। रविवार का आदि-दिन के रूप में सबसे पुराना उल्लेख सन् ई. से नब्बे वर्ष बाद का पाया जाता है।

द्वारा समर्थित है जिन्हें भास के नाटकों का ज्ञान न था। सौभाग्यवश श्री गणपति शास्त्री ने हाल ही में भास के तेरह नाटकों का उद्धार किया है। इन नाटकों के उद्धार से बहुत-सी प्राचीन बातों का रूप ही बदल गया है। भास के नाटकों के काल के सम्बन्ध में पण्डितों में बड़ा मतभेद है। इन नाटकों के आविष्कारक श्री गणपति शास्त्री महाशय का मत है कि ये नाटक पाणिनि के भी पूर्ववर्त्ती हैं। अन्यान्य विद्वान् इन्हें इतना पुराना तो नहीं मानते, परन्तु श्री के. पी. जायसवाल ने युक्तिपूर्वक सिद्ध करना चाहा है कि इन नाटकों के कर्त्ता भास कण्ववंशी राजा नारायण (53-71 ईसवी पूर्व) के सभाकवि थे। स्टेन कोनो इन्हें ईसवी सन् की दूसरी शताब्दी से अधिक अर्वाचीन नहीं समझते और विंटरनित्ज़ तीसरी शताब्दी के अन्त में या चौथी शताब्दी के शुरू में इनका लिखा जाना अनुमान करते हैं[1]। इस बात में सभी एकमत हैं कि इन नाटकों की भाषा प्राचीन, अनलंकारिक और सादी है। अन्य प्रबलतर युक्तियों के अभाव में हमें विद्वद्वर जायसवाल का मत मान्य जान पड़ता है।

इन नाटकों में से कई श्री कृष्ण की जीवन-सम्बन्धी घटनाओं के आधार पर बने हैं। बाल-चरित, दूत-वाक्य और दूत-घटोत्कच में सर्वत्र श्रीकृष्ण परम-दैवत नारायण के रूप में अंगीकार किये गये हैं। इन नाटकों से इतना निश्चित है कि सन् ईसवी के प्रारम्भ में श्रीकृष्ण की बाललीलाएँ अविकल उसी रूप में वर्तमान थीं, जिस रूप में बाद में भागवत आदि पुराणों में पायी जाती हैं। अर्थात् क्राइस्ट के जन्म के बहुत पूर्व इस देश में बाल-गोपाल की लीलाएँ बहुत प्रचलित हो गयी थीं। एक उल्लेख-योग्य बात इस ग्रन्थ में यह भी है कि सारे नाटकों में 'राधा' का नाम कहीं नहीं आता।

'नारदपंचरात्र' नामक पुस्तक में भी बाल-कृष्ण की महिमा गायी गयी है। इस पुस्तक का एक अंश है ज्ञानामृत-सार-संहिता। इसके अनुसार नारद कृष्ण-माहात्म्य सुनने के लिए कैलास पर शिव के पास जाते हैं, वहाँ उनके महल के सात फाटकों पर यमुना, कदम्ब पर श्रीकृष्ण, वस्त्र-हरण, नग्न गोपिकाएँ, आदि लीलाएँ चित्रित थीं। इस कथा के अनुसार चित्रित एक स्तम्भ जोधपुर के निकट माण्डोर ग्राम में पाया गया हैं।[2] भाण्डारकर के कथानुसार इसका काल ईसवी सन् की चौथी शताब्दी के पहले नहीं हो सकता।[3] और उक्त संहिता तो उन्हें सोलहवीं शताब्दी की कृति जान पड़ती है;[4] यद्यपि इसके लिए कोई प्रबल प्रमाण नहीं दिया गया। पुस्तक चाहे जब की हो; पर चौथी शताब्दी में गोपियों के साथ कृष्ण की केलि-कथा खूब प्रचलित हो गयी थी, इसमें सन्देह नहीं।

1. देखिए, विंटरनित्ज़ का 'सम प्राब्लम्स आफ इंडियन लिटरेचर' (कलकत्ता, 1925), पृ. 124
2. 'आर्क्योलाजिकल सर्वे आफ इंडिया', वार्षिक विवरण 1905-6, पृ. 135 और आगे।
3. वैष्णविज़म शैविज़म, पृ. 41-42
4. वही, पृ. 42

सवाल यह है कि भागवत धर्म में यह रस-रास कहाँ से आ गया ? भाण्डारकर ने इसका विचित्र जवाब दिया है। उनके मत से आभीर जैसी घुमक्कड़ जाति में कोई सदाचार नहीं होगा। विलासी आर्यों से उनकी स्त्रियों का स्वतन्त्र सम्बन्ध होता रहा होगा, क्योंकि ये स्त्रियाँ खूब सुन्दरी होती होंगी।[1] इसीलिए श्रीकृष्ण को भी असदाचारी बनना पड़ा ! हमारी समझ में इस जवाब से समाधान होने की बजाय मामला और उलझ जाता है। हम इस बात का जवाब कुछ अधिक जाँच के बाद देना अधिक उचित समझते हैं।

जिस प्रकार वासुदेव और द्वारकावासी कृष्ण एक ऐतिहासिक व्यक्ति से उठकर परम-दैवत के आसन पर पहुँचे हैं, राधा में इस प्रकार के ऐतिहासिक व्यक्तित्व का कोई लक्षण नहीं पाया जाता; गोपियों में तो यह है ही नहीं। फिर मजे की बात यह है कि भागवत, हरिवंश और विष्णुपुराण आदि प्राचीन ग्रन्थ जो गोपाल-कृष्ण की कथाओं के उत्स हैं, उनमें भी राधा का नामोल्लेख नहीं पाया जाता। दूसरी ओर 'गाथा-सप्तशती' और 'पंचतन्त्र'[2] में इस शब्द का आना इस अनुमान को सम्भव कर देता है कि राधा का अस्तित्व ईसवी सन् से पहले भी असम्भव नहीं है। यह भी देखा जाता है कि राधा की भक्ति का नया-रूप दक्षिण से आता है। इन सारी बातों को ध्यान में रखकर दो तरह के अनुमान किये जा सकते हैं—1. राधा आभीर जाति की प्रेम-देवी रही होगी, जिसका सम्बन्ध बाल-कृष्ण से रहा होगा[3]। आरम्भ में केवल बाल-कृष्ण का वासुदेव कृष्ण से एकीकरण हुआ होगा। इसीलिए आर्य ग्रन्थों में राधा का नामोल्लेख नहीं है। पीछे से जब बाल-कृष्ण की ही प्रधानता हो गयी होगी तो इस बालक देवता की सारी बातें अहीरों से ले ली गयी होंगी। इस प्रकार राधा की प्रधानता हो गयी होगी। 2. दूसरा अनुमान यह किया जा सकता है कि राधा इसी देश की किसी आर्य-पूर्व जाति की प्रेम-देवी रही होगी। बाद में आर्यों में इनकी प्रधानता हो गयी होगी और कृष्ण के साथ इनका सम्बन्ध जोड़ दिया गया होगा।

चौदहवीं शताब्दी के अन्त में[4] जब कि भागवत-सम्प्रदाय अपने नये रूप में विकसित हुआ था,[5] राधा और कृष्ण इतिहास के व्यक्ति नहीं थे। वे सम्पूर्ण भाव-जगत् की चीज़ हो गये थे। इस समय रामानुज ने और बाद को मध्व, रामानन्द, वल्लभ, चैतन्य आदि आचार्यों ने जिस धर्म का प्रचार किया वह भक्तिमूलक था।

1. वैष्णविज़्म शैविज़्म, पृ. 38
2. यह बात सिद्ध हो चुकी है कि पंचतन्त्र का वर्तमान रूप अपेक्षाकृत नवीन है, पर इसका पुराना रूप ईसवी-पूर्व में निर्मित हुआ था।
3. पुराणों के अनुसार राधा कृष्ण से उमर में बड़ी थीं। बाल-कृष्ण की कल्पना के सिवा और किसी तरह इस बात को नहीं समझाया जा सकता।
4. जयदेव (बारहवीं शताब्दी) के काल में राधा की प्रतिष्ठा परमा शक्ति के रूप में हो चुकी थी। इसे देखकर सहज ही अनुमान होता है कि राधा बहुत पुराने काल से आदृत होंगी।
5. ग्रियर्सन : 'एनसाइक्लोपीडिया आफ रेलिजन एण्ड एथिक्स', जि. 3, पृ. 544-5

इस भक्तिवाद को लेकर पण्डितों में बड़ा विवाद है। सन् 1907 में ग्रियर्सन[1] ने एक विस्तृत विवेचना के बाद यह निष्कर्ष निकाला कि सन् ईसवी की तीसरी शताब्दी में सीरिया के नेस्टोरियन ईसाइयों का एक दल मालाबार के किनारे आ बसा था। सन् 660 ई. तक इनका कोई नियमित मठ न था। चौदहवीं शताब्दी में इन्होंने बप्तिस्मा भी छोड़ दिया था। सेंट थामस पर्वत पर इनका जो तीर्थ था उसमें हिन्दू भी सम्मिलित होते थे। रामानुज का जन्म और शिक्षा-दीक्षा इसी पर्वत के समीपस्थ स्थानों पर हुई थी। इसलिए उनके ऊपर ईसाई भक्तिवाद का जबर्दस्त प्रभाव था। रामानन्द तो इस ईसाई प्रभाव के स्रोत को आकण्ठ पान कर चुके थे। इसलिए सारा भक्तिवाद ईसाइयों की देन है। कीथ[2] ने ग्रियर्सन के इस मत को असंगत बताया। केनेडी नामक पण्डित[3] ने इसे सम्भव बताया। यह विवाद बहुत दिनों तक चलता रहा। सन् 1909 में स्वयं ग्रियर्सन को अपनी बात में कुछ सन्देह होने लगा था।[4] एच. जैकोबी ने ग्रियर्सन के आरोप को असंगत बताया है[5] और सुविख्यात पण्डित विंटरनित्ज़[6] ने यह सिद्ध कर दिया है कि भक्ति कहीं बाहर से नहीं आयी बल्कि भारतीय मिट्टी में ही उसका बीज था। आर. गार्बे[7] ने यह बात स्मरण रखने की चेतावनी दी है कि गीता में ऐसा कोई विचार नहीं है (भक्ति भी) जिसे भारतीयों के विपुल विचार-भाण्डार और उनकी विशेष प्रकार की मनोवृत्ति के द्वारा सन्तोषपूर्वक न समझाया जा सके।

ग्रियर्सन ने ईसाई भक्तिवाद और शाण्डिल्य सूत्रों के सिद्धान्तों की तुलना की थी। उनका मत कुछ-कुछ इस प्रकार का जान पड़ता है कि पुराने जमाने में ईसाई प्रभाव की सम्भावना हो या न हो, बाद को उस पर कुछ ईसाई प्रभाव जरूर पड़ा है, और वह प्रभाव कृष्ण-भक्ति के ऊपर उतना नहीं है जितना राम-भक्ति के ऊपर। भक्तिवादियों में सबसे बड़े ईसाई तुलसीदास हैं और वृद्ध ज्ञानी कबीर भी इससे खूब प्रभावित हैं। कबीर का 'शब्द' पर जोर देना ग्रियर्सन साहब को बाइबिल के शब्द-सिद्धान्त की याद दिलाये बिना नहीं रहता। वैष्णवों का महाप्रसाद-वितरण भी ईसाइयों के 'लव-फीस्ट' का अनुकरण है![8]

1. ज. रा. ए. सो., सन् 1907
2. वही।
3. वही।
4. 'एनसाइक्लोपीडिया आफ रेलिजन एण्ड एथिक्स' में 'भक्ति-मार्ग'।
5. वही, 'अवतार' (incarnation) शीर्षक प्रबन्ध।
6. 'हिस्ट्री आफ इण्डियन लिटरेचर', प्रथम भाग।
7. 'एनसाइक्लोपीडिया आफ रेलिजन एण्ड एथिक्स' में 'भगवद्गीता' प्रबन्ध।
8. इन बातों को ज. रा. ए. सो., सन् 1907-8 के विविध वाद-प्रतिवादों से लिया गया है। सन् 1909 में प्रकाशित 'एनसाइक्लोपीडिया आफ रे. एण्ड ए.' के 'भक्ति-मार्ग' शीर्षक प्रबन्ध के अन्त में तत्सम्बन्धी साहित्य की चर्चा करते समय ग्रियर्सन ने लिखा है कि अपने पूर्व-मत पर वे साग्रह चिपटे हुए नहीं हैं।

कीथ[1] ने ग्रियर्सन की सभी बातों का जवाब दिया है। शब्द के विषय में उन्होंने कहा था कि यह वैदिक सिद्धान्त है और ग्रीस में Logus Doctrine ईसा से सैकड़ों वर्ष पहले से लेकर सैकड़ों वर्ष बाद तक प्रचलित था।

इस प्रकार शताब्दियों की उलट-फेर के बाद प्रेम, ज्ञान, वात्सल्य, दास्य आदि विविध भावों के मधुर आलम्बनपूर्ण ब्रह्म श्रीकृष्ण रचित हुए। सब कुछ उनमें परिपूर्ण रूप में देखने की कोशिश की गयी। माधुर्य के अतिरिक्त उद्रेक से प्रेम और भक्ति का प्याला लबालब भर गया। इसी समय ब्रजभाषा का साहित्य बनना शुरू हुआ।

इस स्थान पर ब्रजभाषा काव्य की युगल-मूर्त्ति का परिचय अपूर्ण ही रह जायगा यदि हम तन्त्रवाद और सहजवाद[2] का रहस्य न समझ लें। तन्त्र-ग्रन्थों के निष्णात पण्डितों ने बताया है कि तन्त्र में शक्ति का रस ग्रहण शिव या आत्मा करता है। आत्मा देश और काल से परे है—वह सीमाहीन अनन्त है। अनन्त के इसी रूप को देश-काल से सीमित शक्ति प्रकट करती है। सीमा-हीन और ससीम के इसी खेल का नाम जगत् है। शक्ति के रस को हम सम्पूर्ण ग्रहण नहीं कर सकते, पर स्वभावतः आत्मा अपरिसीम है। शक्ति के एक देश के रस से उसे अनन्त रस का ज्ञान हो जाता है—वह अपना स्वरूप पहचानता है। उदाहरण के लिए पृथ्वी को लीजिए। हम पृथ्वी से उत्पन्न होनेवाले सभी फल-फूलों का रस नहीं ग्रहण कर सकते। आम-जामुन का आस्वादन करके हम पृथ्वी के नाना रसों का अनुमान करते हैं। इस ससीम रस के आस्वादन के द्वारा हम अपरिसीम रस को हृदयंगम करते हैं। स्त्री-रूप से हम महाशक्ति के एक रस का साक्षात् करते हैं, माता-रूप से दूसरे का, भगिनी-रूप से तीसरे का। इस प्रकार कुछ संख्या-परिमित व्यक्तियों से महाशक्ति के अनन्त रस का ज्ञान पाते हैं। 'स्त्री' शब्द से भ्रम नहीं होना चाहिए। लौकिक 'पुरुष' और 'स्त्री' शब्द से इसका मतलब नहीं है। लोक में जिस विशेष शरीर-संगठन को 'स्त्री' कहते हैं उसमें भी 'पुरुष' या 'शिव' की सत्ता है और जिसे 'पुरुष' कहते हैं उसमें भी 'स्त्री' या 'शक्ति' की सत्ता है। अत्यन्त हीन कोटि के कुछ तान्त्रिक सम्प्रदायों में कलुष वृत्ति का आ जाना उसकी ऊँची फिलॉसफी को कलंकित नहीं कर सकता।

इस तन्त्र-तत्त्ववाद का प्रवेश वैष्णव-सम्प्रदाय में भी हुआ है। इसके पूर्व ही सहज और शून्यवाद का प्रचार था। भारतीय साधना के इतिहास में इन दो शब्दों से अधिक रहस्यमय शब्द शायद नहीं है। बुद्धदेव से लेकर कबीर, दादू और रज्जब तक इनके अनेक अर्थ हुए हैं। सहज-मत के अनुसार मनुष्य अपने सहज स्वाभाविक रास्ते में ही भगवान् को प्राप्त कर सकता है। युगल-मूर्त्ति को पूर्णता तक पहुँचाने में इस मतवाद का बड़ा हाथ है। सहज-मत तन्त्रवाद के साथ कहाँ तक अग्रसर

1. ज. रा. ए. सो., सन् 1907
2. सहजवाद से यहाँ हमारा मतलब उत्तरकालीन वैष्णव सहजवाद से है।

हुआ था, इस बात का अनुमान बंगाल के सहजीया वैष्णव सम्प्रदाय की एक शाखा के सिद्धान्तों से किया जा सकता है। इस मत के अनुसार चौरासी योजन का ब्रज-मण्डल और कुछ नहीं, स्त्री का चौरासी अंगुल ($\frac{1}{2}$– हाथ) का शरीर ही है, जिसमें खास ब्रज की पंचक्रोशी पंचांगुल विस्तृत अंग विशेष है।

किन्तु हम पाठकों को आगाह कर देना चाहते हैं कि इस प्रकार की कुछ बातों से वे सहज-सम्प्रदाय के उच्चतम सिद्धान्तों को समझने में भूल न करें। जो तत्त्व-वाद साधारण लोक-धर्म बन जाता है, उसमें इस प्रकार की अभद्रता आ ही जाती है। सहजवादियों का मतवाद कितना ऊँचा है इस बात का अन्दाजा आप इसी से लगा सकते हैं कि कविकुलगुरु रवीन्द्र ने संसार के विद्वत्समाज के सामने अपने हिवर्ट-लेक्चरों में इन्हीं सहजवादियों को आगे किया था। बाउल, जिनके अमर गानों से बाँग्ला वाङ्मय धन्य हो गया है, सहजवादी हैं। कविवर रवीन्द्रनाथ की कविता और चिन्ताधारा बाउलों से अत्यधिक प्रभावित है। अपने हिवर्ट-लेक्चरों में कवि ने परिशिष्ट-रूप में अध्यापक क्षितिमोहन सेन का बाउल-सम्बन्धी प्रबन्ध भी जोड़ दिया था। कबीर और दादू सहजवादी थे। वल्लभाचार्य और सूरदास में सहज-मतवाद का अस्तित्व है।

कहने का तात्पर्य यह है कि ब्रजभाषा-काव्य के प्रारम्भ-काल में राधा और कृष्ण इतिहास या तत्त्ववाद की चीज़ नहीं रह गये थे। वे सम्पूर्णतः भाव-जगत् की चीज़ हो गये थे। भक्ति, प्रेम और माधुर्य की, नाना सम्पदाओं से विचित्र, यह युगल-मूर्त्ति ईश्वर का रूप तो थी; पर उस ईश्वर में वैदिक देवताओं का संभ्रम नहीं था, ग्रीक अपोलो की भीति नहीं थी, इस्लामी खुदा की तटस्थता नहीं थी, दार्शनिक ईश्वर की अद्भुतता तो एकदम नहीं थी; था एक सहज, सरल, घरेलू सम्बन्ध। तन्त्रवाद के ससीम रस से सीमाहीन की उपलब्धि के सिद्धान्त ने तात्कालिक जन-समुदाय को, सखा रूप से, प्रिय रूप से, स्वामी रूप से, कृष्ण की उपासना के प्रति अग्रसर कर दिया था। भागवत सम्प्रदाय के देव देवकी-पुत्र वासुदेव कृष्ण इसके उपास्य अंश थे और आभीरों के बालक-देवता इसके प्रेय रूप थे। इन दोनों रूपों में आरोपित सहजवाद, तन्त्रवाद और बौद्ध-विनय (discipline) ने एक इतःपूर्व अननुभूत, अज्ञात भाव-देव की सृष्टि की जो ब्रजभाषा-काव्य का उपास्य हुआ। यहीं पर कुछ रुककर हम एक बार उस युग के मनुष्यों के मनोभावों को पहचानने का यत्न करेंगे ताकि काव्य-धारा का यथार्थ अनुशीलन सरल हो।

स्त्री-पूजा और उसका वैष्णव रूप

भागवत आदि पुराणों में गोपाल-कृष्ण की जो कथा पायी जाती है, उसमें गोपियों के साथ रास-लीला का वर्णन एक महत्त्वपूर्ण स्थान रखता है। इन गोपियों का विवाह अन्य गोपों के साथ हो चुका था। कृष्ण के साथ इनका प्रेम परकीया-प्रेम के रूप में ही हो सकता है। बंगाल के चैतन्य सम्प्रदाय में परकीया-प्रेम को बहुत महत्त्वपूर्ण स्थान दिया गया है[1]। इसे प्रेम की चरम-सीमा बताया गया है। अनेक पण्डितों, मनीषियों और भक्तों ने इस परकीया-प्रेम की फिलॉसफी को बहुत ऊँचा उठा दिया है। हम आगे इस बात पर कुछ विचार करेंगे। यहाँ यह कह रखना उचित होगा कि वल्लभ-सम्प्रदाय में गोपियों को परकीया नहीं समझा गया है[2]। भागवत का एक अद्‌भुत अर्थ करके यह सिद्ध किया गया है कि गोपियाँ कृष्ण की विवाहिता पत्नियाँ थीं। कथा की संगति इस प्रकार लगायी है—भागवत में यह कथा आती है कि ब्रह्मा ने श्रीकृष्ण की परीक्षा के लिए एक बार सारी गायों और गोपालों को चुराकर छिपा दिया। इस पर श्रीकृष्ण ने उतनी ही गायों और गोपालों का रूप धारण कर लिया। किसी को पता ही नहीं चला कि उनके घर का कोई खो गया है। इसी वर्ष सभी गोपियों का विवाह हुआ। साल-भर के बाद ब्रह्मा ने सभी गोपों और गोपालों को लौटा दिया। इस प्रकार गोपाल फिर अपने-अपने घर आ गये। उन्हें बिल्कुल पता नहीं था कि कोई गोपी उनकी स्त्री है। इस प्रकार गोपियों का वास्तविक विवाह श्रीकृष्ण से ही हुआ।

इस कथा से पता चलता है कि गोपियों को परकीया मानने में जो सामाजिक अड़चन पड़ती थी उसका इस कथा के द्वारा निराकरण किया गया है। वस्तुतः भारतवर्ष में परकीया-प्रेम बहुत पुराने ज़माने से एक खास सम्प्रदाय का धर्म-सा

1. मणीन्द्रमोहन बोस : पोस्ट चैतन्य सहजीया कल्ट ('डॉक्ट्रिन ऑफ परकीया लव' अध्याय)। श्री जीव गोस्वामिपाद ने भागवत-सन्दर्भ में स्वकीया भाव की श्रेष्ठता प्रतिपादित करने का प्रयत्न किया है, पर चैतन्य-चरितामृत में परकीया-भाव को ही श्रेष्ठ कहा है।
2. सूरदास ने राधिका और कृष्ण का विवाह कराया है :

   वाजहिं जे वाजन सकल नभ सुर पुहुप अंजलि बरसहीं।
   थकि रहे व्योम विमान मुनिगन जै सब्द करि हरसहीं॥
   सूरदासहिं भयो आनंद पुजी मन की साधा।
   श्रीलाल गिरिधर नवल दुलहै दुलहिन श्री राधा॥

   × × ×

   बारने तोरने बँधाये हरि कीन्हों उछाह।
   ब्रज की सब रीति भई बरसानै ब्याह॥

   × × ×

   दुलहिन वृषभानु सुता अंग - अंग भ्राज।
   सूरदास प्रभु दूलह देखो श्री ब्रजराज॥

था। कहा जाता है कि ऋग्वेद (10-129-25) से इस परकीया-प्रेम का समर्थन होता है। अथर्ववेद (9-5-27-28) में इसका स्पष्ट वर्णन पाया जाना बताया गया है। छान्दोग्य उपनिषद् (2-13-1) के 'कांचन परिहरेत्' मन्त्रांश का अर्थ आचार्य शंकर ने इस प्रकार किया है—जो वामदेव सामन् को जानता है उसे मैथुन की विधि का कोई बन्धन नहीं है। उसका मन्त्र है—"किसी स्त्री को मत छोड़ो।" अवश्य ही इस मतवाद को वैदिक युग में बहुत अच्छा नहीं समझा जाता होगा। पर इसमें सन्देह नहीं कि इस प्रकार का एक सम्प्रदाय था। कहते हैं कि 'कथावत्थु-जातक' (23-2) और 'मज्झिम निकाय' (जिल्द 1, पृ० 155) से भी इस प्रकार की बातें सिद्ध होती हैं। इसमें सन्देह नहीं कि स्वयं बुद्धदेव के युग में यह प्रथा खूब प्रचलित थी। उन्हें कई जगह इसकी निन्दा करनी पड़ी है[1]।

सन् ईसवी के आरम्भ में भारतवर्ष में एक विचित्र धार्मिक स्थिति थी। हिन्दू धर्म सिर उठा रहा था, बौद्ध धर्म गिर रहा था। बाहर से आयी हुई अनेक जातियों के विविध विचार समाज में प्रविष्ट होकर नाना सम्प्रदायों और मतवादों के उद्भव के कारण हो रहे थे। पतनशील बौद्धधर्म फिर से उठने की चेष्टा में था। उनके धर्म के प्रति नाना कारणों से लोगों की श्रद्धा उठती जा रही थी। संघ में भिक्षु-भिक्षुणियों का अबाध व्यभिचार जारी था। अलंकार ग्रन्थों में भिक्षुणियों को दूती-कार्य दिया जाना[2] इस बात का सबूत है कि उस ज़माने में ये भिक्षुणियाँ केवल संघ को ही नष्ट नहीं कर रही थीं, बल्कि सद्गृहस्थों को भी चौपट कर रही थीं। इन कारणों से साधारण जन-समाज इनसे ऊब गया था। अब बुद्धदेव की महीयसी करुणा में वह जादू न था कि लोग उसकी तरफ आकृष्ट हों। फलतः इनको तन्त्र-मन्त्र का आश्रय लेकर जनता को वश में करने की चेष्टा करनी पड़ी।

तन्त्र-शास्त्र एक तरफ जितना ऊँचा है, दूसरी तरफ उतना ही कुत्सित। हम इसके महत्त्वपूर्ण अंग पर आगे विचार करेंगे। यहाँ दिखाना चाहते हैं कि इस मतवाद के कारण परकीया-प्रेम के आदर्श पर कैसा प्रभाव पड़ा था। यह बात सर्वविदित है कि तान्त्रिक अनुष्ठान में स्त्री एक प्रधान उपादान है। कहा गया है कि तन्त्र-मतवाद के उद्भव का कारण है आदर्शभ्रष्ट बौद्ध-संघ। भिक्षु और भिक्षुणियों के अबाध व्यभिचार से जब लोग संघ की ओर से उदासीन हो रहे थे, उस समय इस व्यभिचार को धार्मिक और दार्शनिक रूप दिया गया। वास्तव में यह बात गलत है। संसार के सभी धर्मों में किसी-न-किसी रूप में तन्त्रवाद का अस्तित्व है।[3] तन्त्रवाद के मूल सिद्धान्त उतने ही पुराने हैं जितनी स्वयं मनुष्य-जाति। यह

1. दि कलकत्ता रिव्यु, जून 1927, पृ. 362-3 और म. मो. बोस : 'पोस्ट चैतन्य सहजीया कल्ट', पृ. 101 और आगे।
2. दूत्यः सखी नटी दासी धात्रेयी प्रतिवेशिनी।
   बालाः प्रव्रजिताः कारुः शिल्पिन्याद्याः स्वयं तथा ॥ 157 ॥
   —'साहित्य-दर्पण', तृतीय परिच्छेद
3. मणीन्द्रमोहन बोस : 'पोस्ट चैतन्य सहजीया कल्ट', पृ. 120 और आगे।

हो सकता है कि उस युग में बौद्ध-संघों के कारण इस मतवाद का जोर बढ़ गया हो; पर इसके लिए यह नहीं कहा जा सकता कि इसका उद्भव भी उसी से हुआ है।

जो हो, ईसवी सन् के आस-पास पंच मकार का खूब प्रचार पाया जाता है। उस समय जनता पर इसका बड़ा प्रभाव था। शाक्तों का एक सम्प्रदाय, जो अपेक्षाकृत अधिक दार्शनिक था, पराशक्ति की उपासना स्त्रीरूप से करता था। इस सम्प्रदाय का प्रत्येक धार्मिक अनुयायी त्रिपुरसुन्दरी (जो इस पराशक्ति का नाम है) के साथ था। इस प्रकार इस सम्प्रदाय के अनुयायी ईश्वर की पुरुष-रूप में नहीं बल्कि स्त्री-रूप में पूजा करते थे।[1] तन्त्रवाद का यह ऊँचा अंग तात्कालिक पण्डितों का चित्त आकृष्ट कर रहा था। इसका प्रभाव भागवत-सम्प्रदाय पर भी पड़ा। भागवत सम्प्रदाय में बालकृष्ण का प्रवेश हो चुका था। राधा और गोपियों के रूप में तन्त्रशास्त्र का उक्त अंग भी इसमें सुलभ हो गया। यह बात वैष्णव-मतों के विद्यार्थी से छिपी नहीं है कि उत्तर-काल में राधा का स्थान कृष्ण से भी बढ़कर बताया जाने लगा था।[2]

तन्त्रवाद का दार्शनिक और आध्यात्मिक पहलू बहुत ऊँचा था; परन्तु यह मत अपेक्षाकृत असंस्कृत लोगों में बहुत विकृत हो गया था। वैष्णवों ने राधा और कृष्ण के रूप में शक्ति-उपासना को ग्रहण करके उसे एक शुद्ध मर्यादा के भीतर कर दिया। तन्त्र-साधना में स्त्री अनुष्ठान का एक साधन-भर थी, वैष्णव मत में वह परम-पुरुष को पूर्ण करनेवाली समझी जाने लगी। तन्त्र की परकीया एक यान्त्रिक-साधना थी, किन्तु वैष्णव परकीया प्रेम का साधन थी। राधा के बिना कृष्ण अपूर्ण थे। यह एक ऐसी बात है जो तन्त्रवाद से वैष्णव-भाव को पृथक् कर देती है। चैतन्य-देव के वैष्णव-सम्प्रदाय में परकीया-प्रेम को बहुत ऊँचा स्थान दिया गया है, परन्तु समाज में इसका निषेध किया गया है।[3] भक्त स्वयं अपने को परकीया समझेगा और कृष्ण की प्राप्ति के लिए अपने को उत्सर्ग कर देगा। वह किसी परकीया स्त्री से प्रेम नहीं करेगा बल्कि स्वयं अपने को परकीया कर देगा। स्वकीया से परकीया

1. 'वैष्णविज़्म, शैविज़्म एण्ड माइनर रेलिजस सिस्टम्स', पृ. 146।
2. उत्तर वैष्णव सम्प्रदाय में कृष्ण को राधा की लीला का आश्रय बताया गया है। श्रीकृष्ण का जो अंश सबसे अधिक महत्त्वपूर्ण है वह है आनन्द। अद्वैत मत से तो जीव भी सत्-चित् और आनन्दस्वरूप है; पर द्वैत मत में जीव में अन्तिम गुण नहीं माना गया है। राधा को श्रीकृष्ण की आह्लादिनी शक्ति कहकर जहाँ उनका अभेद प्रतिपादन किया गया है वहीं यह भी बताया गया है कि राधा के बिना कृष्ण अपूर्ण हैं। राधा एक शक्ति (energy) है, कृष्ण उसकी लीला के आश्रय। (देखिए, 'पोस्ट चैतन्य सहजीया कल्ट', पृ. 230-235)।
3. उज्ज्वल नीलमणि, कृष्णवल्लभा 5। इस ग्रन्थ के प्रथम अध्याय के सोलहवें श्लोक पर की टीका में लिखा है—"श्रीराधाजी कृष्ण की स्वरूपाह्लादिनी शक्ति हैं इसलिए वे वस्तुतः स्वकीया ही हैं, परकीया नहीं।" इस तर्क को समझने के लिए यह जान लेना चाहिए कि श्रीकृष्ण सत्-चित्-आनन्दरूप हैं, इसमें राधा आह्लादिनि शक्ति या आनन्द शक्ति हैं। इसलिए वे कृष्ण के आनन्द-रूप की अपनी शक्ति अर्थात् स्वकीया ठहरती हैं। इस प्रकार गौड़ीय वैष्णव-सम्प्रदाय में भी राधा केवल प्रेम के लिए परकीया हैं। परमार्थतः स्वकीया ही हैं। →

का स्थान ऊँचा है, क्योंकि उसमें प्रेम का वेग अधिक रहता है। चैतन्य देव भावमत्त होकर जब नाच उठते थे तो प्रायः यह श्लोक गाया करते थे :

प्रियः सोऽयं कृष्णः सहचरि कुरुक्षेत्रमिलित-
स्तथाऽहं सा राधा तदिदमुभयोः संगमसुखम् ।
तथाप्यन्तः खेलन्मधुरमुरलीपञ्चमजुषे,
मनो मे कालिन्दी पुलिनविपिनाय स्पृहयति ।।

सूरदास के इस पद के साथ तुलना कीजिए, यह भी कुरुक्षेत्र के प्रसंग का ही है :

हरिजू वै सुख बहुरि कहाँ !
यदपि नैन निरखत वह मूरति फिरि मन जात तहाँ ।
मुख मुरली सिर मोर पखौआ गर घुँघचिन को हार ।
आगे धेनु रेनु तन मण्डित चितवन तिरछी चाल ।
रात दिवस अँग-अँग अपने हित हँसि मिलि खेलत खात ।
सूर देखि वा प्रभुता उनकी कहि नहिं आवे बात ।

ऊपर के श्लोक के सम्बन्ध में चैतन्यचरितामृत में एक कहानी इस प्रकार है। महाप्रभु चैतन्यदेव पुरी गये थे, वहाँ जगन्नाथजी को देखकर उनके मन में आया कि 'प्रभो, अगर ब्रज में होते तो क्या ही अच्छा होता !' उसी समय वे भावमत्त होकर शीला भट्टारिका का कहा जानेवाला यह श्लोक गाने लगे—'यः कौमारहरः' इत्यादि[1]। श्री रूपगोस्वामी सदा महाप्रभु के साथ रहा करते थे। वे प्रभु के प्रत्येक भाव को समझते थे। इस बार भी थे। वे संस्कृत के बड़े अच्छे कवि थे। महाप्रभु का भाव समझकर उसी श्लोक के भाव पर इस श्लोक की रचना की। श्लोक देखकर महाप्रभु परम आनन्दित हुए।

चैतन्यदेव स्वयं राधा-भाव से श्रीकृष्ण को प्रेम करते थे। जो लोग उन्हें श्रीकृष्ण का अवतार समझते हैं, उनका कथन है कि श्रीकृष्ण राधा-प्रेम को स्वयं अनुभव करने के लिए चैतन्य के रूप में अवतीर्ण हुए थे। भावुक भक्त राधा के रूप में जिस विरह का अनुभव करता था वह पत्थर को भी गला सकता है :

→ एक कहानी इस प्रसंग में कही जाती है। एक राजा की लड़की किसी राजपुत्र से प्रेम करने लगी। दोनों नदी किनारे एक कुंज में जाया करते थे। राजा को जब यह बात मालूम हुई तो दोनों की शादी करा दी, परन्तु विवाहित जीवन में उन्हें वह प्रेम फीका जान पड़ने लगा। कहा जाता है कि काव्य-प्रकाश का एक श्लोक इसी कहानी के आधार पर है। इस कहानी से परकीया-प्रेम की उच्चता सिद्ध की जाती है।

1. यः कौमारहरः स एव हि वरस्ता एव चैत्रक्षपास्ते
चोन्मीलित-मालती-सुरभयः प्रौढ़ाः कदम्बानिलाः ।
सा चैवास्मि तथापि तत्र सुरत-व्यापारलीलाविधौ
रेवारोधसि वेतसीतरुतले चेतः समुत्कण्ठते ।।

—'पोस्ट चैतन्य सहजीया कल्ट', पृ. 50-51

कहा करों काहाँ पाओं ब्रजेन्द्रनन्दन ।
काहाँ मोर प्राननाथ मुरली वदन,
काहारे[1] कहिब केशवा जाने मोर दुख,
ब्रजेन्द्रनन्दन बिनु फाटे मोर बुक[2] ।

—'चैतन्यचरितामृत', 2-2

ये वा तुमि सखीगन विषादे बाउल[3] मन;
का'रे पूछों के कहे उपाय;
काहा करों काहाँ जाँओं काहाँ गेले कृष्णपाओं;
कृष्ण बिनु प्रान मोर जाय।[4]

—'चैतन्यचरितामृत', 2-17

भक्ति-तत्त्व

यह है चैतन्य महाप्रभु का विरह। भक्ति-शास्त्र को चैतन्यदेव और उनके अनुयायियों ने एक पूर्ण वैज्ञानिक विवेचन का रूप दिया है। बंगाल के इस भक्तिवाद से वल्लभाचार्य के भक्तिवाद का बड़ा मेल है। अन्तर यह है कि वल्लभाचार्य ने अनुष्ठान को प्रधान स्थान दिया है, चैतन्यदेव ने प्रेम को। चैतन्य सम्प्रदाय में वैधी-भक्ति[5] (जो शास्त्रों के विधि-निषेध का अनुसरण करती है), रागानुगा[6] (प्रेम की

1. किसको--किससे कहूँ ।
2. छाती ।
3. बावला—पागल ।
4. सूरदास के इस पद्य से तुलना कीजिए :

   हरि बिछुरत फाट्यो न हियो ।
   भयो कठोर बज्र ते भारी यहाँ रहे अब कहा कियो ।
   बाँटि हलाहल सुनि मेरी सजनी औषधि ही न पियो ।
   मन बुधि गई सँभार न तन की कूड़ो दाँव दियो ।
   अब का करों कौन विधि मिलिहौ परबस प्रान लियो ।
   निसि दिन रटत सूर के प्रभु बिन कैसे परत जियो ।
5. यत्र रागानवाप्तत्वात् प्रवृत्तिरुपजायते ।
   शासनेनैव शास्त्रस्य सा वैधी भक्तिरुच्यते ।।—'भक्तिरसामृतसिंधु', 1-2-5
6. इष्टे स्वरसिकी रागः परमाविष्टता भवेत् ।
   तन्मयी वा भवेद्भक्तिः साऽत्र रागातिमकोदिता ।।—वही, 1-2-131

अनुयायिनी) भक्ति से नीचे है। वैधी-भक्ति वह धारा है जो अपने दोनों किनारों से बँधी रहती है पर रागानुरगा वह बाढ़ है जो किनारों का बन्धन तो मानती ही नहीं, सामने जो कुछ पड़ जाय उसे भी बहा ले जाती है।[1]

ब्रज के लोगों की प्रीति रागात्मिका थी, वह विधि-निषेध के परे थी। इस कलि-काल में ब्रज के लोगों जैसी भक्ति और उनका-सा प्रेम सम्भव नहीं, इसीलिए रागात्मिका भक्ति भी सम्भव नहीं है। इस भक्ति का रसास्वादन करने के लिए भक्तों ने एक सरल उपाय बताया है। वह उपाय यह है कि उस भक्ति को पाने के लिए उन्हीं ब्रजवासियों का अनुकरण किया जाय।[2] नन्द रूप से, यशोदा रूप से, गोपी-गोपाल रूप से यह भक्ति की जा सकती है।[3]

रागात्मिका भक्ति का अनुकरण होने के कारण इसे रागानुगा भक्ति कहा गया है। पिता-माता, गोपाल-बाल और गोपियाँ सभी श्रीकृष्ण की प्रवाहशील भवित में बह गये थे। बंगाल के वैष्णव-सम्प्रदाय में चैतन्यदेव के बाद से यही भक्ति प्रमुख हो गयी थी। भक्ति के इस रूप को उपलब्ध करना कुछ सहज बात नहीं है। नाना सीढ़ियों को पार करता हुआ भक्त इस अन्तिम सीढ़ी पर आता है।[4] प्रत्येक साधक को पहले वैधी भक्ति का आश्रय लेना पड़ता है। प्रारम्भ में वह तटस्थ या प्रवर्त्त दशा में होता है, फिर साधक और बाद में सिद्ध।

ठीक रागात्मिका भक्ति की ही भाँति रागानुगा भक्ति भी दो प्रकार की है—कामरूपा और सम्बन्धरूपा। विषय-सम्भोग-तृष्णा को 'काम' कहते हैं। इन्द्रियार्थ ही बद्ध जीव का विषय है। इसीलिए पण्डित लोग इसे काम कहा करते हैं। जिस जगह परम तत्त्वरूप भगवान् विषय रूप में वरण किये जाते हैं, उस जगह विषय-सम्भोग-तृष्णा को 'प्रेम' कहा जाता है। 'काम' और 'प्रेम' में स्वरूपगत भेद नहीं

1. 'चैतन्यचंद्रोदय' के ये श्लोक—
   शास्त्रीयः खलु मार्गः पृथगनुरागस्य मार्गोऽन्यः।
   प्रथमोऽर्हति सनियमतामनियमतामन्तिमो भेजे।। 19।।
   वन्यासु तरणिसरणिर्जवेन गम्यं नयत्यनियतापि।
   न सहज-कुटिलेषु पुनर्नदी प्रवाहेष्वनियतापि।। 20।।
   तृतीय अंक
2. रागात्मिकैकनिष्ठा ये ब्रजवासीजनादयः।
   तेषां भावाप्तये लुब्धो भवेदत्राधिकारवान्।।
   'भक्तिरसतरंगिणी'
3. तत्तद्भावादिमाधुर्ये श्रुते धीर्यदपेक्षते।
   नात्र शास्त्रं न युक्तिं च तल्लाभोत्पत्तिलक्षणम्।।
4. सतां प्रसंगान्मम वीर्यसंविदो
   भवन्ति हृत्कर्णरसायनाः कथाः।
   तज्जोषणादाश्वपवर्गवर्त्मनि
   श्रद्धारतिर्भक्तिरनुक्रमिष्यति।।
   'भागवत', 3-20-22

है, केवल विषयमात्र का भेद है। नित्य सिद्ध जीव-स्वरूप ब्रजगोपियों के प्रेम को ही ब्रजतत्त्व में 'काम' कहा गया है, क्योंकि उनमें विषयान्तर का अभाव है—इनके 'काम' और 'प्रेम' में भेद नहीं है। गोपियों की रागात्मिका भक्ति काम-रूपा थी। उनकी भक्ति के अनुकरणकारी भक्तों की रागानुगा भक्ति को भी कामरूपा कहते हैं। कामरूपा रागानुगा भक्ति में कृष्ण-सुख के सिवा अन्य किसी सुख का अन्वेषण या उद्यम नहीं रहता।

"प्रभु-दास-सम्बन्ध, सखा-सम्बन्ध, पिता-पुत्र-सम्बन्ध और दाम्पत्य-सम्बन्ध, इस तरह चार मुख्य सम्बन्ध-गत रागात्मिका भक्ति 'सम्बन्ध-रूपाभक्ति' कहलाती है। इस प्रकार की सम्बन्ध-रूपा भक्ति के अनुकरण करनेवालों में भी तत्तद्भाव दृष्ट होते हैं।"

"वैधी भक्ति में शास्त्र और युक्ति-गत विधि ही एकमात्र कारण है। रागानुगा भक्ति में श्रीकृष्ण और कृष्ण-भक्त की करुणा ही एकमात्र कारण है। कोई-कोई आचार्य वैधी भक्ति को प्रेम-भक्ति का मर्यादास्वरूप समझकर उसे मर्यादा-मार्ग कहते हैं। रागानुगा भक्ति को प्रेम-भक्ति की पुष्टि-कारिणी समझकर पुष्टि-मार्ग नाम दिया है। (महाप्रभु वल्लभाचार्य के सम्प्रदाय में ये ही शब्द प्रचलित हैं। वल्लभसम्प्रदाय को पुष्टिमार्ग इसीलिए कहते हैं।) वैधी भक्ति सर्वदा ऐश्वर्य-ज्ञान से युक्त रहती है, रागानुगा सदा उससे रहित।"[1] रामानन्द और तुलसीदास प्रथम मार्ग के यात्री थे, वल्लभ और सूरदास दूसरे के।

वैष्णव-भक्तों ने भक्ति के इतने भेद-उपभेद किये हैं कि उनका संक्षेप करना असम्भव है। इस स्थान पर मुख्य प्रेम-रस के भेदों का विवरण दिया जा रहा है। कारण यह है कि यही विषय हमारे आलोच्य विषय से अधिक सम्बद्ध है।

प्रेम-भक्ति की दो अवस्थाएँ होती हैं–भाव और प्रेम। प्रेम अगर सूर्य है तो भाव उसकी किरण।[2] आलंकारिकों के यहाँ देवादि-विषयक रति को ही भाव कहते हैं।[3] पर वैष्णवों का भाव उससे कुछ भिन्न है। जहाँ आलंकारिक कृष्णसम्बन्धी रति को केवल 'भाव' कहेंगे, रस नहीं, वहाँ भक्तिशास्त्री उसे 'रस' भी कह सकते हैं। भाव शुद्ध रति है। आलंकारिकों की रति से यह रति भिन्न प्रकार की है। स्त्री-पुत्रादि के प्रति जो रति है यह बद्ध जीव की जड़-विषया रति है; पर श्रीकृष्ण के प्रति भक्त की 'रति' चिद्विषया होती है। यही दोनों में भेद है।[4]

भावुक के नौ लक्षण बताये गये हैं—शान्ति, अव्यर्थकालत्व, विरक्ति, मान-

1. 'श्रीश्रीचैतन्यशिक्षामृत', पृ. 205-8
2. शुद्धसत्त्वविशेषात्मा प्रेमा सूर्यांशुसाम्यभाक्।
   रुचिभिश्चित्तभास्तस्य कृदसौ भाव उच्यते॥

   भ. र.
3. रतिर्देवादि-विषयो भावः प्रोक्तः।

   'काव्यप्रकाश'
4. 'श्रीश्रीचैतन्यशिक्षामृत', पृ. 210-11

शून्यता, आशाबन्ध, समुत्कण्ठा, सर्वदा नाम-रुचि, कृष्ण-कथा में आसक्ति और ब्रजभूमि में प्रेम। भागवत में गोपियों की भावावस्था का वर्णन है---वे कहीं रोती है, कहीं हँसती हैं, कहीं नाचती हैं, कहीं गाती हैं और कभी चुप हो रहती हैं।[1]

यही भाव (या रति) जब सान्द्र (गाढ़) हो उठता है तब उसे प्रेम कहते हैं।[2] रति में प्रिय के प्रति ममता उत्पन्न होती है, प्रेम में वह ममता अनन्यता के रूप में दिखायी देती है। प्रेम की अवस्था में प्रेमी अहर्निश भगवान् के प्रेम में मत्त रहता है। श्रीकृष्ण ही उसके सुनने, देखने और चिन्तन करने के विषय हो जाते हैं।[3] प्रेम भी दो प्रकार का होता है—भावोत्थ प्रेम और प्रसादोत्थ प्रेम। इनके भी अनेक भेदोपभेद बताये गये हैं। पर वस्तुतः प्रेम का भेद नहीं किया जा सकता। सूरदास कहते हैं कि प्रेम प्रेम से ही उत्पन्न होता है, प्रेम से ही भवसागर पार किया जा सकता है, प्रेम से ही संसार बँधा हुआ है, प्रेम से ही परमार्थ सम्भव है, एक प्रेम का निश्चय ही जीवन्मुक्तिरूपी रसीला फल है, और तो और प्रेम के द्वारा ही गोपाल को—जो अन्तिम साध्य है—पाया जा सकता है।[4] प्रेमोदय होने पर जीवन सार्थक हो जाता है। नन्ददास कहते हैं : ऊँचे कर्म से स्वर्ग मिलता है, नीच कर्म से भोग, परन्तु प्रेम के बिना सब लोग विषय-वासना के रोग में पच-पच के मरते हैं।[5] ऐसा है यह भगवत्प्रेम। भक्ति-शास्त्रियों ने प्रेमोदय के क्रम का भी निश्चय किया है।

ऐसे मनुष्य बहुत कम हैं जिनको भगवत्प्रसाद से एकाएक प्रेम की प्राप्ति हो

1. क्वचिद्रुदन्त्यच्युतचिन्तया क्वचित् हसन्ति नादन्ति वदन्त्यलौकिकाः।
नृत्यन्ति गायन्त्यनुशीलयन्त्यजं भवन्ति तूष्णीं परमेत्य निर्वृताः॥

भा. 11-3-33

2. भावः स एव सान्द्रात्मा बुधैः प्रेमा निगद्यते।

भ. र.

3. सुनत न काहू की कही, कहत न अपनी बात।
'नारायन' वा रूप में, मगन रहत दिन-रात॥
धरत कहूँ पग परत कहुँ, सुरत नहीं इक ठौर।
'नारायन' प्रीतम बिना, दीखत नहि कछु और॥
लतन तरे ठाढ़ो कबहुँ, कबहूँ जमुनातीर।
'नारायन' नयननि बसी, मूरति स्याम सरीर॥

कल्याण, श्रीकृष्णांक, पृ. 404

4. प्रेम प्रेम सों होय, प्रेम सों पारहि जैये।
प्रेम बँध्यो संसार, प्रेम परमारथ पैये॥
एकै निश्चय प्रेम को, जीवन-मुक्ति रसाल।
साँचो निश्चय प्रेम को, जिहि तैं मिलैं गोपाल॥

भँवर गीत

5. ऊँच कर्म ते स्वर्ग है, नीच कर्म ते भोग।
प्रेम बिना सब पचि मरैं, विषय-वासना-रोग॥

भँवर गीत

जाय। साधारणतः प्रेमोदय निम्नलिखित क्रम से होता है :

1. श्रद्धा, 2. साधु-संग, 3 भजन-क्रिया, 4. अनर्थनिवृत्ति, 5. निष्ठा, 6. रुचि, 7. आसक्ति, 8. भाव, 9. प्रेम।

प्रेमारुरुक्षु भक्त इस प्रकार भावुक की दशा से होता हुआ, प्रेमी की दशा में पहुँचता है। यह प्रेम शान्त, दास्य, सख्य और वात्सल्य-रूप से चार प्रकार का होता है। अपने-अपने स्वभाव के अनुसार भक्त को इस चार प्रकार के प्रेम का अधिकार है। अन्तिम और सर्वश्रेष्ठ रस है मधुर। इस रस में राधिका या चन्द्रावली के रूप से भक्त श्रीकृष्ण को प्रेम करता है। इनमें भी भगवान् की आह्लादिनी शक्ति होने के कारण राधिका श्रेष्ठ हैं। अधिकार-भेद से भक्त राधिका या चन्द्रावली की सखियों के भावानुसार कृष्ण-संग प्राप्त करेगा। ये सखियाँ पाँच प्रकार की होती हैं—सखी, नित्य-सखी, प्राणा-सखी, प्रिय-सखी और परमप्रेम सखी[1]। इनके काम राधा या चन्द्रावली का पक्ष-समर्थन, प्रिय-समागम-करण, हास-परिहास आदि हैं।

श्रीकृष्ण शृंगार-रस के सर्वस्व हैं। श्री राधिका की कृपा के सिवा उस रस में श्रीकृष्ण-प्राप्ति असम्भव है। इस जड़ जगत् में प्रात्याहिक क्रिया के साधन-रूप में जड़ देह में वास करता हुआ भी भक्त भावना-दशा में सिद्ध रूप में वास करता है। सखियों के नाम, रूप, वय, वेश, सम्बन्ध, यूथ, आज्ञा, सेवा, पराकाष्ठा, पाल्य-दासी और निवास को अपने में चिन्ता करते हुए भक्तों के मन में ललिता आदि सखियों का अभिमान पैदा होता है और वे उस रूप की अनुभूति की ओर अग्रसर होते हैं। आगे चलकर वे विशुद्ध माधुर्य रस के अधिकारी होते हैं।

भक्तों के रस में और काव्य-रस में भेद यह है कि भक्ति का रस चिन्मुख होता है, आलंकारिकों का रस जड़ोन्मुख भी। भेद की कुछ और भी बातें हैं। इस रस-व्यापार में पाँच भाव होते हैं :

1. स्थायी भाव, 2. विभाव, 3. अनुभाव, 4. सात्त्विक भाव, 5. संचारी या व्यभिचारी भाव।

इनकी परिभाषाएँ आलंकारिकों जैसी ही हैं। स्थायीभाव-नाम-प्राप्त रति विभाव, अनुभाव और सात्त्विक तथा व्यभिचारी भावों से स्वाद्य होकर भिन्न-भिन्न

1. तत्रापि सर्वथा श्रेष्ठे राधा चन्द्रावलीत्युभे।
तयोरप्युभयोर्मध्ये राधिका सर्वथाऽधिका॥
महाभावस्वरूपेयं गुणैरतिगरीयसी।
ह्लादिनी या महाशक्तिः सर्वशक्तिवरीयसी॥
यस्याः सर्वोत्तमे यूथे सर्वसद्गुणमण्डिताः।
समन्ता माधवाकर्षी विभ्रमाः सन्ति सुभ्रुवः॥
तास्तु वृन्दावनैश्वर्याः सख्यः पञ्चविधा मताः।
सख्यश्च नित्यसख्यश्च प्राणसख्यश्च कश्चन।
प्रियसख्यश्च परमप्रेमसख्यश्च विश्रुताः।

पाँच स्वभावों को ग्रहण करती है :

1. शान्त स्वभाव, 2. दास्य स्वभाव, 3. सख्य स्वभाव, 4. वात्सल्य स्वभाव और 5. मधुर स्वभाव।

इन पाँच स्वभावों के अनुसार ही रति भी पाँच प्रकार की है :

1. शान्ति रति, 2. दास्य या प्रीति रति, 3. सख्य या प्रेय रति, 4. वात्सल्य या अनुकम्पा रति, 5. कान्त या मधुरा रति।

भक्ति-शास्त्रियों ने इस रति को शृंगार और शान्त के अतिरिक्त अन्य सात रसों के अनुसार भी विभक्त किया है। आलम्बन, उद्दीपन आदि विभाव तथा तेंतीस व्यभिचारी भाव आदि बातें बहुत-कुछ वैसी ही हैं जैसी आलंकारिकों की। इसीलिए यहाँ उनका विस्तार नहीं किया है। जब संसार से विरत होकर चित्तवृत्तियाँ भगवान् मुकुन्द के ज्योति-स्वरूप में लीन हो जाती हैं तो उसे शान्त रस कहते हैं। सनन्दन आदि महात्मा इसी रस के रसिया हैं। इस रस की अवस्था में वर्त्तमान भक्त की निष्ठा के सम्बन्ध में 'भक्ति-रसामृत सिन्धु' कहता है—"कब हम पर्वत-कन्दरा के किसी विशाल वृक्ष के कोटर में बैठकर, कौपीन धारण करके, फल-मूल भोजन करके; बारम्बार हृदय में उस मुकुन्द नामक चिदानन्द ज्योति का ध्यान करते हुए रात क्षण-भर की नाईं काट देंगे[1] !" ब्रह्म-संहिता में कहा है—"प्रेम के अंजन से विच्छुरित (अनुरंजित) भक्ति-नेत्र से जिन अचिन्त्य-गुण-प्रकाश श्यामसुन्दर आदि-पुरुष गोविन्द को सन्त लोग सदा हृदय-देश में देखते हैं, मैं उन्हीं का भजन करता हूँ।"[2]

प्रीति या दास्य रस में दो भाव रहते हैं, सम्भ्रम का और गौरव का। इसमें भक्त अपने को सर्वात्मना श्रीकृष्ण का दास समझता है। पर इस अनुभूति में भगवान् का माधुर्य-रूप ही प्रबल होता है। ऐश्वर्य-रूप उसके द्वारा अभिभूत हो जाता है। भक्ति-शास्त्र में दास चार प्रकार के बताये गये हैं—अधिकृत (ब्रह्मा, इन्द्र आदि), आश्रित (कालिय नाग, बहुलाश्व आदि), पारिषद (उद्धव, दारुक आदि), और अनुग (सुचन्द, मण्डन आदि)।

सख्य रस में भक्त कृष्ण के प्रिय वयस्यों का अभिमानी होकर भजन करता है। श्रीकृष्ण के ये मित्र उनकी नाना भाँति की सहायता करते हैं; उनका वेश सजा देते हैं, पुष्प-चयन करते हैं, विरहावस्था में उनका मन बहलाते हैं, प्रेम-कलह में श्रीकृष्ण का पक्ष लेकर राधिका या चन्द्रावली की सखियों को पराजित करने की चेष्टा करते हैं। ये भी चार प्रकार के हैं—सुहृद्, सखा, प्रिय सखा और प्रिय नर्म-

1. कदा शैलद्रोण्यां पृथुलविटपिक्रोडवसतिर्वसानः कौपीनं रचितफलकन्दाशनरुचिः ।
हृदि ध्यायं ध्यायं मुहुरिह मुकुन्दाभिधमहः; चिदानन्दं ज्योतिः क्षणमिव हि नेष्यामि रजनीः ।

2. प्रेमाञ्जनच्छुरितभक्तिविलोचनेन
सन्तः सदैव हृदयेऽपि विलोकयन्ति ।
यं श्यामसुन्दरमचिन्त्यगुणप्रकाशं
गोविन्दमादिपुरुषं तमहं भजामि ॥

सखा। सुहृद्‌गण श्रीकृष्ण से बड़े थे। उनके प्रेम में वात्सल्य की मात्रा है। ये अस्त्रादि से राक्षस-वध करते और कृष्ण की रक्षा करते थे। 'सखा' गण में दास्यमिश्रित प्रेम था, ये कृष्ण से उम्र में छोटे थे। प्रिय सखा केलि आदि के द्वारा श्रीकृष्ण का मनोविनोद करते थे। प्रिय नर्मसखा भगवान् के आभ्यन्तरिक रहस्य के साथी हैं, अतएव इनका स्थान सबसे श्रेष्ठ है।

कृष्ण के माता-पिता आदि गुरुजन वत्सल-रूप से उनसे प्रेम करते थे। इस रस के आलम्बन कृष्ण बालरूप, मधुर-भाषी, आज्ञाकारी, सरल मर्यादा-निर्वाहक और चपल हैं। इस भाव से भजन करनेवाले भक्त वत्सल-प्रेमी कहे जाते हैं। सूरदास के भजनों में इस वात्सल्य रस का सबसे सुन्दर परिपाक हुआ है।[1]

मधुर रस भक्ति-शास्त्र का सबसे श्रेष्ठ और अन्तिम रस है। इसी की प्राप्ति के लिए भक्त की सारी साधना है। इस रस के आलम्बन हैं निखिल माधुर्य-स्वरूप श्रीकृष्ण। राधिका और चन्द्रावली दो प्रधान नायिकाएँ हैं जिनकी सैकड़ों सखियाँ हैं। इन सखियों के अलग-अलग यूथ हैं। प्रत्येक यूथ की एक-एक यूथेश्वरी है। विशाखा, ललिता, श्यामा, शैव्या, पद्मा, भद्रिका, तारा, विचित्रा, खंजनाक्षी, मनोरमा, मंगला, विमला, लीला, कृष्णा, सारी, विशारदा, तारावली, चकोराक्षी, शंकरी, कुंकुत्रा आदि व्रजांगनाएँ एक-एक यूथ की अधीश्वरी हैं। मधुर रस के उपासक भक्त की चरम-साधना है इन्हीं सखियों के यूथ में सम्मिलित होकर परम पुरुष के साथ अनन्त, अविश्रान्त लीला।

राधा और चन्द्रावली सुष्ठुकान्त स्वरूपा हैं। सोलह शृंगार से ये देदीप्यमान हैं, इनके सुरूप और शोभा के सामने अलंकार फीके हैं। सुकुंचित केश, चंचल मुख-कमल, दीर्घ नेत्र, विशाल वक्षःस्थल, क्षीण कटि, आयत्त स्कन्ध-देश, उदर पर त्रिवली, पदनख की ज्योति से दिशाएँ उद्‌भासित, सुवृत्त बाहु, पल्लवाभ करतल—रूप और श्री का समुद्र।

श्रीराधिका के असंख्य गुण हैं, जिनमें 25 मुख्य हैं :

1. वे चारुदर्शना हैं, 2. वे किशोरी हैं, 3. उनके अपांग (कटाक्ष) चंचल हैं, 4. वे शुचिस्मिता हैं, उनकी हँसी पवित्र है, 5. सौभाग्ययुक्ता हैं, 6. उनकी सुगन्धि माधव को उन्मादित कर देती है, 7. वे अद्‌भुत संगीतज्ञा हैं, 8. रम्य-वचन बोलती हैं, 9. नर्म (स्निग्ध परिहास) में पण्डिता हैं, 10. विनीता, 11. करुणामयी, 12. विदग्धा (रसमयी), 13. चतुरा, 14. लज्जाशीला, 15. सुमर्यादा, 16. धैर्य-शालिनी, 17. गाम्भीर्यशालिनी, 18. सुविलासवती,

1. हरि बिछुरत फाट्यो न हियो।
भयो कठोर बज्र ते भारी रहिके पापी कहा कियो।
घोलि हलाहल सुनि मेरी सजनी तिहिं अवसर काहैं न पियो।
मन बुधि गई सम्हार न तन की पूरौ दाव अक्रूर दियो।
अब का करौं कौन बिधि मिलिहौं परबस प्रान लियो।
निसिदिन रटत सूर के प्रभु बिन कैसे परत जियो।

19. परम उत्कर्षमयी, 20. गोकुल-प्रेम-वसति, 21. जगत् श्रेणी लसदयशा, 22. गुरुओं पर परम स्नेह रखनेवाली, 23. सखियों की प्रणयाधीना, 24. कृष्ण-प्रियाओं में मुख्य और 25. केवल सदा उनकी आज्ञा के वशवर्त्ती हैं।

इस प्रकार राधा-भाव से भजन करता हुआ भक्त आनन्दघन एक-रस परब्रह्म श्रीकृष्ण को पाता है। राधा के प्रसाद से ही कृष्ण को महाभाव की अनुभूति होती है। राधा के बिना पूर्ण पुरुष अपूर्ण हैं। इस महाभाव की अनुभूति के लिए—अपने 'रसो वै सः' स्वरूप की पूर्णता के लिए भगवान् ब्रजसुन्दरी के साथ अनन्त-लीला में व्याप्त रहते हैं। श्रीकृष्ण की प्राप्ति का श्रेष्ठ उपाय है, राधा-भाव से मधुर रस की भक्ति। फिर एक बार यह जान रखना चाहिए कि लौकिक माधुर्य से इस माधुर्य में भेद है। लोक में मधुर रस विपर्यस्त होकर सबके नीचे रहता है। उसके ऊपर है वात्सल्य, उसके ऊपर सख्य, फिर दास्य और अन्त में सबके ऊपर रहता है शान्त रस। पर यहाँ ब्रजेश्वर के प्रेम में ठीक उल्टी बात है। चित् जगत् के अत्यन्त निम्न भाग में शान्त-स्वरूप हरधाम या निर्गुण ब्रह्मलोक है, उसके ऊपर दास्य रस या बैकुण्ठ तत्त्व है, उसके ऊपर सख्य या गोलोकस्थ सख्य रस है और सबके ऊपर है मधुर रस, जहाँ परम पुरुष ब्रजांगनाओं के साथ क्रीड़ा करते हैं।[1] अद्‌भुत है यह भागवत रस। व्यासदेवजी कहते हैं :[2]

निगम - कल्पतरोर्गलितं ध्रुवं शुकमुखादमृतद्रवसंयुतम्।
पिवत भागवतं रसमालयं मुहुरहो रसिका भुवि भावुकाः ।।

उस युग की साधना और तात्कालिक समाज

1. टीका-युग और उसकी प्रधान समस्या

ईसा की पन्द्रहवीं शताब्दी के अन्त में किसी समय सूरदास ने जन्म ग्रहण किया था और सोलहवीं शताब्दी के मध्यभाग तक ये जीवित रहे। इनका काल ईसा की सोलहवीं शताब्दी रखा जा सकता है। इतिहास की दृष्टि में यह काल भारतीय संस्कृति के पराजय का काल है। विदेशी शक्तियाँ भारतवर्ष के इस कोने से उस

1. 'श्रीचैतन्यचरितामृत', पृ. 428
2. भागवत, 10·1-2

कोने तक अपना आतंक विस्तार कर चुकी थीं। युद्ध-विग्रह में, वाणिज्य-व्यवसाय में, भीतरी और बाहरी राज्य-व्यवस्थाओं में—सर्वत्र विदेशियों और विधर्मियों का हाथ था। इस देश के रहनेवालों ने अनिच्छापूर्वक, विवश होकर यह शासन-व्यवस्था स्वीकार कर ली थी। बीच-बीच में सिर उठाने की कोशिश अगर कहीं हुई भी, तो तत्काल ही दर्प चूर्ण कर दिया गया। सचमुच यह युग इस दृष्टि से देखने से अत्यन्त अन्धकारमय दिखायी देता है। भारतवर्ष की असफलता की करुण कहानी से इस युग के इतिहास का अध्याय-का-अध्याय भरा पड़ा है!

परन्तु इन सारी विघ्न-बाधाओं के होते हुए भी भारतवर्ष अपने आत्म-रूप में निस्तेज नहीं हुआ था। "यह बात माननी ही होगी कि राष्ट्रीय साधना भारतवर्ष की साधना नहीं है। एक बार बड़े-बड़े राजा और सम्राट् हमारे देश में दिखायी पड़े थे। किन्तु इनकी महिमा इन्हीं में स्वतन्त्र है। देश के सर्वसाधारण ने उस महिमा की सृष्टि भी नहीं की, वहन या भोग भी नहीं किया। व्यक्ति-विशेष की शक्ति में ही उसका उद्भव और विलय हुआ। किन्तु भारतवर्ष की एक अपनी साधना है, वह है उसके अन्तर की चीज़। सब प्रकार के राष्ट्रीय विपर्यय के भीतर से उसकी धारा बहतीर ही है।"[1] सूरदास के युग में भी यह धारा सूख नहीं गयी थी, बल्कि और भी स्पष्ट होकर दिखायी पड़ी थी। पन्द्रहवीं और सोलहवीं शताब्दी भारतवर्ष की राजनीतिक हार का युग भले ही हो, वर्त्तमान भारत इन शताब्दियों का ही परिणाम है। इन दो सौ वर्षों को एक बार इतिहास से निकाल दीजिए, फिर देखिये हम कहाँ के रह जाते हैं! वर्त्तमान भारत जिन महापुरुषों की देन है, वे—रामानन्द, वल्लभ, चैतन्य, कबीर, सूरदास, दादू, मीराबाई, तुलसीदास, नरसी मेहता, तुकाराम—सब-के-सब इन्हीं दो शताब्दियों की उपज हैं। इन दो शताब्दियों को छोड़ दिया जाय तो हिन्दी साहित्य में तो कुछ रह ही नहीं जाता। यह एक अद्भुत विरोधाभास है, पर है सच। देखा जाय, यह बात कैसे सम्भव हुई।

हिन्दूधर्म के शास्त्र संस्कृत-भाषा में लिखे गये हैं। पन्द्रहवीं और सोलहवीं शताब्दी को शास्त्रों के भाष्य या टीका का युग कह सकते हैं। मुसलमानों के आगमन के पहले भी सैकड़ों जातियाँ इस देश में आकर हिन्दूधर्म का कवच पहन चुकी थीं। नयी-नयी जातियों के आने से नयी-नयी समस्याएँ खड़ी होती गयीं और हिन्दू शास्त्रकारों ने नयी-नयी स्मृतियाँ और नये-नये पुराण रचकर इन समस्याओं को हल करने की चेष्टा की थी। उस समय तक हिन्दू-जाति के अन्दर एक क्षीण जीवनी-शक्ति वर्त्तमान थी। इस जीवनी-शक्ति के कारण ही वह नयी व्यवस्थाएँ बना सकी थी, परन्तु मुसलमानों के आने से वह शक्ति स्तम्भित-सी हो गयी। अब तक जो जातियाँ आयी थीं उनकी अपनी कोई जबर्दस्त संस्कृति न थी; पर मुसलमानों की संस्कृति केवल सशक्त और संयत ही नहीं थी, उसमें भारतीय संस्कृति

1. रवीन्द्रनाथ ठाकुर

के विरोधी उपादान भी थे। बड़ी विकट समस्या थी।

हिन्दू-जाति में—जहाँ तक शास्त्रों का सम्बन्ध था—मौलिकता बच नहीं रही थी। पर परम्परा की एकान्तप्रेमी सभ्यता होने के कारण वह शास्त्रों को फेंक भी नहीं सकती थी। इस विकट युग में कुछ शास्त्रकारों ने पुरानी स्मृतियों और पुराने पुराणों के स्तूपीभूत संग्रह से काल-धर्म की उपयोगिनी विधि-व्यवस्थाओं की खोज शुरू की। स्मृतियों पर नयी टीकाएँ लिखी गयीं, नये-नये व्यवस्था-शास्त्र रचे गये और नये-नये पुराण ग्रन्थ भी बनाये गये। मनु के टीकाकार मेधतिथि और कुल्लूक भट्ट, मिताक्षरा टीका लिखनेवाले विज्ञानेश्वर, चतुर्वर्ग चिन्तामणिकार हेमाद्रि, बंगाल के रघुनन्दन, काशी के कमलाकर आदि बड़े-बड़े आचार्यों ने इस काम में हाथ लगाया।

केवल स्मृति और पुराण ही तक यह बात सीमित नहीं रही। वेदान्त, न्याय, व्याकरण, मीमांसा, ज्योतिष, वैद्यक आदि सभी शास्त्रों में मौलिकता का कोई चिह्न नहीं मिलता। केवल टीका ही इस युग का कर्त्तव्य कार्य था। वेदों का सर्वोत्तम भाष्य, जिसे सायणाचार्य ने लिखा, इसी युग की उपज है। सारांश यह कि शास्त्रों की दृष्टि से इस युग को टीका-युग कहा जा सकता है।

रघुनन्दन को लीजिए या हेमाद्रि को, निर्णय-सिन्धु को देखिए या मिताक्षरा को, सर्वत्र एक विशाल प्रयत्न दृष्टिगोचर होगा। राशि-राशि स्मृतियों और पुराणों के उद्धरण दे-देकर व्याख्याकारों ने हिन्दू-संस्कृति के वास्तविक रूप को बचा रखने की कोशिश की। इस प्रयत्न को देखकर उस युग की विकट समस्या का अनुमान होता है। सभी विद्वान् मानो हिन्दू-शास्त्रों की सारी शक्ति समेटकर विदेशी शक्ति का सामना करने को तत्पर हैं। सवाल यह है कि वह विकट समस्या क्या थी? और सूरदास के अध्ययन से उस विकट समस्या पर कुछ प्रकाश पड़ता है या नहीं? क्या सूरदास स्वयं एक ऐसी शक्ति थे, जो भारतीय संस्कृति की रक्षा का प्रयत्न कर रहे थे?

इन प्रश्नों का उत्तर जितना ही कठिन है उतना ही सरल भी है। सूरदास शायद ही कहीं ऐसी बात कह गये हों, जो उस युग की तात्कालिक परिस्थिति पर प्रकाश डाले। कारण यह है कि वे किसी युग-विशेष के आदमी नहीं थे। परन्तु सामाजिक परिस्थिति कुछ इस प्रकार जटिल और विषम हो उठी थी कि कहीं-कहीं सूरदास के पदों में उनकी ओर एक अस्पष्ट इंगित मिलता है। इस बात को समझने के लिए उस युग की साधना का एक संक्षिप्त नापजोख आवश्यक है।

इतिहास का विद्यार्थी, हमारे प्रश्नों के उत्तर में, छूटते ही कह उठेगा कि उस विकट समस्या को तो एक वाक्य में ही बताया जा सकता है। मुसलमान बादशाह मन्दिरों और मूर्त्तियों को तोड़ते जा रहे थे और हिन्दू-तीर्थों को बरबाद कर रहे थे, नाना उचित-अनुचित उपायों से भोली-भाली हिन्दू जनता को मुसलमान बनाया जा रहा था, आये-दिन हिन्दू भले-घरों की बहू-बेटियों का सतीत्व नष्ट किया जा रहा था। इससे बढ़कर और विकट समस्या क्या हो सकती है? सचमुच

इतिहास मुसलमानों की इसी ज्यादती को बताकर चुप हो जाता है। परन्तु ये बातें शास्त्रीय समस्या का रूप नहीं धारण कर सकतीं। इससे बढ़कर उपहासास्पद बात और क्या हो सकती है कि मुसलमान तो गदा के आघात से सोमनाथ की मूर्त्ति को चूर्ण-विचूर्ण करते रहें और हिन्दू इस आक्रमण से रक्षा पाने के लिए 'मिताक्षरा' लिखा करें! नहीं, यह उत्तर हमारे प्रश्न का उचित उत्तर नहीं हुआ। हम यह स्वीकार करते हैं कि मुसलमानों ने कभी-कभी अनुचित शारीरिक बल का प्रदर्शन किया था; पर उसके लिए हिन्दुओं ने शारीरिक बल से ही—भले ही वह अल्प या असंहत हो—आत्मरक्षा की चेष्टा की थी। वस्तुतः शास्त्रीय समस्या का कारण कुछ और ही था।

बौद्धधर्म का इसके बहुत पहले लोप हो चुका था। लोप का यह अर्थ नहीं है कि वह एकदम कहीं उड़कर अन्यत्र चला गया था। असल में वह पुनरुज्जीवित हिन्दू धर्म में ही घुलमिल गया था। हिन्दू-सभ्यता अब पुरानी वैदिक सभ्यता नहीं रह गयी थी। उसमें नाना भाँति के अवैदिक उपादान आ मिले थे। बौद्धधर्म का दुःखवाद, वैराग्य, मूर्त्ति-पूजा इत्यादि बातें हिन्दूधर्म की अपनी चीज़ हो गयी थीं। अध्यापक क्षितिमोहन सेन ने सिद्ध किया है कि बौद्ध धर्म की ये बातें पहले से ही आर्येतर जातियों में विद्यमान थीं। आर्य-सभ्यता का प्रधान केन्द्र था यज्ञभूमि और द्रविड़ सभ्यता का तीर्थ। उत्तरकाल में यज्ञों का स्थान तीर्थों ने ले लिया था। मुसलमानों के आगमन के पहले हिन्दू-सभ्यता प्रधानतः तीर्थों, व्रतों, अनुष्ठानों और विविध प्रतीकों की पूजा पर ही केन्द्रित थी। धर्म आन्तरवस्तु न होकर बाहरी दिखावे का रूप धारण करता जा रहा था। बौद्धों का प्रवर्त्तित वैराग्य इस युग में अति विकृत रूप में देखा गया। लाख-लाख की संख्या में काज-कर्महीन अलस साधुओं का दल व्यर्थ वैराग्य की आँच से हिन्दू-संस्कृति को झुलसा रहा था। प्रतीक-पूजन का सात्त्विक अंश लुप्त होकर विकृत रूप को स्थान दे चुका था।

इस समय पूर्व और उत्तर भारत में सबसे प्रबल सम्प्रदाय नाथपन्थी योगियों का था। जनता का सारा ध्यान इन अशास्त्रीय योगियों की ओर आकृष्ट था। ये लोग महायान बौद्धधर्म के उत्तराधिकारी थे। इन योगियों के परिवर्त्तित रूप में तथागत के स्थान पर शिव का अधिकार हो गया था सही, पर मूलतः ये बौद्ध थे। गोरखनाथ, मीननाथ आदि बड़े-बड़े साधकों ने इस साधना को खूब समृद्ध किया। कबीर, नानक, दादू आदि सन्तों की वाणियों पर इनका यथेष्ट प्रभाव है। इसी तरह धर्म और निरंजनमतवाद की छाप भी परवर्त्ती साधकों पर है[1]। वे लोग निर्गुण ब्रह्म के उपासक थे।

इसी समय एक और धारा पश्चिम से आयी। यह बा-शरा (शास्त्रीय) मुसलमानों की साधना-धारा नहीं थी बल्कि बे-शरा (अशास्त्रीय) सूफियों की साधना थी। शास्त्रीय मुसलमान हिन्दूधर्म के मर्मस्थान पर आघात नहीं कर सकते

1. अध्यापक क्षितिमोहन सेन कृत 'भारतीय मध्ययुगेर साधना'

थे। वे केवल उसके शरीर को नोंच-खसोटकर दुःख-भर पहुँचा सकते थे। पर इन सूफियों ने भारत के हृदय पर प्रभाव जमाया। कारण यह था कि इनका मत भारतीय साधना-पद्धति का अविरोधी था। पर अविरोधी होने से क्या होगा, उसका सामंजस्य आचारप्रधान टीकायुग के धर्म से न हो सका। भारतवर्ष की वह धारा, जो आचारप्रधान वर्णाश्रम धर्म के विधानों के नीचे गुप्त रूप से बह रही थी, एकाएक इस सधर्मी को पाकर विशाल वेग से जाग पड़ी। निरंजन, नाथ आदि मार्गों की साधना पहले से ही निर्गुण ब्रह्म की ओर प्रवृत्त थी। इन दो धाराओं के संयोग से एक अभिनव साधना ने जन्म लिया। कबीर, दादू आदि इसी मार्ग के यात्री हैं।

यह बात स्मरण रखने की है कि न तो सूफी मतवाद और न यह अभिनव निर्गुण उपासना-पद्धति ही उस विपुल वैराग्य के भार को कम कर सकी जो बौद्ध-संघ के अनुकरण पर प्रतिष्ठित था। देश में पहली बार वर्णाश्रम व्यवस्था को इस विकट परिस्थिति का सामना करना पड़ रहा था। अब तक वर्णाश्रम व्यवस्था का कोई प्रतिद्वन्द्वी नहीं था। आचारभ्रष्ट व्यक्ति समाज से अलग कर दिये जाते थे और वे एक नयी जाति की रचना कर लेते थे। इस प्रकार सैकड़ों जातियों, उपजातियों की सृष्टि होते रहने पर भी वर्णाश्रम-व्यवस्था एक तरह पर चलती ही जा रही थी। इसमें अगर कभी विद्रोह हुआ था तो यह वैराग्यप्रधान साधुपन्थों के द्वारा। परन्तु अबकी बार समस्या बड़ी टेढ़ी हो चली। सामने ही एक विराट् शक्तिशाली प्रतिद्वन्द्वी समाज था, घर में ही वैराग्यप्रधान साधुओं का भारी विद्रोह था; ये दो बातें ही वर्णाश्रम-व्यवस्था को हिला देने के लिए काफी थीं। परन्तु तीसरी शक्ति तो और भी विचित्र और अद्भुत थी। निम्न श्रेणी के साधक अपनी महिमाशालिनी प्रतिभा और साधना के बल पर ब्राह्मण से लेकर शूद्र तक के गुरु बन रहे थे और सो भी न तो समाज से निकलकर और न वैराग्य की धूनी रमाकर। इस विकट परिस्थिति को सँभालना शास्त्र के लिए असम्भव हो उठा था। टीकाकारों ने बहुत प्रयत्न किया, पर व्यर्थ।

इसी समय दक्षिण से एक नयी धारा आयी। यह धारा थी भक्ति की। कबीर आदि सन्तों ने जिस साधना का उपदेश किया था वह भारतवर्ष की अपनी ही चीज थी, सरल और सहज थी, परन्तु तात्कालिक जनसमुदाय अपने पुराने संस्कारों के कारण इसे तत्काल ग्रहण नहीं कर सका। कबीरदास ने स्थान-स्थान पर जन-मत को काफी आघात भी पहुँचाया है, जो उस युग की संस्कारजन्य जड़ता को देखकर उन्हें करना पड़ा था। पर दक्षिण भारत से आयी हुई भक्ति-धारा साधारण जनता के लिए बहुत दूर की चीज नहीं जान पड़ी। इस साधना का केन्द्र-बिन्दु था प्रेम। राम और कृष्ण का आश्रय लेकर इस भक्ति की साधना ने उस युग को एक नया प्रकाश दिया।

विदेशी संस्कृति से आत्मारक्षा के लिए अब प्रधानतः दो शक्तियाँ काम करने लगीं। पहली कबीर आदि की निर्गुण-साधना और दूसरी सूरदास आदि की सगुण-साधना। पहली शक्ति शास्त्रकारों के लिए स्वयं एक समस्या थी। इस धारा ने

सूफी सन्तों के मतवाद को भारतीय रूप में ही प्रकट नहीं किया, उन्हें भारतीय संस्कृति से प्रभावित भी किया। यह हिन्दू प्रभावापन्न मुसलमान साधकों का दल अपने समाज के शास्त्रकारों के निकट ठीक उसी प्रकार उपस्थित हुआ, जिस प्रकार कबीर आदि के समान साधक हिन्दू शास्त्रकारों के निकट हुए थे। किसी-किसी मुसलमान साधक को अपने को शास्त्रसम्मत सिद्ध करने का प्रयत्न करना पड़ा था।

भक्त-साधकों की दूसरी धारा शास्त्र और परिस्थिति का सामंजस्य करती हुई आगे बढ़ी। इन्होंने शास्त्र के उन अंशों को, जो भक्ति-सिद्धान्त के अविरोधी थे, ज्यों-का-त्यों मान लिया परन्तु अन्य अंशों की उपेक्षा की। हमारा यह अध्ययन केवल सूरदास से सम्बन्ध रखता है। अतः हम यहाँ न तो पहली धारा के साधकों की ही चर्चा करेंगे और न दूसरी धारा के अन्य भक्तों की। अपनी बात की जाँच के लिए हम सूरदास और उनके समसामयिक भक्तों के ग्रन्थों से ही यथासाध्य उद्धरण देने का प्रयत्न करेंगे।

सूरदास आदि भक्त-कवियों में कहीं विरोध की ध्वनि नहीं है, वे अगर किसी बात को अनुचित समझेंगे तो अत्यन्त मृदु भाषा में उसकी उपेक्षा पर जोर देंगे। यह उपेक्षा भी वे सीधे नहीं कहेंगे। कहेंगे कवि की भाषा में, लक्षणा और व्यंजना का आवरण डालकर। इनकी तुलना उपनिषद् के ऋषियों से की जा सकती है, जो यज्ञ-याग के विरोधी नहीं, उपेक्षक थे। सूरदास का 'सूरसागर' प्रेम का काव्य है। इस प्रेम की लीला का वर्णन करते-करते प्रसंगवश वे कहीं-कहीं योग, तीर्थ आदि पर कुछ कह गये हैं। उस छोटे-से कथन से, उस युग की परिस्थिति पर, कभी-कभी एक हल्का-सा प्रकाश पड़ जाता है।

2. सूरदास की दृष्टि में उस युग के साधक

सूरदास के युग में सबसे प्रबल मतवाद था नाथपन्थी योगियों का। गोपियों के मुख से सूरदास ने इस मत के विषय में बहुत-कुछ कहलाया है। 'सूरसागर' पढ़कर इन योगियों के विषय में बहुत-सी बातें जानी जा सकती हैं। ये आसन, ध्यान, आराधना आदि के द्वारा साधना करते थे; मुद्रा, भस्म, विषाण, मृगचर्म आदि धारण करते थे।[1] ये आसन बाँधकर, आँख मूँदकर ध्यान किया करते थे[2] और गोरखनाथ का नाम लेकर अलख जगाया करते थे—इनका उपदेश भी सूर-सागर में दिया हुआ है। ये कहा करते थे, भगवान् शून्य, सहज में वास करते हैं।

1. आसन, ध्यान, वायु आराधन, अलि मन चित तुम ताए।
अतिहि विचित्र सुबुद्धि सुलच्छन, गुनी जोग मति गाए।
मुद्रा, भस्म, विषान, त्वचा-मृग, ब्रज जुवतिनि नहिं भाएँ॥
—सूरसागर, 4123

2 आये हैं ब्रज के हित ऊधौ, जुवतिनि कौ लै जोग।
आसन, ध्यान, नैन मूँदे सखि, कैसै कढ़ै वियोग॥
—सूरसागर, 4208

इंगला, पिंगला और सुषुम्ना नाड़ियों में होता हुआ जीवात्मा ब्रह्मसायुज्य को पाता है।[1] ये सर्वजगत् को ब्रह्ममय देखने का उपदेश करते थे। ब्रह्म अलख है, निरंजन है। इनकी साधना में पद्मासन जमाकर, आँख मूंदकर ध्यान देने पर जोर दिया जाता था। ऐसा करने पर इन लोगों के कथनानुसार अन्तर्ज्योति का साक्षात्कार होता था। यही अन्तर्ज्योति अच्युत, अविगत और अविनाशी है।

महायान बौद्धधर्म में धीरे-धीरे सहजयान की प्रधानता स्थापित हो गयी थी। कहते हैं, यही सहजयान योग से मिलकर नाथपन्थ के रूप में आविर्भूत हुआ। इन मतों में सहज, शून्य, निरंजन आदि बातें ज्यों-की-त्यों रह गयीं। परिस्थिति के अनुसार इनके अर्थों में हेर-फेर जरूर होता रहा, पर इनकी धारा नहीं टूटी। सहजयान की साधना-प्रणाली—जैसे चित्त स्थिर करना, प्राणायाम, बिन्दुधारण प्रभृति बातें—ज्यों-की-त्यों रह गयीं। कबीरदास आदि सन्तों ने इन शब्दों को ग्रहण किया था। सूरदास इन सारी योग-क्रियाओं और कृच्छ्र साधनाओं को अनावश्यक समझते हैं। प्रेम के सामने ये कोई चीज नहीं। यद्यपि ये इनको विमार्ग में ले जाने का साधन नहीं समझते, उल्टे इसे बहुत ऊँचा और साधारण जनों के लिए अगम्य समझते हैं[2], परन्तु उनका यह मत मानना पड़ता है कि भक्तिरूपी सहज पन्थ के रहते यह योग का मार्ग, सब तरह से उच्च होते हुए भी, व्यर्थ का भार है।[3]

इसके बाद निर्गुण-उपासना की बातें हैं। निर्गुण-उपासना से सूरदास का मतलब शायद कबीरदास आदि की साधना से है। सूरदास इसको भी सगुण-उपासना के सामने फीका समझते हैं। इस निर्गुण-उपासना के साधकों का कहना था कि त्रिगुणात्मक भेष त्याग करके पूर्ण ब्रह्म का ध्यान करो। भगवान् का न तो नाम है, न रूप। उनका कुल भी नहीं, वर्ण भी नहीं। न कोई पिता-माता है, न कोई स्त्री है। वे त्रिगुणातीत हैं। यह संसार मिथ्या है। ईश्वर को सुख भी नहीं

1. सूरसागर, 4712
2. मधुकर, हम अजान मति भोरी।
   यह मत जाइ तहाँ उपदेसौ, नागरि नवल किसोरी।
   कंचन कौ मृग कौनैं देख्यौ, किन बाँध्यौ गहि डोरी।
   कहि धौं मधुप बारि तैं माखन, कौनैं भरी कमोरी।
   बिनुहीं भीत चित्र किन कीन्हौ, किन नभ घाल्यौ झोरी।
   कहौ कौन पै कढ़त कनूका, जिन हठि भूसी पछोरी।
   निरगुन ज्ञान तुम्हारौ ऊधौ, हम अबला मति थोरी।
   चाहति सूर स्याम मुख चन्दहिं, अखियाँ तृषित चकोरी॥

   —सूरसागर, 4171
3. ऊधौ हमहिं न जोग सिखैयै।
   जिहिं उपदेस मिलैं हरि हमकौं, सो व्रतनेम बतैयै॥

   —सूरसागर, 4310

होता और दुःख भी नहीं।[1] आत्मा ही ब्रह्म है, वह घट-घट व्यापक है। भगवान् अविगत् हैं, अविनाशी हैं, पूर्ण हैं—इस निर्गुण-ज्ञान के बिना मुक्ति नहीं मिलती।[2]

इस मत से सगुण-उपासना की सरलता और उसका उत्कर्ष भी सूरसागर में अनेक स्थानों पर कहा गया है।[3] भगवान् के सगुण रूप के होते हुए निर्गुण-उपासना का आश्रय सूरदास को पसन्द नहीं।

ये दो मतवाद ही उस समय जोरों पर थे। स्वयं सूरदास इनसे प्रभावित हुए थे। योग-मार्ग में कृच्छ् साधना पर अधिक जोर दिया जाता था और निर्गुण-मार्ग में ज्ञान पर। और भी कितने ही पन्थ उस समय वर्त्तमान थे। पर उन सभी पन्थों को दो श्रेणियों में विभक्त किया जा सकता है: कृच्छ्-साधना-प्रधान और ज्ञान-प्रधान। कृच्छ्-साधना और ज्ञान-मार्ग की चर्चा करते समय सूरदास उन सभी मतों की आलोचना कर जाते हैं जो उस समय प्रचलित थे। जहाँ-तहाँ अन्य सम्प्रदायों के नाम भी सूरसागर में मिल जाते हैं, जैसे मुड़िया या मुण्डित संन्यासी।[4] ये भी ज्ञान-प्रधान साधक थे। सूरदास इनकी साधना को भी प्रेम के समकक्ष नहीं रखना चाहते।

जनसाधारण में उस समय व्रत, पूजा, उपवास, तीर्थ आदि की महिमा खूब प्रतिष्ठित थी। सूरदास इन सारी बातों को व्यर्थ समझते थे।[5] इस बात में वे निर्गुण ज्ञान-मार्गियों से प्रभावित हुए जान पड़ते हैं। योग, यज्ञ आदि अनुष्ठान भी उन्हें पसन्द नहीं।[6]

1. गोपी सुनहु हरि संदेस।
   कह्यौ पूरन ब्रह्म ध्यावहु, त्रिगुन मिथ्या भेष॥

   × × ×

   ज्ञान बिनु नर मुक्ति नाहिं, यह विषय संसार।
   रूप रेख, न नाम जल थल बरन अबरन सार॥
   मातु पितु कोउ नाहिं नारी, जगत मिथ्या लाइ।
   सूर सुख दुख नाहिं जाकैं, भजौ ताकौं जाई॥ —सूरसागर, 4303
2. सूरसागर, 4713
3. (ऊधौ) प्रेम भक्ति रहित निरस जोग कहा गायो।
   निरगुन अविनासी मत, कहा आनि भाख्यो।
   सूरदास जीवन धन कान्ह, कहाँ राख्यो॥ —सूरसागर, 4215
4. ऊधौ, तुम हौ निकट के बासी।
   यह निरगुन लै तिनहिं सुनावहु, जे मुँड़िया बसैं कासी॥ —सूरसागर, 4286
5. गनिका किये कौन ब्रत संजम, सुक-हित नाम पढ़ावै।
   मनसा करि सुमिर्यौ गज बपुरैं ग्राह प्रथम गति पावै॥ —सूरसागर, 122
6. काहे को अश्वमेध जग कीजै गया-श्राद्ध कासी केदार।
   रामकृष्ण अभिधाम न पटतर जो तन गरै हेम हतमार॥
   प्राग कल्प माथे करवत दै, चन्दा तरनि ग्रहन लछवार।
   सूरदास भगवन्त भजन बिनु, यम के दूत कौन टारै मार॥

पर इस बात का मतलब यह नहीं कि सूरदास स्मार्त्त पन्थ के विरोधी हैं। वे भक्ति को सर्वोपरि समझते हैं। अगर भक्ति है तो तीर्थ-व्रत की जरूरत नहीं, अगर भक्ति नहीं है तो तीर्थ-व्रत से कुछ बड़ी चीज की प्राप्ति नहीं होगी।

भगवान् की दृष्टि में जाति-पाँति, कुल-शील आदि कोई चीज नहीं है।[1] योगी और अयोगी उनकी दृष्टि में समान हैं। केवल प्रेम चाहिए, प्रेम से ही वे मिलते हैं।[2] इस प्रेम के अभाव में संसार का प्राणी व्यर्थ ही माया के चक्र में पड़कर चौरासी लाख योनियों में भ्रमा करता है। यही सूरदास का अपना मत है।

3. मध्य युग के ईसाई मरमी और सूरदास

डाक्टर ग्रियर्सन ने एकाधिक बार सूरदास, नन्ददास, मीराबाई, तुलसीदास आदि भक्त कवियों पर ईसाई प्रभाव की चर्चा की है। उन्होंने इन्हें मध्य युग के ईसाई मरमियों Bernerd of Clairvaux, Thomas-a-Kempis, Ekhert और St. Therisa) आदि के समान बताया है। अतएव सूरदास के विद्यार्थी को एक बार मध्य युग के ईसाई मरमी सन्तों की खोज करना आवश्यक हो गया है। हम यहाँ इन दो-दो श्रेणी के मरमी भक्तों के दृष्टिकोणों को, जिन्हें एक श्रेणी का मान लिया गया है, स्पष्ट करना चाहते हैं।

ईसवी सन् की बारहवीं शताब्दी के बाद फ्रांस के ईसाई मरमी सन्तों की साधना में विश्वात्मबोध का प्राबल्य दिखायी पड़ा। उस समय "चर्च को इस समस्या का सामना करना पड़ा था कि इन मरमियों के विश्वास (faith) और गम्भीर प्रेम (warm love) की भावना को कैसे उत्तेजित किया जाय।" क्योंकि भक्ति के लिए त्रैत भावना—ईश्वर, ईश्वर का पुत्र और जीव—नितान्त आवश्यक थी। इसी समय सेण्ट बर्नर्ड, ह्यू गो और रिचार्ड जैसे महिमाशाली सन्तों का आविर्भाव हुआ, जिन्होंने शास्त्र-परम्परा के साथ मर्म-भाव का सामंजस्य किया। उन्होंने इस बात पर जोर दिया कि आत्मज्ञान ही परमात्म-बोध का साधन है और आत्म-पवित्रीकरण (self purification) तत्त्व-ज्ञान से कहीं ऊँचा है। तेरहवीं शताब्दी में यूरोपियन चर्च में प्रधानतः दो धाराएँ हो गयी थीं। एक श्रेणी के सन्तों की घोषणा थी कि "आत्मा किसी नियम की पाबन्द नहीं है। इन लोगों ने खुल्लमखुल्ला स्रष्टा और सृष्ट के भेद को मिटा देना चाहा।" इसी नाजुक परिस्थिति में प्रभाव-सम्पन्न मरमी सन्त एखर्ट का आविर्भाव हुआ।

1. राम भक्तवत्सल निज बानौं।
जाति, गोत, कुल, नाम, गनत नहिं, रंक होय कै रानौं॥

—सूरसागर, 12

2. प्रेम प्रेम सो होई प्रेम सो पारहि जैये।
प्रेम बँध्यो संसार प्रेम परमारथ पैये॥
एकै निश्चय प्रेम को जीवन्मुक्ति रसाल।
साँचो निश्चय प्रेम को जिहि तें मिलै गुपाल॥

इन्होंने बड़ी जोरदार भाषा में बाइबिल के 'Devine spark at the apex of the soul' की व्याख्या करके परमात्मा को इतने निकट बताया कि आत्मा सदा सर्वदा ईश्वर के साथ है।

इन तथा अन्य ईसाई सन्तों की साधना को थोड़े में इस प्रकार कहा जा सकता है—1. आत्मसमर्पण (self surrender), 2. अपने में प्रभु के जीवन की अनुभूति (The feeling of Lord's life within us), 3. तीन दिशाएँ : पवित्रीकरण, उज्ज्वलीकरण और योग या एकात्म भाव, 4. प्रतीक भावना, 5. अन्तर्दृष्टि और पाप-बोध की कोमलता।

पहली बात है conversion अर्थात् चैतन्य का अकस्मात् उदय और धर्म-जीवन के लिए व्याकुलता।[1] इसके बाद आता है pergative stage अर्थात् संसार से वैराग्य, पाप-बोध, दीनता और आत्म-त्याग।[2] इन दो दशाओं को पार

1. तुलना कीजिए—

जनम सिरानो ऐसे ऐसे।
कै घर-घर भरमत जदुपति बिन कै सोवत कै वैसे॥
कै कहुँ खान-पान-रमनादिक कै कहुँ बाद अनैसे।
कै कहुँ रंक कहूँ ईश्वरता नट-बाजीगर जैसे॥
चेत्यो नाहिं गयो टरि अवसर मीन बिना जल जैसे।
यह गति भई सूर की ऐसी स्याम मिलै धौं कैसे॥

× × ×

अब हौं नाच्यौ बहुत गुपाल।
काम क्रोध को पहिरि चोलना कण्ठ विषय की माल।
महा मोह के नूपुर बाजत निन्दा शब्द रसाल।

× × ×

कोटिक कला काछि दिखराई जल थल सुधि नहिं काल।
सूरदास की सबै अविद्या दूरि करहु नँदलाल।

2. वैराग्य—

सबनि सनेहो छाँड़ि दयो।
हा जदुनाथ जरा तन ग्रास्यो प्रतिभौ उतरि गयो।

× × ×

सोइ धन धाम नाम सोई कुल यह वपु जिहि बिढ़यो।
अब सबही को वदन स्वान लौं चितवत दूरि भयो।
दारा सुत हित चित सज्जन सब काहु न सोचि लयो।
संसृति दोष विचारि सूर धनि जे हरि सरन गयो।

पापबोध—

प्रभु, हौं सब पतितन को टीकौ।
और पतित सब द्यौस चारिके हौं तो जनमत ही कौ।
वधिक अजामिल गनिका तारी और पूतना ही कौ।
मोंहि छाँड़ि तुम और उधारे मिटै शूल किम जी कौ।
कोऊ न समरथ सेव करन कौ खैंचि कहत हौं लीकौ।
मरियत लाज सूर पतितन में कहत सबन में नीकौ।

करने के बाद भक्त illuminative stage पर आता है जबकि संसार की प्रत्येक वस्तु उसे भगवान् की प्राप्ति के लिए उद्वेलित कर देती है।[1] इस समय तक भक्त साधक vision या अन्तर्दृष्टि का अधिकारी होता है। सबसे अन्तिम अवस्था है unitive stage, जहाँ जीवात्मा की परमात्मा के साथ अविच्छेद्य एकता स्थापित होती है।

सूरदास के पदों के साथ उपरिलिखित सिद्धान्तों को मिलाकर देखने से सबसे पहली बात जो मन में आती है, वह यह है कि हिन्दी के भक्त-कवियों पर ईसाई मर्म-भाव की छाप पड़ी है। 'हिन्दी के भक्त-कवियों पर' इसलिए कहते हैं कि सूरदास में तो यह भावना फिर भी कम है, मगर तुलसीदास, मीराबाई आदि भक्तों में इसी भाव की प्रधानता है। इसीलिए डॉक्टर ग्रियर्सन ने तुलसीदास को 'अपनी भावनाओं में सबसे बड़ा ईसाई' बताया है। परन्तु ग्रियर्सन साहब का कहना क्या सचमुच ठीक है? क्या सचमुच ही भक्त कवियों पर ईसाई मर्म-भाव का गहरा प्रभाव पड़ा है? ऊपर से देखने से तो ऐसा ही जान पड़ता है।

लेकिन इस प्रश्न को इतनी दूर से देखना अनुचित होगा। वह केवल हिन्दी के भक्त-कवियों के प्रति अन्याय करना न होगा, मध्ययुग के ईसाई मरमियों के

→ दीनता

कृपा अब कीजिए बलि जाउँ।
नाहिन मेरे अनत कहूँ अब पद अम्बुज बिन ठाउँ।
हौं अशुची अकृती अपराधी सनमुख होत लजाउँ।
तुम कृपालु करुनानिधि केसव अधम-उधारन-नाउँ।
काके द्वार जाइ हौ ठाढ़ो देखत काहि सुहाउँ।
असरनसरन विरद व्यापक हौं कामी कुटिल सुभाउँ।
कलुषी परम मलीन दुष्ट हौं सेत्यों तौ न बिकाउँ।
सूर पतितपावन पद-अम्बुज पारस क्यों परसाउँ।

आत्म-त्याग—

हमैं नँद-नंदन मोल लिये।
यम की फाँसि काटि मुकराए अभय अजाद किये।
मूड़ मुँड़ाय कण्ठ बनमाला मुद्रा चक्र दिये।
माथे तिलक स्रवन तुलसी दल मेटे अंग बिये।
सब कोउ कहत गुलाम स्याम को सुनत सिरात हिये।

1. देखियत चहुँ दिसि ते घन घोरे।
मानो मत्त मदन के हथियनि बल करि बन्धन तोरे।
स्याम सुभग तनु चुअत गण्ड मद बरसत थोरे-थोरे।
रुकत न पौन महावत हू पै मुरत न अंकुस मोरे।
बिनु बेला बल निकसि नयन जल कुचं कंचुकि बँद बोरे।
मनो निकसि बगपाँति दाँत उर-अवधि-सरोवर फोरे।
तब तेहि समय आनि ऐरावत ब्रजपति सों कर जोरे।
अब सुनि सूर कान्ह केहरि बिन गरत गात जैसे ओरे।

प्रति भी अन्याय करना होगा। हम इस विषय की गहराई तक पैठने की कोशिश करेंगे।

यद्यपि ईसाई धर्म भक्ति-प्रधान धर्म है तथापि मूल हिब्रू संस्कारों का वह परित्याग नहीं कर सका है। सेमेटिक विश्वास के अनुसार खुदा बहिश्त या स्वर्ग नामक एक कल्पित देव-लोक में रहते हैं। उनके हाथों से खिसककर जो यन्त्र गिर पड़ा था, वह पापमय हो गया था। वही यन्त्र है संसार। इस पाप-भूमि पर मनुष्य वास करता है, वह स्वयं पापमय है। प्रभु ईसा मसीह ने अवतार धारण कर इस स्वर्ग तथा पापभूमि के अन्तर को मिटाने का प्रयत्न किया था। इस व्यवधान में वे ही मध्यस्थ हैं। चूँकि उन्हें स्वर्ग से उतरना पड़ा था, इसलिए मर्त्य-लोक में क्रूश से विद्ध होना पड़ा था। वही क्रूश वे भक्तों के लिए रख गये हैं। इसीलिए स्वर्ग का अधिकारी वह है जो इस क्रूश या दुःख को वरण कर सके। ईश्वर के लिए आतम-त्याग करना आनन्द के लिए नहीं, दुःख के लिए है। वह आत्म-त्याग नहीं, आत्म-बलिदान है। इसीलिए ईश्वर के सान्निध्य के लिए अपने में निरन्तर पाप-बोध, निरन्तर दुःख-बोध को जाग्रत कर रखना नितान्त आवश्यक है। जिससे पाप-बोध की भावना जाग्रत न हो वह साधना साधना ही नहीं है। जब तक मनुष्य पापात्मा होकर दुःख-वरण नहीं करेगा तब तक वह मुक्ति कैसी !

साधना के एक सिरे पर है यह दुःख, पाप, अपूर्णता और दूसरे सिरे पर है उपनिषदों का आनन्द, अमृत तथा पूर्णता। 'आनन्दादेव भूतानि जायन्ते', 'आनन्दरूपममृते यद्विभाति'। पहला है मध्य युग के ईसाई मर्मभाव का उत्स और दूसरा वैष्णव-भक्त कवि का उद्‌गम स्थान। दोनों के मूल में आकाश-पाताल का अन्तर है। एक का रास्ता है 'दुःख', दूसरे का 'लीला'; एक के प्रेम का कारण है पाप-बोध, दूसरे का आनन्दकेलि; एक का लक्ष्य है स्वर्ग और मर्त्य के व्यवधान को भर देना, और दूसरे का ब्रह्माण्ड में व्याप्त, अव्यवहित, पूर्ण, एक-रस ब्रह्म को उसकी लीला की संकीर्णता में उपलब्ध करना। दोनों एकदम अलग चीज है।

कहा जा सकता है कि 'क्या हुआ अगर दोनों के दो मूल उत्स हैं, इसमें तो कोई सन्देह नहीं कि परिणत-अवस्था में दोनों एक-रूप हो गये हैं। वही पाप-बोध, दैन्य, आतमदान दोनों ही स्थान पर दिखायी देते हैं।' मगर यह बात नहीं है। हम आगे इसी बात पर विचार करेंगे।

ईसाई भक्तिवाद का दैन्य या पाप-बोध 'नहीं' की ओर का है। मनुष्य स्वभावतः ही पापात्मा है, परन्तु सूरदास आदि स्वभावतः अपने को पापात्मा नहीं समझते। यही कारण है कि सूरदास या तुलसीदास जब अपने को पतित कहते हैं तो उससे दास्य की गन्ध निकलती है जो चैतन्य महाप्रभु के शब्दों में 'तृणादपि सुनीचेन' होकर रहने की भावना का फल है। सूरदास जब कहते हैं कि :

ऐसो कब करिहौ गोपाल।
मनसा-नाथ मनोरथ-दाता हो प्रभु दीनदयाल।

चरननि चित्त निरन्तर अनुरत रसना-चरित रसाल ।।
लोचन सजल प्रेम-पुलकित तन कर कंजनि दल माल ।।
ऐसो रहत लिखत छन-छन जम अपने भायो भाल ।
सूर सुजस रागी न डरत मन सुनि यातना कराल ।।

तो पाप की कराल यातना से उद्धार पाने के लिए नहीं। अगर उनका मन अनुरागी हो जायगा तो उन्हें यमराज के लेखों और दण्डों की बिलकुल परवा नहीं। पर ईसाई भक्त ईश्वर की ओर इसलिए झुका है कि वह पापमय है और ख्रीष्ट का क्रूश उसे पाप से मुक्त कर देगा। दूसरा अन्तर जो इन दोनों भावनाओं में है वह यह है कि सूरदास आदि भक्त-कवियों का पाप बाह्य या आगन्तुक वस्तु है, परन्तु ईसाई भक्तों का पाप आन्तर और स्वाभाविक वस्तु है। तीसरा अन्तर यह है कि सूरदास या तुलसीदास की पाप-भावना वैयक्तिक है और ईसाई भक्तिवाद इस वैयक्तिता के एकदम विरुद्ध है।

ईसाई मर्म-भावना के साधकों में से कुछ ऐसे अवश्य हैं जिनके साथ इन भक्त-कवियों की तुलना की जा सके। ईसाई धर्म के ईश्वर के दो रूपों, ससीम और असीम को लेकर इन्होंने ठीक वैसी ही सृष्टि की है जैसी वैष्णव कवियों ने। ईश्वर, इनके अनुसार, शक्ति में अनन्त है, किन्तु प्रेम में सान्त। इस प्रकार के भक्तों में Jaccub Bohme आदि का नाम लिया जा सकता है।

आगे चलकर यह स्पष्ट होगा कि ब्रजभाषा के कवि नितान्त प्रत्यक्ष, ठोस रूप के उपासक हैं।[1] मगर ब्रजभाषा की कविता भगवान् के असीम अरूप की कल्पना को पूर्व से ही स्वीकार कर अग्रसर होती है। एक बार वह स्वीकार कर लेती है कि श्रीकृष्ण परब्रह्म हैं—अनादि, अनन्त, अखण्ड, अछेद, अभेद; और राधिका उनकी ह्लादिनी निगायी शक्ति हैं—आश्रित, आसक्त, सापेक्ष[2]। इसी सापेक्ष और निरपेक्ष के द्वन्द्व को ब्रज का कवि अपनी कला से अभिव्यक्त करने जा रहा है। इतना स्वीकार कर लेने के बाद वह लेखनी उठाता है और फिर भूल जाता है कि उसने किस पूर्व-स्वीकृत रूपक की नींव पर अपना भक्ति और प्रेम का प्रासाद खड़ा किया था। ईसाई मरमी कभी इस बात को नहीं भूलता। इसीलिए ईसाई साधक भक्त के सिंहासन पर आकर रुक जाता है और वैष्णव भक्त और भी ऊपर उठकर कवि के आसन पर बैठ जाता है। वहाँ वह समर्थ और सुन्दर के भेद-भाव एकदम भूल जाता है।

4. उस युग का समाज और सूरदास की साधना

सूरसागर के पढ़ने से उस युग के समाज का एक चित्र, जो सर्वांगपूर्ण तो नहीं कहा जा सकता पर पर्याप्त जरूर है, आँखों के सामने खिंच आता है। देखा जाय सूरदास की साधना से उसका क्या सम्बन्ध था। यह कह रखना उचित होगा कि

1. परिशिष्ट क
2. भूमिका

हमारा मतलब यहाँ साधना के आलम्बन, या तद्द्वारा प्रभावित समाज से ही है। वैसे सूरदास के विद्यार्थी को यह पता लगाना भी बहुत मुश्किल नहीं है कि उस जमाने के परचूनी की दूकान पर क्या-क्या चीजें सुलभ थीं[1] या उस युग की स्त्रियाँ किस तरह बाल सँवारती थीं, कौन-कौन-से गहने पहनती थीं। हम यह मानते हैं कि इन चीज़ों का भी ऐतिहासिक मूल्य है, परन्तु हमारे अध्ययन का साधना से अधिक सम्बन्ध है। अवसर मिलने पर इन विषयों की चर्चा भी की जायगी, पर यहाँ नहीं।

यह ध्यान देने की बात है कि दक्षिण से जो भक्ति की धारा उत्तर भारत में आयी थी, वह सर्वत्र एक ही समान नहीं बनी रही। बंगाल में उसने एक रूप धारण किया, गुजरात में दूसरा और युक्तप्रान्त में तीसरा। इसका कारण यह है कि मूल धारा जिस प्रदेश में पहुँची, वहाँ की सामाजिक परिस्थिति के अनुसार विशेष रूप में परिवर्तित हो गयी। इस प्रकार सूरदास में वह धारा एक रूप में दृष्ट हुई, तुकाराम में दूसरे में। इसी समय पश्चिम के सूफी-मत की एक साधना-पद्धति भी इसी देश में आयी थी और वह इस देश के कबीर आदि में एक स्वतन्त्र रूप धारण कर गयी। कबीर और सूरदास आदि का साधना-प्रदेश करीब-करीब एक ही था। इन दोनों सन्तों ने दो मार्ग लिये, परन्तु दोनों का ही आधार एक ही प्रकार की सामाजिक परिस्थिति थी। इसलिए इन दोनों सन्तों में जो बातें एक ही-सी हैं, उनसे उस युग के समाज का चित्र स्पष्ट हो सकता है।

ऊपर के कथन को समझने में भूल हो सकती है। कहा जा सकता है कि सूरदास या कबीरदास की साधना का विशिष्ट रूप किसी सामाजिक परिस्थिति का परिणाम नहीं है, वह व्यक्तिगत चीज़ है और व्यक्ति-विशेष की शिक्षा का फल है। समाज से उसका कोई सम्बन्ध नहीं। परन्तु इतना तो मानना ही पड़ेगा कि ये लोग अपने आस-पास की परिस्थिति से प्रभावित हुए थे। सूरदास का भक्ति-सिद्धान्त

1. पाठकों के कुतूहल-निवारण के लिए यहाँ हम बता देना चाहते हैं कि उस युग में बनिया लोग 'लौंग, नारियल, दाख, सुपारी', 'हींग, मिरच, पीपर, अजवाइन', 'कूट, काइफर, सोंठि, चिरैता, कटजीरा', 'आल, मजीठ, लाख, सेंदुर', 'बाइविरंग, बहेरा, हर्रे' इत्यादि चीजें बेचा करते थे।

> कहो कान्ह कहा गयहैं हमसों।
> जा कारन जुबती सब अटकीं सो बूझत हैं तुम सों।
> लौंग नारियल दाख सुपारी कहा लादे हम आवैं।
> हींग मिरच पीपर अजवाइन ये सब बनिज कहावैं।
> कूट काइफर सोंठ चिरैता करजीरा कहुँ देखत।
> आल मजीठ लाख सेंदुर कहुँ ऐसे हि विधि अवरेखत।
> बाइविरंग बहेरा हर्रे कहुँ बेल गोंद व्यापारी।
> सूर स्याम लरिकाई भूली जोबन भयें मुरारी॥

इतिहास के विद्वान् पता लगायें कि सूरदास यूरोपियन व्यापारियों द्वारा आनीत मसालों से परिचित थे या नहीं!

वल्लभाचार्य का उपदेश-सम्भूत माना जा सकता है; पर यह भी क्या सत्य नहीं है कि एक विशेष परिस्थिति ने उन्हें वल्लभाचार्य की ओर प्रवृत्त किया था? इस दृष्टि से देखने पर जान पड़ता है कि उस युग के भारतीय समाज के सामने कोई बहुत ऊँचा आदर्श नहीं था। लोग खाते-पीते थे, रोगी या निरोग होते थे, सोते-जागते थे और चार दिन तक हँसकर या रोकर मर जाते थे। जो धार्मिक प्रवृत्ति के थे, वे दस-बीस मन्दिर बनवा देते थे; यज्ञ-याग करके हजार-पाँच सौ ब्राह्मणों और साधुओं को भोजन खिला देते थे। ऊँचे वर्ग के लोग अपनी झूठी शान में मत्त रहते थे। इनका प्रधान कर्त्तव्य था,—जो उस युग में धनी आदमी की शोभा समझा जाता था—विलासिता। कवि लोग इस विलासिता की प्रशंसा करते थे, भाट लोग उनका यही यश गाते थे और समाज की निचली श्रेणी के आदमी अपने रक्त तथा मांस को गलाकर इनकी विलासिता की आग को सदा प्रज्वलित रखने के लिए ईंधन एकत्र कर देते थे। प्रत्येक गृह कलह का अखाड़ा था, क्योंकि सम्मिलित परिवार-प्रथा तब भी चल रही थी। उस समय जो जब तक कमा सकता था, चैन करता था। वृद्ध और शिथिलेन्द्रिय होने पर उसी के लड़के-बाले उसका निरादर करने लगते थे।

ऊपर हमने जो बातें कही हैं, वे अनुमान से ही कही गयी हैं। इस अनुमान के लिए सूरदास और कबीरदास में बहुत काफी मसाला है। हम उनके कथनों को ज्यों-का-त्यों नहीं स्वीकार करना चाहते। कारण यह है कि वे समाज की स्थिति स्पष्ट करने के लिए कुछ नहीं कहते। उनके कहने का प्रधान लक्ष्य या तो उसकी अस्थिरता दिखाकर वैराग्य-भावना को उत्तेजित करना है या सुधार की प्रवृत्ति को जगाना। दोनों ही उद्देश्यों को सामने रखकर समाज के केवल असत् अंश पर ही जोर दिया जा सकता है। भक्त और सन्त कवियों ने वस्तुतः वैसा ही किया है।

सूरदास ने एक पद में तात्कालिक मनुष्य-जीवन का एक पूरा चित्र खींचा है। है यह तो केवल उसकी विलासमय दशा का, परन्तु अगर सूरदास की मनोभावना का परिचय रखते हुए इसका उपयोग किया जाय तो उस समाज का कुछ अनुमान किया भी जा सकता है। इस पद में माता के गर्भ में आने से लेकर मृत्यु तक का जो वर्णन किया गया है, वह जीवन की विफलता की एक मनोरंजक कहानी है। नीचे वह पद दिया गया है:

चौपरि जगत मढ़े जुग बीते।
गुन पाँसे, क्रम अंक, चारि गति सारि, न कबहूँ जीते॥
चारि पसार दिसानि, मनोरथ घर, फिरि फिरि गिनि आनै।
काम-क्रोध-मद-संग मूढ़ मन, खेलत हार न मानै॥

मातु गर्भ थिति पाइ पिता दस मास उदर से डारै।
जनम छठी छक और बधाई दुई छक दुई पुनि पारै॥
मुण्डन करनवेध व्रत-बन्ध विवाह गवन गृहवासी।
आलिंगन चुंबन परिरंभन नखछत चारु परसपर हासी॥

केतिकी करुना बेलि चमेली सुमन सुगन्ध सिंचाये।
रचहिं तल्प निशि-भोग चतुर सम बहुत एकादस पाये ॥
उर-परसत सब अंग विलोकत क्रीड़त सुख-सुख जीके।
चोली चीर अलक भूषण फिरि साजत पिय भव नीके ॥

नख-सिख साजि सिंगार सकल त्रिय सुन्दर वदन निहारत।
विविध विलास सकल कौतुक रस छ दस अंक भरि डारत ॥
जोबन-मद जन-मद मादक मद धन-मद विध-मद भारी।
काम-विवस पर-नारि भजत दुइ पंचसरहि फिरि मारी ॥

पौरि पगारि महल मंदिर रचि राजत रंग अटारी।
भीतर भवन विचित्र विराजत पंच दुवादस द्वारी ॥
कृषी वणिज व्यवहार ग्रामपति हय बाँधत दर हाथी।
करि अभिमान हरीसों बेमुख संग नहीं कोउ साथी ॥

रतन रजत कंचन मुकुता मनि मानिक संचित कसि-कसि।
छह सुनि गुनत छहो रस विलसत कहत अठारह हँसि हँसि ॥
परिवा तों पंचमी दसमि कहुँ पोत टका नित कीन्हा।
पंचा तीनि परे नीकी विधि विप्रनि भोजन दीन्हा ॥

स्वजन समधि परिवार दास-दासी जन सब हितकारी।
दाव घाव गति देखि करत रति पंजा पारत न्यारी ॥
संध्या तिमिर इन्दु दुविधा दुई ठोक निगम-पथ चालत।
स्रवन पुरान सिला तुलसीदल पूजित दुखितहिं पालत ॥

पंच वरष दस वरष और जुग छक खेलहु खिलवारी।
सिसु गइ जीति किसोर काल हति मन काँची करि डारि ॥
पुनि पौछक औरौ छक पंजा साजि सारि संख फोर्‌यो।
तितने दाउँ बहुरि फिरि खेलौ तरुण विरध जुग जोर्‌यो ॥
आमावस पूनो संक्रान्ति ग्रहन द्विज कर भव मेलत।
एकादसी द्वादसी संजम कछू देत छक खेलत ॥

मंगल बुध गुरु सुक्र भान ससि सान्ति करत ग्रह नीके।
राहु केतु चन्द्रमा सुसंयत छतन परत हित जीके ॥
सैन उठान अमर्द विना जन उपवासन तन साधे।
दुई चौदसी जनम निसा सिव पाँच चारि मन बाँधे ॥

द्वारावती गोमती पुष्कर तीर्थ प्रयाग अन्हाये।
गई न मन की कठिन मलिनता कहा भयो भ्रमि आये ।।
बारह वन ब्रज के परिदक्षिण पंच द्वादसे पेलत।
जप-तप संजम नेम धरम व्रत करि-करि कष्ट सकेलत ।।

सुधि-बुधि सुमति सुरजि गई दसनिधि जूरा जुग विधि बाँधे ,
धरत चरन निरलरत लकुट ले चलन नवल कइ काँपत।
कास सफक कर तन गिरिधर धुक तदा बिछूरत भाखत ।।
सुत वनिता हित पाँचों नेहू नातो सब ही टूटे।
दाव कुदाव परे दुइ पंचत जोरा दुइ जुग फूटे ।।
बाल, किसोर तरुन जर जुग सो सुपक सारि ढिग ढारी।
सूर एक यौ नाम बिना नर फिरि-फिरि बाजी हारी ।।

सूरदास ने मनुष्य की इस विफलता का कारण भजन का अभाव बताया है। अगर भजन हो तो यह सारी विफलता, एक महती सफलता के रूप में परिवर्तित हो जाय। सूरदास ने वस्तुतः अपने काल की सारी विलासिता का सुन्दर उपयोग किया है और कोई भी सहृदय इस बात को अस्वीकार नहीं करेगा कि सचमुच उन्होंने भजन के पारस-पत्थर से स्पर्श कराके विलासिता-रूप कुधातु को सोना बना दिया है। उस युग के मनुष्य की विफलता की प्रथम सीढ़ी है—"आलिंगन-चुंबन परिरंभन, नख-छत चारु परस्पर हाँसी।" और सूरदास से अधिक किस कवि ने इनका सफल वर्णन किया है ?

अब हम टीका-युग की प्रधान समस्या के साथ सूरदास का सम्बन्ध समझ सकते हैं। टीका-युग के पण्डित मनुष्य की दुर्बलता को दबाने के लिए कठोर-से-कठोर विधि-व्यवस्था का आयोजन कर रहे थे; उन्होंने देखा, वे असफल रहे। टीका-युग के पण्डितों में एक बड़ी विशेषता यह थी कि वे हिन्दू-जाति की रक्षा के लिए कोई नया पन्थ नहीं चलाना चाहते थे। शास्त्रों की आड़ में वे अपना मत-प्रचार करना नहीं जानते थे। सूरदास ने भी ऐसा नहीं किया। सूरदास चाहते तो आसानी से कोई सम्प्रदाय खड़ा कर सकते थे। उनसे कहीं कम प्रभावशाली महात्माओं ने अलग-अलग सम्प्रदाय निकाले। परन्तु सूरदास ने ऐसा नहीं किया। महापुरुषों की विशेषता यह है कि वे मनुष्य की दुर्बलताओं को पहचानते हैं और इन्हीं दुर्बलताओं को, उसकी रक्षा के लिए, उपयुक्त प्रहरी बना देते हैं। सूरदास ऐसे ही महापुरुष थे। वे अपने प्रयत्न में सफल हुए।

ये दुर्बलताएँ हैं क्या चीज ? नरक-भय, अभिशाप, दण्ड आदि के नाम पर, मानव-जाति के कल्याणकामी शास्त्रकारों ने विधि-निषेध की सीमाएँ निर्धारित कर दी हैं। परन्तु जिस प्रकार हवा बाँधने से नहीं रुकती, उसी प्रकार मनुष्य की प्रकृति भी बन्धन से नहीं बँधती। एक तरफ बाँधने से वह दूसरी ओर निकल

पड़ती है—भयानक वेग से। यह दूसरी ओर निकली हुई प्रवृत्तियाँ मनुष्य की दुर्बलताएँ हैं। जिन दिनों टीका-युग के विद्वान् 'तथा हि' और 'अपि च' की धुँआ-धार वर्षा के साथ शास्त्रों का आदेश मानव-समाज पर लाद रहे थे, उन्हीं दिनों :

जोबन-मद जन-मद मादक-मद धन-मद विध-मद भारी।
काम-विवस पर-नारिं भजत दुइ पंचसरहिं फिरि मारी।।

सूरदास आदि सन्त कवियों ने इसी विरुद्धगामी प्रवृत्ति को भगवान् की ओर फेर देने की चेष्टा की और आश्चर्यजनक सफलता पायी। प्रमाण चाहते हों तो सूरदास यहाँ हैं, तुलसीदास यहाँ हैं, रसखानि यहाँ हैं, घनआनन्द यहाँ हैं, कितना गिनावें !

कवि-कुलगुरु रवीन्द्रनाथ ने 'सूरदासेर प्रार्थना' नामक एक लम्बी कविता लिखी है। दृश्य उस समय का है जब एक रमणी पर आसक्त हो चुकने के बाद सूरदास को आत्म-ज्ञान हुआ था। हाथ में छुरी लेकर वे उस रमणी से अपनी आँखों को फोड़ देने का अनुरोध कर रहे हैं। उसकी अन्तिम पंक्तियों में वे कहते हैं :

"तो फिर वही हो देवि, विमुख न होओ; इसमें दोष ही क्या है ? हृदयाकाश में जगी रहने दो न, अपनी देह-हीन ज्योति ! वासना-मलिन आँखों का कलंक उस पर छाया नहीं डालेगा, अन्ध-हृदय चिर दिन तक नील-उत्पल पाता रहेगा।

"तुम में देखूँगा अपने देवता को, देखूँगा अपने हरि को, तुम्हारे आलोक में जगा रहूँगा इस अनन्त विभावरी (रात्रि) में।"

सचमुच सूरदास की सहज साधना ने अपने लौकिक प्रेम में भगवान् की मूर्त्ति देखी है—शुद्ध, निर्मल, निष्कलंक। धन्य हो सूरदास, धन्य है तुम्हारी साधना। रवीन्द्रनाथ के साथ ही हम भी पूछते हैं :

सत्य करे कहो मोरे हे वैष्णव कवि,
कोथा तुमि पेये छिले एइ प्रेमच्छवि ?
कोथा तुमि शिखेछिले एइ प्रेम-गान
बिरहतापित हेरि काहार नयान
राधिकार अश्रु आँखि पड़े छिलो मने ?
बिजन बसन्त राते मिलन-शयने
के तोमारे बेंधे छिल दुठि बाहु डोरे,
आपनार हृदयेर अगाध सागरे
रेखेछिल मग्न करि ? एतो प्रेम-कथा,
राधिकार चित्त दीर्ण तीव्र व्याकुलता
चुरि करि लइयाछ कार मुख, कार
आँखि हते ? आज तार नाहि अधिकार
से संगीते ? तारि नारि हृदय संचित
तार भाषा हते तारे करिबे बंचित
चिर दिन ?

[सच बताओ हे वैष्णव कवि, तुमने यह प्रेम-चित्र कहाँ पाया था ? यह विरह-तप्त गान तुमने कहाँ सीखा था ? किसकी आँखें देखकर राधिका की आँसू-भरी आँखें याद आ गयी थीं ? निर्जन वसन्त-रात्रि की मिलन-शैया पर किसने तुम्हें भुज-पाशों से बाँध रखा था; और अपने हृदय के अगाध समुद्र में मग्न कर रखा था ? इतनी प्रेम-कथा, राधिका की चित्त विदीर्ण कर देनेवाली तीव्र व्याकुलता तुमने किसके मुँह और किसकी आँखों से चुरा ली थी ? आज क्या इस संगीत पर उसका (कुछ भी) अधिकार नहीं है ? क्या तुम उसी के नारी-हृदय की संचित भाषा से उसी को सदा के लिए वंचित कर दोगे ?]

सूरदास आदि भक्त-कवियों ने अपने लौकिक प्रेम का सर्वस्व भगवान् को समर्पित किया। जो लोग इस रहस्य को नहीं जानते कि "हम जो चीज देवता को दे सकते हैं वही अपने प्रिय को देते हैं—और जो प्रियजन को दे सकते हैं वही देवता को देते हैं ! और हम पायेंगे कहाँ ? देवता को हम प्रिय कर देते हैं, प्रिय को देवता !"—

देवतारे[1] याहा दिते पारि, दिइ ताइ
प्रिय जने, प्रिय जने याहा दिते पाइ
ताइ दिइ देवतारे, आर पाबो कोथा ?
देवतारे प्रिय करि, प्रियेरे देवता !

वे सूरदास की कविताओं से नाक-भौं सिकोड़ते हैं। उपाय क्या है ?

5. हिन्दी साहित्य और वैष्णव धर्म

मध्ययुग में भक्ति की एक नयी धारा भारतीय महाद्वीप के इस छोर से उस छोर तक बह गयी और देखते-देखते इस विशाल देश को इस नये रूप में बदल दिया। भाषाशास्त्र के प्रकाण्ड पण्डित डॉक्टर ग्रियर्सन मध्ययुग के इस आन्दोलन के सम्बन्ध में कहते हैं : "बिजली की चमक के समान अचानक इस समस्त (अर्थात् पुराने धार्मिक मतों के) अन्धकार के ऊपर एक नयी बात दिखायी दी। कोई हिन्दू नहीं जानता कि यह बात कहाँ से आयी, कोई भी इसके प्रादुर्भाव का काल निश्चित नहीं कर सकता; किन्तु वे सभी शास्त्रीय ग्रन्थ जो इस (भक्ति) के सम्बन्ध में लिखे गये हैं, और जिनका काल निश्चयपूर्वक बताया जा सकता है, ईसाई सन् के बहुत बाद लिखे गये हैं।" इसीलिए डॉक्टर साहब इस नयी बात का अनुभव कर सके हैं। आपका कहना है कि यह बात मद्रास प्रान्त में आकर बस गये नेस्टोरियन सम्प्रदाय के ईसाइयों से ग्रहण की गयी है।[2]

यही विद्वान् एक दूसरी जगह लिखते हैं—"कोई भी मनुष्य, जिसे पन्द्रहवीं

1. श्री रवीन्द्रनाथ ठाकुर की 'वैष्णव कविता' नामक कविता से।
2. ग्रियर्सन, Modern Hinduism and its debt to the Nestorians, 'Journal of the Royal Asiatic Society' (J. R. A. S.), P. 313, 1907.

और बाद की शताब्दियों का भारतीय साहित्य पढ़ने का अवसर मिला है, उस भारी व्यवधान (gap) को लक्ष्य किये बिना नहीं रह सकता जो प्राचीन और नयी (धार्मिक भावनाओं) में विद्यमान है। हम अपने को एक ऐसे धार्मिक आन्दोलन के सामने पाते हैं, जो उन सब आन्दोलनों से कहीं अधिक विशाल है, जिन्हें भारतवर्ष ने कभी देखा है–यहाँ तक कि वह बौद्ध धर्म के आन्दोलन से भी अधिक विशाल है, क्योंकि इसका प्रभाव आज भी वर्त्तमान है। धर्म ज्ञान का विषय नहीं, 'रस' (emotion) का विषय हो गया था। इस समय से हम साधना और प्रेमोल्लास (mysticism and rapture) के देश में आते हैं और ऐसी आत्माओं का साक्षात्कार करते हैं जो काशी के दिग्गज पण्डितों की जाति की नहीं हैं, बल्कि जिनका सम्बन्ध मध्ययुग के यूरोपियन मरमी (mystic), बर्नर्ड ऑफ क्लेयरवॉक्स (Bernerd of Clairvaux), थामस-ए-केम्पिस (Thomas-a-Kempis), एखर्ट (Ekhert) और सेंट थेरिसा (St. Therisa) से है।"[1] डॉक्टर ग्रियर्सन के इन दो उद्धरणों से यह स्पष्ट ही प्रकट हो जाता है कि भारतीय मध्ययुग का भक्ति-आन्दोलन संसार के इतिहास में बेजोड़ है। जैसा कि डॉक्टर साहब ने बताया है, इस युग का धर्म, ज्ञान का विषय नहीं, रस का विषय है। दूसरे शब्दों में हम कह सकते हैं कि इस युग के धर्म और कला को अलग-अलग रखकर विचार नहीं किया जा सकता। क्या वास्तु-शिल्प, क्या चित्रकला, क्या काव्य, क्या नृत्य और क्या संगीत—सर्वत्र एक ही बात दिखायी देती है; और वह यह कि समस्त भारतीय अन्तरीप एक सिरे से दूसरे सिरे तक भक्ति—विशेषकर वैष्णव-भक्ति—की शक्तिशाली तरंग से आक्रान्त हो उठा था। इस बात का महत्त्व तब और भी बढ़ जाता है जब हम देखते हैं कि इसी युग में भारतवर्ष विदेशी धर्म और विजातीय संस्कृति का करुणाजनक शिकार बना हुआ था।

ग्रियर्सन ही को नहीं, उनके पूर्ववर्ती अनेक पण्डितों को भी यह सन्देह हो चुका है कि भक्ति-आन्दोलन ईसायत की देन है। वेबर और लासेन ने भी यह सन्देह किया था। डॉक्टर साहब की शंकाओं का समाधान हमने इसी पुस्तक में अन्यत्र किया है। ग्रियर्सन साहब के सामने ही संस्कृत-भाषा के प्रकाण्ड पण्डित श्रीयुत (अब डॉक्टर) कीथ ने उनकी प्रायः समस्त युक्तियों का खण्डन कर दिया था।[2] परन्तु जब हम मध्ययुग के उस रहस्मय युग में एकाएक भक्ति-आन्दोलन के प्रबल स्रोत का अनुमान करते हैं, तो इन विदेशी पण्डितों के इस विश्वास को आश्चर्यजनक नहीं कह सकते कि भारतीय साधना में भक्ति बाहरी उपादान है। उनका यह

1. ग्रियर्सन : भक्तिमार्ग, एन्साइक्लोपीडिया ऑफ रिलीजन एण्ड एथिक्स, वॉ. 2, 1909.
2. इन सब बातों की विस्तृत आलोचना के लिए निम्नलिखित कई प्रबन्ध द्रष्टव्य हैं—
   (1) Modern Hinduism and its debt to the Nestorians. (Grierson)
   (2) The Child Krishna, Christianity and the Gujars,...(J. R. A. S. 1907).
   (3) उक्त नाम का प्रबन्ध, A. B. Keith, J. R. A. S. 1890

भ्रम स्वाभाविक है। असल बात यह है कि जिस प्रकार मनुष्य के दुर्बल और रोगाक्रान्त होने पर उसकी जीवनी-शक्ति एकाएक प्रबल वेग से जाग पड़ती है, ठीक उसी प्रकार भारतीय संस्कृति के रोगाक्रान्त होने पर उसकी जीवनी-शक्ति, अर्थात् भक्ति-साधना, वेग के साथ जाग पड़ी थी। हम इस प्रश्न के ऊपर फिर विस्तृत विवेचन करेंगे।

हिन्दी-साहित्य पर वैष्णव प्रभाव का अध्ययन एक विशाल कार्य है। मध्ययुग का हिन्दी-साहित्य कुछ थोड़े से अपवादों को छोड़कर समस्त वैष्णव-साहित्य ही है। मिश्रबन्धुओं ने जिन नौ महाकवियों को हिन्दी का 'नवरत्न' माना है, जिनकी संख्या बाद में दस करनी पड़ी है, उनमें से सात तो नख से सिख तक वैष्णव हैं। तीन—चन्द, कबीर और भूषण—और चाहे कुछ भी हों, अ-वैष्णव नहीं हैं। 'मिश्रबन्धु-विनोद' के प्रथम दो भागों में जिन कवियों की चर्चा है, उनमें पचासी फीसदी पूरे वैष्णव हैं।[1] शेष में बहुत ही कम अवैष्णव हैं। साहित्य की धर्म के साथ इस प्रकार की अद्भुत एकात्मता संसार के इतिहास में विरल नहीं है। परन्तु कुछ ऐसी बातें हैं जिनके कारण वैष्णव-साहित्य और वैष्णव-साधना की एकता संसार के इतिहास में एक नयी बात है। वह बात क्या है, यह समझने के लिए हमें इस युग तक के साहित्यिक और धार्मिक विकास की एक साधारण जानकारी आवश्यक है।

भारतीय नाट्यशास्त्र के आरम्भ में ही एक ऐसी कथा आती है जो विद्वानों को चक्कर में डाल देती है। इस कथा के अनुसार देवताओं की प्रार्थना पर ब्रह्मा ने 'नाट्यवेद' नामक पाँचवें वेद की रचना की थी। साधारणतया हिन्दू आचार्य किसी नये शास्त्र की नींव डालते समय उसका सम्बन्ध किसी-न-किसी प्रकार वेदों से जरूर स्थापित करते हैं। नाट्यशास्त्र की रचना के समय भी यह बात अवश्य प्रस्तुत हुई होगी। परन्तु जब कोई सीधा सम्बन्ध मिलना असम्भव हो गया होगा तब उक्त कथा के बल पर एक पाँचवें वेद की कल्पना आवश्यक समझी गयी होगी। मामला पेचीदा इसलिए हो जाता है कि वस्तुतः वेदों में ऐसे कथोपकथनों की कमी नहीं है जिन्हें आसानी के साथ नाटकों का मूल रूप कह सकते थे; फिर नाट्य-वेद की कल्पना शास्त्रकार ने क्यों की? प्रभावशाली विचार के लगभग सभी यूरोपियन पण्डितों ने इस पर अपनी-अपनी रायें दी हैं।[2] फलतः 'मुण्डे-मुण्डे

1. यह वर्गीकरण इस प्रकार है—

वैष्णव कवि 84.79, सन्त (अर्थात् शास्त्र की परवा किये बिना भक्ति करनेवाले) 3.59, मुसलमान 2.75, जैन 2.74, अन्यान्य 6.13 प्रतिशत।

यह सूची अपूर्ण हो सकती है; क्योंकि कितने ही कवियों के विषय में ठीक-ठीक नहीं जाना जा सका कि उनकी कविता का विषय क्या है। यह ध्यान देने की बात है कि मुसलमान कवियों में से अधिकांश वैष्णवभावापन्न हैं और जैनों में भी कुछ वैष्णव ढंग के कवि हैं।

2. इन मतों के लिए ए. बी. कीथ का 'इंडियन ड्रामा' देखिए।

मतिर्भिन्ना' तो हो गयी, परन्तु कोई उचित समाधान नहीं हो पाया।

हमारी समझ में इस मामले का इतना पेचीदा हो जाना एक कल्पित किन्तु भ्रमात्मक सिद्धान्त को स्वीकार कर लेने पर निर्भर है। यूरोपियन पण्डित यह मानकर ही कलम उठाते हैं कि भारतवर्ष में जो कुछ है वह वेदों से ही शुरू होता है। हमें श्री मनमोहन घोष[1] का यह मत ठीक जान पड़ता है कि नाटक इस देश में आर्यों के आगमन के पूर्व ही वर्त्तमान थे। परन्तु उनमें पात्रों की बातचीत नहीं रहा करती थी, वे अभिनय-प्रधान हुआ करते थे। इन अभिनयों का काम था 'रस' का उद्रेक। आर्य-संसर्ग के बाद अभिनय के साथ-साथ कथोपकथन भी मिल गया। परन्तु नाटक का प्रधान उपकरण अभिनय रहता था और लक्ष्य 'रसनिष्पत्ति'। प्राचीन संस्कृत-नाटकों में 'लज्जां नाटयति', 'वृक्षसेचनं नाटयति' आदि प्रयोग इस अनुमान की पुष्टि करते हैं। कालिदास के अभिज्ञान शाकुन्तल के प्रसिद्ध टीकाकार राघवभट्ट ने वृक्षसेचन, भ्रमर-बाधा-निवारण आदि अभिनयों की भंगी का भी निर्देश किया है।[2]

रस नाटक का ही विषय था, इस बात का और भी स्पष्ट प्रमाण है आलंकारिकों की रस-सूत्र की व्याख्या। वस्तुतः मम्मट[3] ने जिन आलंकारिकों का मत भारतीय नाट्यसूत्र के सिलसिले में उद्धृत किया है, वे सभी—लोल्लट, शंकुक, भट्टनायक और अभिनवगुप्त—नाट्यशास्त्र के ही व्याख्याता हैं और दर्शक के मन में रसोद्रेक की बात ही कहते आये हैं। नाटक में रस की भाँति ही अलंकार स्फुट काव्य का विषय समझा जाता था। यह ध्यान देने योग्य बात है कि अलंकार-सम्प्रदाय के प्राचीनतम आचार्यों—दण्डी और भामह—ने अलंकार को ही प्रधान माना है। रस की चर्चा तो बहुत गौण है। उनकी पुस्तकों से यह अनुमान करना बिल्कुल कठिन नहीं है कि वे रस को काव्य—अर्थात् स्फुट श्लोक—का विषय ही नहीं समझते।[4]

आठवीं शताब्दी के आस-पास अलंकार-शास्त्र में ध्वनिसम्प्रदाय जोर पकड़ता दिखायी देता है।[5] ध्वनि या व्यंग्य को काव्य की आत्मा मानकर और ध्वनि में भी

1. 'अभिनय-दर्पण' की प्रस्तावना XXIII-XXVI
2. देखिए, अभिज्ञान शाकुन्तलम्, राघवभट्ट की टीका (निर्णयसागर)—वृक्षसेचन (पृ. 27), भ्रमरबाधा (पृ. 34), श्रृंगारलज्जा (पृ. 40), विषाद (पृ. 49), मुखोन्नयनपरिहार (पृ. 109), कुसुमावचय (पृ. 115), प्रसाधन (पृ. 129, 132), गतिभंग (पृ. 139), अवतरण (पृ. 189), रथाधिरोहण (पृ. 222)।
3. 'काव्यप्रकाश', चतुर्थ उल्लास।
4. इसीलिए रुय्यक 'अलंकार सर्वस्व', पृ. 7, में कहते हैं—"तदेवं अलंकार एव काव्ये प्रधानमिति प्रायशानां मतम्।"
5. शब्द की तीन शक्तियाँ होती हैं—(1) अभिधा अर्थात् कोशव्याकरणसम्मत शब्द का सांकेतिक अर्थ बतानेवाली शक्ति, (2) लक्षणा अर्थात् संकेतार्थ से सम्बद्ध अन्य लक्षित-अर्थ को बतानेवाली शक्ति, और (3) व्यंजना अर्थात् अभिधेय और लक्ष्य के अतिरिक्त उनसे सम्बद्ध या असम्बद्ध अन्य अर्थों को व्यंग्य करनेवाली (suggestive) शक्ति। सर्वप्रथम→

रस-ध्वनि को सर्वोत्तम स्थान देकर इस सम्प्रदाय ने अलंकारशास्त्र को अभिनव जीवन दिया और एक बड़ा कार्य यह किया कि रस और अलंकार दोनों को नाटक और स्फुट काव्य में समान रूप से उपयोगी बताया। ध्वनि-सम्प्रदाय ने अलंकार-प्रधान काव्य को 'अवर' या अश्रेष्ठ कोटि में रखा। यद्यपि साहित्य-दर्पणकार ने रस को काव्य की आत्मा बताया, परन्तु असल में वे ध्वनि को ही काव्यात्मा समझते रहे। मुख्य बात तो यह है कि पन्द्रहवीं शताब्दी तक ध्वनि-सम्प्रदाय का ही बोल-बाला रहा। 'साहित्य-दर्पण' में शायद सबसे प्रथम इस शास्त्र में नायिका-भेद का प्रवेश हुआ। यद्यपि ध्वनि-सम्प्रदाय के आचार्यों ने 'रस' को काव्य का सर्वश्रेष्ठ उपादान मान लिया था, परन्तु रस को इतना अधिक स्थान नहीं दिया गया कि उसमें नायिका-भेद भी मिला दिया जाय। 'रस' रूपक-विवेचना का प्रधान विषय समझा जाता था और उसी में नायिकाओं का वर्गीकरण भी सम्मिलित रहता था। यह ध्यान देने की बात है कि पन्द्रहवीं शताब्दी में ही नायिका-भेद और अलंकार एक साथ विविक्त हुए। यह शताब्दी वस्तुतः देशी भाषाओं के साहित्य की उन्नति की शताब्दी है।

'साहित्य-दर्पण' के बाद एक ऐसे मत का प्रादुर्भाव दिखायी देता है जो रस के अतिरिक्त अन्य किसी बात को काव्य-विवेचना का विषय समझता ही नहीं, या समझकर भी उसे गौण स्थान देता है। इसी तरह एक दूसरा सम्प्रदाय ऐसा दिखायी देता है जो अलंकार के अतिरिक्त अन्य किसी विषय की परवा नहीं करता। कभी-कभी ऐसा होता है कि एक ही आचार्य इन दोनों विषयों पर अलग-अलग ग्रन्थ लिखता है। परन्तु इस बात का अच्छा अध्ययन करना हो तो संस्कृत को छोड़कर देशी भाषाओं के उदीयमान साहित्य की ओर देखना होगा। यहाँ वह अद्भुत बात दिखायी देती है जो हज़ारों वर्ष के भारतीय इतिहास में बेजोड़ कही जा सकती है। संसार की बात तो हम नहीं जानते,—वह बहुत बड़ा है—पर हमारी जानी हुई दुनिया में यह बात अद्वितीय है। यहाँ हम देखते हैं कि रस—विशेषकर रसों के राजा शृंगार—के आलम्बनों और उद्दीपनों का वर्गीकरण हो रहा है और उनके उदाहरणों के बहाने भगवान् की लीला गायी जा रही है। "आगे के सुकवि रीझिहैं तौ कबिताई न तौ राधिका-गुबिन्द सुमिरन कौ बहानो है।" अर्थात् कविता करने के बहाने परम-आराध्य का भजन या परम-आराध्य-भजन के बहाने कविता!

→'ध्वन्यालोक' में व्यंग्य अर्थ (ध्वनि) की प्रधानता की युक्तिपूर्वक प्रतिष्ठा की गयी है। ध्वन्यालोककार आनन्दवर्धन इस मत को वैयाकरणों के स्फोटवाद से उद्भूत बताते हैं। परन्तु 'स्फोट' से इसका सम्बन्ध केवल इसलिए बताया गया है कि इस मत को नवीन कह-कर उड़ा न दिया जा सके। जो हो, इसमें कोई सन्देह नहीं कि ध्वनि का जो सर्वाङ्गपूर्ण विवेचन इस ग्रन्थ में किया गया है वह इस बात का प्रमाण है कि इसके बहुत पूर्व ही इस मत का अस्तित्व था। स्वयं आनन्दवर्धन ही कहते हैं :

"काव्यस्यात्माध्वनिरिति बुधैर्यः समाम्नातपूर्वः"

—'ध्वन्यालोक', 1-1

ललित कला के सुकुमार प्राण 'रस' के साथ धार्मिक और दार्शनिक साधना के परम लक्ष्य का इस प्रकार एकीकरण अन्यत्र दुर्लभ है। इस युग की देशी भाषाओं के साहित्य का संसार की साहित्यिक साधना में यही महान् दान (contribution) है।

बंगाल में सर्वप्रथम रूपगोस्वामी ने 'उज्ज्वल नीलमणि' नामक संस्कृत-ग्रन्थ में इस प्रकार से रस का विवेचन किया। रूपगोस्वामी चैतन्य महाप्रभु के भक्तों में से थे। इनका समय पन्द्रहवीं शताब्दी का अन्त और सोलहवीं शताब्दी का प्रारम्भ था। यही पुस्तक संस्कृत में प्रथम बार भक्ति और अलंकार-शास्त्र को एक रूप देकर लिखी गयी। इसके बहुत पहले जयदेव, विद्यापति और चण्डीदास ने क्रमशः संस्कृत, मैथिली और बंगला में राधा-कृष्ण की लीलाओं का गान किया। परन्तु रसशास्त्र के नाम पर नायक-नायिकाओं का प्रथम वर्गीकरण यही था, जिसमें उदाहरण के लिए राधा-माधव की लीलाओं का वर्णन रखा गया। इस ग्रन्थ में उज्ज्वल या मधुररस को, जिसे ग्रन्थकार भक्ति-रस भी कहता है (मधुराख्यो भक्तिरसः 1-3), मनुष्य का परम प्राप्तव्य बताया गया है। मधुर रस के आलम्बन श्रीकृष्ण ही हो सकते हैं, दूसरा नहीं। गौड़ीय वैष्णवों के मत में पाँच रस होते हैं—शान्त, हास्य या प्रीति, सख्य या प्रेम, वात्सल्य और माधुर्य। इसी माधुर्य को उज्ज्वल रस कहते हैं। इसे ग्रन्थकार 'भक्ति-रस-राट्' या भक्ति-रसों का राजा बताता है। इसके बाद बंगाल में नायिकाओं और नायकों के वर्गीकरण के अनुसार पद लिखने की चाल-सी चल पड़ी। परन्तु इस प्रकार की रस-व्याख्या से ही यह स्पष्ट हो जाता है कि इस सम्प्रदाय का मुख्य विषय कविता नहीं, भक्ति था। हिन्दी में जो रस-ग्रन्थ लिखे गये उनमें भक्ति और कवित्व समान भाव से गुँथे हुए थे। कहीं-कहीं तो कवित्व ही प्रधान है, भक्ति गौण। हम यहाँ सूरदास, तुलसीदास जैसे कवियों की बात नहीं कर रहे हैं; केशव, मतिराम और देव जैसे रस-ग्रन्थकारों की बात कर रहे हैं।

यहाँ यह बात ध्यान देने योग्य है कि जिन दिनों उज्ज्वल नीलमणि की रचना हुई उसके कुछ पहले ही हिन्दी में इस प्रकार के ग्रन्थ उपलब्ध थे। उज्ज्वल नीलमणि ने भक्ति-रस की जो सर्वांगपूर्ण व्याख्या की है—वह सर्वांश में नहीं, तो अधिकांश में नवीन है। ऐसा एकाएक नहीं हो सकता। इसके पूर्व इसकी पर्याप्त चर्चा रही होगी। इसी तरह हिन्दी के जिस ग्रन्थ की हम चर्चा करने जा रहे हैं, वह पहला प्रयत्न नहीं जान पड़ता। साधारण धारणा यह है कि केशवदास ही हिन्दी के प्रथम रसाचार्य हैं। परन्तु बात असल में यह नहीं है। कृपाराम नामक एक अन्य कवि ने सन् 1541 ई. में ही रस पर एक सुन्दर ग्रन्थ लिखा था।[1] इस ग्रन्थ का नाम 'हिततरंगिणी' है। "इसमें रसों का विषय बहुत ही विस्तारपूर्वक और मनोहर

1. बरनत कवि सिंगार रस, छन्द बढ़े विस्तार।
मैं बरन्यो दोहानि बिच, याते सुघर विचार।

छन्दों द्वारा कहा गया है। इस कवि की भाषा सुष्ठु ब्रजभाषा है। इन्होंने लिखा है कि अन्य कवि बड़े छन्दों में श्रृंगार रस का वर्णन करते हैं, परन्तु मैंने दोहों में इसलिए लिखा है कि उसमें थोड़े ही अक्षरों में बहुत अर्थ आ जाता है।[1] इस कथन से प्रकट होता है कि उस समय बहुत-से कवि थे, परन्तु दुर्भाग्यवश उनके ग्रन्थ अब नहीं मिलते।"[2] इसी ग्रन्थ में पहले-पहल राधा-कृष्ण की प्रेम-लीला को उदाहरण-रूप में लिखते पाया जाता है :

आजु सकारे हौं गई, नन्दलाल हित ताल।
कुमुद कुमुदिनी के भटू, निरखे औरै हाल॥

यहाँ यह कहने की कोई आवश्यकता नहीं कि हिन्दी में राधा-माधव की प्रेम-गाथाओं का प्रचार भक्त कवियों के कण्ठ से इसके बहुत पहले हो चुका था। इस श्रेणी के कवि भक्ति के आवेश में ही कविता (गान कहना अधिक ठीक होगा) लिखा करते थे, परन्तु कृपाराम की श्रेणी के आचार्य कविता करने बैठते थे और उस पर भक्ति का पुट डाल देते थे। यह बात ध्यान देने की है कि इस श्रेणी के आचार्यों का वर्गीकरण गौड़ीय वैष्णव की श्रेणी का नहीं है। इसलिए यह नहीं कहा जा सकता कि यह प्रभाव गौड़ीय वैष्णवों का है। फिर यह बात हिन्दी में आयी कहाँ से ? एक बात ध्यान देने की है, वह यह कि पन्द्रहवीं शताब्दी के पहले यह धारा हिन्दी-साहित्य में एकदम अपरिचित है। रसाचार्यों की बात छोड़ भी दी जाय तो भी भक्त-कवियों के गान भी पन्द्रहवीं शताब्दी के पहले दृष्टिगोचर नहीं होते।

एक ओर तो इन कवियों और रसाचार्यों पर गौड़ीय प्रभाव का कोई चिह्न नहीं दिखायी देता, दूसरी ओर इस प्रकार के प्रेम-गानों के सभी पुराने रचयिता—जयदेव, विद्यापति, चण्डीदास हिन्दी के किसी भी वैष्णव कवि से पूर्ववर्त्ती और पूर्वी प्रदेश के ठहरते हैं। राधा-कृष्ण की श्रृंगार-लीला का अगर कोई सीधा सम्बन्ध कहीं से मिलता है तो इन्हीं पूर्ववर्त्ती भक्तों से। महाप्रभु चैतन्यदेव—जो जयदेव, विद्यापति और चण्डीदास इन तीनों कवियों के काव्य-रसिक थे—वृन्दावन आये थे और उन्होंने ही उसे नया रूप दिया था। उनके अनेक शिष्य वहाँ आजीवन के लिए रह गये थे और उस सम्प्रदाय के कितने ही भक्त परवर्त्ती हिन्दी-साहित्य के प्रसिद्ध कवि भी हुए। इस प्रकार पूर्वी प्रदेशों से इस धारा का साक्षात् सम्बन्ध भी दिखायी देता है। इन दो परस्पर-विरोधी बातों का समाधान क्या है ?

यूरोपियन पण्डितों का रास्ता सीधा है। वैष्णव भक्त भी भगवान् को 'पतित-पावन' कहते हैं, 'करुणासिन्धु' कहते हैं, और ईसाई भक्त भी ऐसा ही कहते हैं।

1. मिश्रबन्धु विनोद, पृ. 276 (तृतीय संस्करण, लखनऊ, 1986 वि.)
2. कृपाराम के अतिरिक्त गोप (1615), करनेस, और मोहनलाल मिश्र ने रीति-ग्रन्थ लिखे थे। ये तीनों ही केशवदास के पूर्ववर्त्ती थे (देखें पं. रामचन्द्र शुक्ल की हिन्दी-शब्दसागर की भूमिका, पृ. 121-22), परन्तु हम नहीं जानते कि इन्होंने अपने ग्रन्थों में राधा-माधव की लीलाओं को उद्धृत किया है या नहीं।

इसीलिए भक्ति ईसाइयत की देन है ! कुछ कहते हैं, यह मद्रास में बसे हुए नेस्टोरियन ईसाइयों की देन है।[1] कुछ कहते हैं, बैक्ट्रिया या इसिकुल ह्रद से आयी है[1] और कुछ कहते हैं यह सूफियों[3] की मध्यस्थता में आयी है। ऐसे लोगों की दृष्टि में संसार में जो कुछ अच्छा है वह यूरोप और ईसाई धर्म में ही है, इसलिए हिन्दुओं ने भक्ति को भी निश्चय ही वहीं से उधार लिया होगा ! "खुल जाओ सुमसुम" और लो, वह दरवाजा खुल गया !

इस स्थान पर यह कह देना उचित होगा कि हिन्दी-साहित्य में भक्तिधारा को बहाने का श्रेय निश्चय ही दो प्रसिद्ध आचार्यों को प्राप्त है। रामभक्ति की धारा के प्रवर्तक आचार्य रामानन्द हैं। इस धारा को दो भागों में विभक्त पाया जाता है। प्रथम में वे सन्त हैं जो शास्त्रों और रूढ़ियों के क़ायल नहीं हैं। इन्हें निर्गुणवादी भक्त भी कह सकते हैं। कबीर, दादू, नानक, रैदास आदि भक्त इसी श्रेणी के हैं। दूसरी श्रेणी में तुलसीदास-जैसे महात्मा हैं जो भक्तिवाद और शास्त्रों के सामंजस्य के अनुसार साधन-मार्ग का निर्देश करते हैं। कृष्ण-भक्ति की धारा के प्रधान प्रवर्त्तक महाप्रभु वल्लभाचार्य हैं। परन्तु केवल इतना कह देने से हम सन्तुष्ट नहीं हो सकते। कोई भी मतवाद जब किसी नवीन भूमि में प्रवेश करता है तो वहाँ की रीति-नीति, आचार-विचार से मिलकर एक नया रूप धारण करता है। महाराष्ट्र की भक्ति दूसरी चीज़ है, उत्तर प्रदेश की दूसरी और बंगाल की कुछ और। इनके मूल सिद्धान्त एक ही हो सकते हैं, परन्तु इनके आकार-प्रकार सर्वथा अलग हैं। रामानन्द-प्रवर्तित रामधारा कबीर में एक रूप धारण करती है और तुलसीदास में दूसरा। जब व्यक्ति-विशेष के कारण साधना का रूप बदल सकता है, तो देश-विशेष के साथ क्यों नहीं बदलेगा ? जो लोग कुछ दाक्षिणात्य आचार्यों के दार्शनिक और धार्मिक मतों का अध्ययन करके ही तुलसीदास और सूरदास के रहस्यों का उद्घाटन करते हैं, वे लोकमत के साथ अविचार करते हैं। जिस भक्ति-साधना ने देव, मतिराम और पद्माकर को पैदा किया, वह किसी आचार्य की ही साधना नहीं थी। आचार्य-विशेष की दीक्षा तो उस पर केवल रंग चढ़ा गयी, मूल कंकाल कुछ और ही था।

हमारा विश्वास है कि ग्यारहवीं से पन्द्रहवीं शताब्दी तक उत्तर-भारत के जन-साधारण में एक साधना विकसित होती जा रही थी। पन्द्रहवीं शताब्दी में वह एकाएक फूट उठी। ग्रियर्सन साहब का यह कहना बिल्कुल ठीक है कि "अचानक बिजली के समान यह बात भारतीय अन्तरीप के इस छोर से उस छोर तक चमक गयी।" परन्तु इसके लिए चार सौ वर्ष से मेघ पुंजीभूत हो रहे थे। और केवल बिजली ही नहीं चमकी, पन्द्रहवीं शताब्दी में भक्ति की जो वर्षा आरम्भ हुई, वह चार सौ वर्ष तक बरसती ही रही—जरा भी नहीं रुकी।

1. Modern Hinduism and its debt to the Nestorians (J. R. A. S., 1907)
2. Krishna, Christianity and Gujars. (J. R. A. S., 1907)
3. वही।

इन चार शताब्दियों में जन-साधारण क्या सोच रहा था, यह जानने के पहले भक्ति-आन्दोलन की कुछ मुख्य बातों को ध्यान में रखना होगा। ये बातें इस प्रकार हैं :

1. प्रेम ही परम पुरुषार्थ है, मोक्ष नहीं—प्रेमा पुमर्थो महान्।
2. भगवान् के प्रति प्रेम कौलीन्य से बड़ी चीज़ है।
3. भक्त भगवान् से भी बड़ा है।
4. भक्ति के बिना शास्त्र-ज्ञान और पाण्डित्य व्यर्थ हैं।
5. नाम रूप से भी बढ़कर है।

संक्षेप में कहा जा सकता है कि यह मत ब्राह्मण-धर्म का विरोधी तो नहीं था, परन्तु उसका सम्पूर्ण अनुगामी भी नहीं था। महायान-मत से इसका अन्तर यही था कि वह ब्राह्मण-धर्म का पूर्ण विरोधी था और यह उसका अंग होकर भी स्वाधीन था।

इन चार शताब्दियों में भारतीय धर्म-मत की क्या अवस्था थी, यह बात हिन्दू धर्म के संस्कृत-ग्रन्थों से बहुत कम समझ पड़ती है। जैसा कि पहले ही बताया जा चुका है, संस्कृत-ग्रन्थों की दृष्टि से यह युग टीकायुग कहा जा सकता है। कोई अच्छा ग्रन्थ अगर इस ज़माने में लिखा गया तो वह टीकाएँ ही थीं। धर्मशास्त्रों में व्यवस्था-मूलक अनेक ग्रन्थ लिखे गये जो निश्चय ही टीका श्रेणी में आते हैं। इन टीकाओं और निबन्धों से उस युग की भयानक सतर्कता का अनुमान सहज ही किया जा सकता है। जान पड़ता है शास्त्रीय आदेशों के पालन में ज्यों-ज्यों शिथिलता आती जा रही थी त्यों-त्यों ब्राह्मण आचार्य अधिक सतर्क भाव ग्रहण करते जा रहे थे। इन अनुपस्थिति-मूलक (negative) प्रमाणों के बल पर यही अनुमान होता है कि शास्त्रों की व्यवस्थाओं से लोकमत बेपरवा होता जा रहा था। उस युग के ग्राम-गीत और प्रवाद यदि उपलब्ध होते तो हम यह आसानी से जान सकते कि जन-साधारण का मत उस समय क्या था। परन्तु अभी तक, दुर्भाग्यवश, इस दिशा में कुछ सन्तोषजनक कार्य नहीं हुआ है।

जो हो, हिन्दी-साहित्य की शैशवावस्था में ही हमें एक महात्मा के दर्शन होते हैं जो एक विशेष धर्ममत के अन्यतम प्रतिष्ठाता हैं। ये हैं गोरखनाथ। आप नाथ सम्प्रदाय के आचार्य थे। यह सम्प्रदाय महायान बौद्धधर्म का उत्तराधिकारी था। तन्त्र और योग की क्रियाएँ इस मत के प्रधान अंग हैं। कबीरदास पर गोरखनाथ की निर्गुण साधना का प्रभाव स्पष्ट ही लक्षित होता है। हिन्दी-साहित्य के निर्गुण अंग पर इस सम्प्रदाय का पर्याप्त प्रभाव है। परन्तु हम आज उस दिशा की ओर अग्रसर होना नहीं चाहते। गोरखनाथ का उल्लेख हमने इसलिए किया कि उनका हिन्दी के शैशव-काल में दिखायी देना एक विशेष अर्थ रखता है। नाथ सम्प्रदाय का सीधा सम्बन्ध महायान बौद्धधर्म से है। यह सम्प्रदाय बंगाल से लेकर उत्तरप्रदेश तक बहुत प्रभावशाली हो गया था। हिन्दी-साहित्य के गोरखनाथ एक ओर उस युग की हिन्दीभाषी जनता का सम्बन्ध महायान बौद्धों से जोड़ते

हैं और दूसरी ओर बंगाल से भी सीधा सम्बन्ध स्थापित करते हैं। यहाँ हम उस युग के समाज का सम्बन्ध देश और काल से स्थापित होते देखते हैं। सच पूछिए तो उत्तर-कालीन वैष्णव धर्म-मत पर महायान बौद्ध धर्म का प्रभाव बहुत अधिक है। जिस प्रकार पुत्र का सम्बन्ध पिता की अपेक्षा माता से अधिक रहता है और जिस प्रकार माता के रक्त-मांस का अधिक भागधेय होकर भी पुत्र पिता के नाम से ही प्रसिद्ध होता है, वैसे ही हिन्दी-वैष्णव-धर्म का सम्बन्ध महायान से अधिक होते हुए भी वह वल्लभाचार्य के नाम से ही पुकारा गया।

महायान बौद्ध धर्म की शाखा आचार्यों की दृष्टि में कितनी भी शून्यवादी क्यों न रही हो, उस धर्म के अनुयायी अधिकांश जन-साधारण में सैकड़ों देव-देवियों की पूजा चल पड़ी थी। उनके देव-देवियों—प्रज्ञापारमिता, अवलोकितेश्वर, मंजुश्री—की मूर्त्तियाँ बहुत कुछ वासुदेव और लक्ष्मी की मूर्त्तियों के समान हैं।[1] प्रसिद्ध डॉक्टर कर्न ने बताया है कि वैष्णव भक्तिवाद इन महायानों की भक्ति का ही विकसित रूप है।[2] यहाँ तक कि नाम-संकीर्त्तन भी जिसे ग्रियर्सन साहब[3] ईसाई धर्म का प्रभाव बताते हैं, महायान धर्मवालों की चीज़ है। आचार्य क्षितिमोहन सेन ने चीन और भारत के संकीर्त्तनों का साम्य देखकर यह निष्कर्ष निकाला है कि महायान-मत ही संकीर्त्तन-प्रथा का मूल उत्स है। बंगाल के इतिहास से यह बात अलग नहीं की जा सकती कि बौद्ध धर्म के ह्रास होते ही महायान-मत के नाना पन्थ वैष्णवों में शामिल हो गये। इस प्रकार आउल-बाउल आदि अनेक सहजिया पन्थ जिनकी साधना प्रेम-मूलक थी और जो परकीया प्रेम को सहज-साधना का प्रधान उपाय समझते थे, सोलहवीं शताब्दी में नित्यानन्द के वैष्णव झण्डे के नीचे एकत्र हुए। इन्हीं नित्यानन्द को महाप्रभु चैतन्य ने अपने सम्प्रदाय में निमन्त्रित किया और यहीं से गौड़ीय वैष्णव धर्म ने अभिनव रूप धारण किया।[4] यह धर्ममत समस्त बंगाल और उड़ीसा में तथा अंशतः असम में पहुँचा। उड़ीसा के धर्माचार्यों में चैतन्य और नागार्जुन दोनों के मतों के समन्वय से एक विशाल वैष्णव-बौद्ध साहित्य निर्मित हुआ।

नित्यानन्द के साथ जो शक्ति चैतन्य सम्प्रदाय में प्रविष्ट हुई वह नयी नहीं थी। उसके पीछे भी तीन-चार सौ वर्ष का इतिहास था। सौभाग्यवश बंगाल और उड़ीसा में इस प्रकार की कुछ पुस्तकें और लोकगीत उपलब्ध हुए हैं जिनसे उस अन्धतिमिरावृत युग की धार्मिक साधना पर प्रकाश पड़ता है। श्री दिनेशचन्द्र सेन महाशय की धारणा है कि बारहवीं से चौदहवीं शताब्दी तक बंगाल और उड़ीसा में एक अत्यन्त शोचनीय नैतिक दुर्गति का आविर्भाव हुआ था। उस युग के ताम्रशासनों पर हर-पार्वती की वन्दना में उनका हाव-भाव तथा परस्पर आलिंगन आदि का

1. D. C. Sen, Bengali Language and Literature, p. 401 ff.
2. Kern, Manual of Buddhism, p. 124
3. Grierson, Modern Hinduism and its debt to the Nestorians (J. R. A. S., 1907)
4. D. C. Sen; Bengali Language and Literature, p. 403.

रुचि-गर्हित वर्णन पाया जाता है। पुरी और कोणार्क के मन्दिरों पर अश्लील चित्र अंकित हैं। बंगीय साहित्य-परिषद् में उस युग की बनी हर-पार्वती की एक बीभत्स प्रस्तर-मूर्त्ति रखी है। इन प्रमाणों के बल पर यह समझना कठिन नहीं है कि उस युग की रुचि किस ओर थी।[1] वैष्णव भक्तों में जयदेव ने सर्वप्रथम पुरी के मन्दिर में उस रुचि-गर्हित विलास-प्रथा को आधार मानकर प्रेम-गान लिखे। ये गान विशुद्ध प्रेम के आवेश में ही लिखे गये थे, परन्तु कवि अपने युग की सामाजिक रुचि से बँधा था। परम्परा से तो जयदेव परकीया-भाव के साधक ही समझे जाते हैं, परन्तु 'गीतगोविन्द' में इसका कोई प्रमाण नहीं है। हम आगे चलकर देखेंगे कि ब्रजभाषा के कवियों पर जयदेव का प्रभाव था।

एक दूसरा और नया प्रमाण आविष्कृत हुआ है जिससे वैष्णव कवियों की प्रेम-साधना का रहस्य प्रकट होता है। रंगपुर, दिनाजपुर आदि उत्तर-बंग के जिलों में, जो हिमालय की तलहटी में बसे हुए हैं, बारहवीं-तेरहवीं शताब्दी के कुछ प्रचलित गीत पाये गये हैं। ये गान दो तरह के होते हैं, असल धमाली और शुक्ल धमाली। असल धमाली गान इतने अश्लील होते हैं कि वे गाँवों के बाहर ही गाये जाते हैं। इन्हे कृष्ण-धमाली भी कह सकते हैं। "यह कृष्ण-धमाली गाने ही किसी समय बंग देश के जनसाधारण की राधा-कृष्ण की प्रेम-कथा सुनने की तृषा मिटा देते थे। इसमें कोई सन्देह नहीं कि प्राचीन राजवंशी जाति और योगी जाति के लोग आज तक बंगाल के नाना स्थानों में इसकी यत्नपूर्वक रक्षा करते आये हैं।"[2] शुक्ल धमाली को संशोधन करने के लिए सुप्रसिद्ध वैष्णव-कवि चण्डीदास ने 'कृष्ण-कीर्त्तन' नामक ग्रन्थ लिखा था। यह संशोधित संस्करण भी कम अश्लील नहीं है, इसी से दीनेश बाबू अनुमान करना चाहते हैं कि वह कृष्ण-धमाली कितनी गर्हित रही होगी। इस पुस्तक के अनुसन्धान से हमें यह अनुमान करना सहज हो जाता है कि किस परिस्थिति में वैष्णव-प्रेम को शृंगारिक रूप धारण करना पड़ा था।

गोरखनाथ के प्रसंग में हम उस युग के पूर्वीय अंचल में उत्तर भारत के योग का उल्लेख कर चुके हैं। यह बात और भी मनोरंजक है कि इन पूर्वीय वैष्णवों के प्रेम-गानों का प्रभाव ब्रजभाषा के शैशव-काल में ही पड़ा। केवल नाभादास या गुरु नानक ने जयदेव का नाम लिया हो, सो बात नहीं, सूरदास के भजनों में जयदेव के पदों का अनुवाद भी है।[3] पण्डित रामचन्द्र शुक्ल ने ठीक ही कहा है कि "सूरसागर

1. दीनेशचन्द्र सेन, बंग भाषा और साहित्य, पृ. 195-196
2. वही, पृ. 196
3. जयदेव और सूरदास के इन पद्यों की तुलना कीजिए :

मेघैर्मेदुरमम्बरं वनभुवः श्यामास्तमालद्रुमैर्नक्तं
भीरुरयं त्वमेव तदिदं राधे गृहं प्रापय।
इत्थं नंदनिदेशतश्चलितयोः प्रत्यध्वकुञ्जद्रुमं
राधामाधवयोर्जयन्ति यमुनाकूले रहः केलयः ॥

—जयदेव

किसी चली आती हुई गीत-काव्य-परम्परा का, चाहे वह मौखिक ही रही हो, पूर्ण विकास-सा प्रतीत होता है।" अर्थात् सूरदास के बहुत पहले ही (और इसलिए वल्लभाचार्य के भी बहुत पहले) वैष्णव प्रेम-धारा ने इस प्रदेश में अपनी जड़ जमा ली थी। यहाँ यह बात ध्यान में रखने योग्य है कि बारहवीं से लेकर पन्द्रहवीं शताब्दी तक जिस प्रकार का बौद्ध तन्त्रवाद बंगाल और उड़ीसा के पूर्वी प्रान्तों में प्रबल रहा, वैसा इस प्रदेश में नहीं था। मध्य-युग में बंगाल का प्रान्त तन्त्र का अखाड़ा समझा जाता था। परन्तु वैष्णव प्रेमवाद में कुछ ऐसा रस था जो अवैष्णवों को भी आकृष्ट करता रहा। इसके सबसे ज्वलन्त उदाहरण हैं विद्यापति। आप स्वयं शैव थे परन्तु प्रेम-साधन की ओर इतने आकृष्ट हुए कि शायद ही कोई वैष्णव कवि बंगाल में इतने दिनों तक इतना समादृत रहा हो।

बंगाल के बाहर का प्रान्त इस प्रेम से प्रभावित तो हुआ था, पर वह प्रभाव केवल आइडिया का प्रभाव था।[1] वास्तव में बंगाल की भूमि में परकीया-भाव को ऊंचा रूप देने का उपकरण पहले से ही वर्त्तमान था, ब्रजभाषा-प्रान्तों में यह बात नहीं थी। अर्थात् राधा और कृष्ण-सम्बन्धी प्रेम के गान तो इस प्रदेश में चल पड़े, परन्तु राधा कृष्ण की रानी ही समझी गयीं। सूरदास ने राधा और कृष्ण का

→ गगन घहराइ जुरी घटा कारी।
पौन झकझोर चपला चमकि चहूँ ओर
सुवन तन चितै नँद डरत भारी॥
कह्यो वृषभानु की कुँवरि सों बोलि कै
राधिका कान्ह घर लिये जा री॥
दोउ घर जाहु संग नफ भयो श्याम रँग
कुँवर कर गह्यो वृषभानु बारी।
गये वन ओर नवल नंदकिसोर
नवल राधा नये कुंज भारी।
अंग पुलकित भये मदन तिन तन जये
सूर प्रभु स्याम स्यामा बिहारी॥

—सूरसागर 1302

1. यह सन्देह करने करने की बात नहीं है कि मध्ययुग में यह बात फैलकर कैसे इतनी दूर तक आ सकी थी। जायसी के 'पद्मावत' की रचना के सौ वर्ष के भीतर ही उसका बंगला में अनुवाद हो गया था। यह अनुवाद आराकान के एक मुसलमान बादशाह ने करवाया था। दादू के जीवन-काल में ही उनका प्रभाव बंगाल में फैल गया था। श्री क्षितिमोहन सेन ने बंगाल के बाउलों के गान सुनकर ही पहले-पहल समझा कि दादू जन्म के मुसलमान थे और उनका नाम दाऊद था। चैतन्यदेव के अनन्तर ही गौड़ीय वैष्णव धर्म राजस्थान तक फैल गया। मीराबाई के जीवन-काल में ही उनके गान पूर्वीय प्रान्तों में गाये जाने लगे थे। बंगाल के गोपीचन्द का गान सौ वर्ष के भीतर-ही-भीतर सुदूर पंजाब तक गाया जाने लगा था और अब भी गाया जाता है। इन बातों के लिए श्री क्षितिमोहन सेन का 'मध्ययुग में राजस्थान और बंगाल का आध्यात्मिक सम्बन्ध' (गौ ही. ओझा अभिनन्दन ग्रन्थ) देखिए।

विवाह बड़ी धूमधाम से कराया है। महाप्रभु वल्लभाचार्य ने इस आन्दोलन को और जोर दे दिया।

अब हम अलंकार-सम्प्रदाय की बातों पर विचार करेंगे। बंगाल में चैतन्य-युग के बाद ही वैष्णव आलंकारिकों का विकास हुआ है। हम अन्यत्र लिख चुके हैं कि इन आलंकारिकों का कोई भी प्रभाव हिन्दी-आलंकारिकों पर नहीं पड़ा। सच पूछा जाय तो 'रस-ग्रन्थों' की रचना हिन्दी में पहले ही होने लगी थी। ब्रजभाषा में गोपियों और कृष्ण की नाना लीलाओं का वर्णन पहले से ही होता आ रहा था। हिन्दी-रसाचार्यों ने उदाहरण के लिए इन लीलाओं को ठीक उसी तरह उद्धृत किया जिस प्रकार मम्मट आदि ने कालिदास के शिव-पार्वती-परिणय सम्बन्धी श्लोकों को उद्धृत किया था। एक नवीनता यह आ गयी कि मम्मट आदि अन्य कवियों की रचना उद्धृत करते थे, पर ये अपनी ही रचना उद्धृत करने लगे। विश्वनाथ कुछ दूर तक इस प्रथा के लिए उत्तरदायी हो सकते हैं। बाद में वर्गीकरण करके कविता करना एक सरल उपाय समझा गया और हिन्दी में रस-ग्रन्थों की बाढ़ आ गयी। हमारा खयाल है कि पण्डितराज जगन्नाथ इस बात में ब्रजभाषावालों से प्रभावित हुए थे।

ऊपर हमने जो कुछ कहा है, उसका सारांश यह है कि वैष्णव-धर्म शास्त्रीय धर्म की अपेक्षा लोक-धर्म अधिक है। हिन्दी-साहित्य के लोक-गीतों में इसका प्रवेश वल्लभाचार्य के बहुत पहले हो गया था। इन्हीं गीतों का विकसित और सुसंस्कृत रूप सूरसागर के अन्तर्गत विद्यमान है। अन्य सभी अशास्त्रीय या लोकधर्मों,—बौद्ध, जैन–यहाँ तक कि उपनिषदों के धर्म, की भाँति इसकी जन्मभूमि भी बिहार, बंगाल और उड़ीसा के प्रान्त हैं। वल्लभाचार्य या चैतन्यदेव प्रभृति ने इस लोक धर्म को शास्त्र-सम्मत रूप दिया। ज्योंही उसने एक बार शास्त्र का सहारा पाया त्योंही विद्युत् की भाँति इस छोर से उस छोर तक फैल गया, क्योंकि असल में उसके लिए क्षेत्र बहुत पहले से ही तैयार था। जब शास्त्र-सम्मत होकर इसने अपना पूरा प्रभाव विस्तार किया तो आलंकारिकों और रसाचार्यों ने भी उसको अपने शास्त्र का आलम्बन बनाया। असल में यह कहीं बाहर से आयी हुई चीज़ नहीं है। भारतीय साधना की जीवन-शक्ति के रूप में यह धारा नाना रूपों में प्रकट हुई थी। मध्ययुग के वैष्णव-धर्म ने इसे जो रूप दिया वह महायान-भक्ति का विकसित और मार्जित रूप था। इस भक्ति-साहित्य ने संसार के साहित्य में एक नयी वस्तु दान की और वह यह कि आध्यात्मिक तथा कला-सम्बन्धी सभी साधनाओं का लक्ष्य विचित्र रूप से एक है; जो ज्ञान का विषय है, वही भक्ति का और वही रस का।

प्रेम-तत्त्व

1. जयदेव, विद्यापति और चण्डीदास की राधा

सूरदास की कविता का मर्म समझने के लिए उनके पूर्ववर्त्ती तीन कवियों की रचनाओं से तुलना करेंगे। इस तुलना का लक्ष्य किसी कवि का उत्कर्ष-अपकर्ष दिखाना नहीं है; केवल सूरदास का विशेष दृष्टिकोण स्पष्ट करने-भर से ही यहाँ मतलब है। जिन तीन कवियों की चर्चा की जायगी, वे हैं—जयदेव, विद्यापति और चण्डीदास। ये तीनों ही राधा-कृष्ण के प्रेम में मत्त मधुर रस के उपासक थे। तीनों ही परकीया-भाव से राधा की वर्णना करते हैं, तीनों ने ही जिस भाषा का आश्रय लेकर कविता की है उस भाषा के साहित्य को धन्य कर दिया है। संस्कृत-वाङ्मय को जयदेव पर अभिमान है, मैथिली को विद्यापति पर नाज़ है और बंगला-साहित्य चण्डीदास पर लट्टू है। चैतन्यदेव इन तीनों कवियों की कविताओं को सुनकर प्रेम-गद्गद हो उठते थे। इसलिए इन सुकवियों की कविता के साथ हिन्दी के भक्तिरस की तुलना अनुचित नहीं होगी।

सबसे पहले इन कवियों की वर्णित राधा को लिया जाय। परम्परा के अनुसार जयदेव राधा की परकीया-भाव से उपासना करते थे, पर उनकी पुस्तक 'गीत-गोविन्द' में इस बात का पोषक प्रमाण नहीं पाया जाता। यहाँ हम देखते हैं कि प्रेम का अबाध वेग है, जिसमें लोक-लाज का कोई स्थान नहीं है। वसन्त-काल में वासन्ती कुसुमसम सुकुमार अवयवों से सुसज्जिता होकर प्रेम-विह्वला राधिका कृष्ण को पागल की भाँति खोजती फिरती हैं। सखियों से कृष्ण के मिला देने का अनुरोध करते समय वे एक बार कह जरूर जाती हैं कि 'मुझे उस कृष्ण से मिला दो जो प्रथम समागम से लज्जिता मुझको शत-शत चाटु वाक्यों से प्रसन्न करेंगे—प्रथमसमागमलज्जितया पटु चाटुशतैरनुकूलम्',—पर इस प्रथम समागम की लज्जा में नवोढ़ा की लज्जा नहीं है। जयदेव की राधा शुरू में ही कुछ प्रगलभा-सी जान पड़ती हैं। वह जानती हैं कि श्रीकृष्ण बहु-वल्लभ हैं, स्वच्छन्द भाव से अन्यान्य ब्रज-सुन्दरियों के साथ रमण कर रहे हैं, तथापि उन्हें कृष्ण चाहिए ही, बिना कृष्ण के जीना असम्भव है। उस 'प्रचुर-पुरन्दर-धनुरनुरंजित-मेदुर-मदिर-सुवेशम्' के बिना विश्वब्रह्माण्ड फीका है; भले ही वह शठ हों, भले ही वह 'गोप-कदम्बनितम्बवती-मुख-चुम्बनलम्भित-लोभ' हों—पर वह मिलें ज़रूर।

पर विद्यापति की राधा विलास-कलामयी हैं, किशोरी हैं। यौवन का ईषद् उद्भेद हुआ है, रूप-लावण्य की दीप्ति से दीप्त हैं। वयःसन्धि की अवस्था है, शैशव और यौवन दोनों मिल गये हैं, आँखों ने कान का रास्ता ले लिया है, वचन में चातुरी आ गयी है, हँसी की रेखा अधरों पर खेलने लगी है—पृथ्वी पर आसमान का चाँद प्रकाशित हो उठा है:

शैशव यौवन दुहुँ मिलि गेल,
श्रवन क पथ दुहुँ लोचन लेल।
वचन क चातुरी लहु-लहु हास,
धरनीए चाँद करत प्रकाश !

अपूर्व है वह रूप-माधुरी !

छने छने नयन-कोन अनुसरइ।
छने छने वसन धूलि तनु भरइ।
छने छने दसन-छटाछुट हास।
छने छने अधर आगे करु वास।।

यही नहीं :

जाहाँ जाहाँ पदयुग धरइ,
ताहीं ताहीं सरोरुह भरइ।
जाहाँ जाहाँ झलकत अंग,
ताहाँ ताहाँ बिजुरी तरंग।

किस विधाता ने रचना की है इस बाला की :

सुधामुखि के बिहि निरमिल बाला।
अपरुप रूप मनोभव-मंगल
त्रिभुवन-विजयी माला।
सुन्दर वदन चारु अरु लोचन
काजरे रंजित भेला।
कनक कमल माझे काल भुजगिनि
शिरियुत खंजन खेला।

सचमुच विद्यापति की राधा एक अपूर्व सृष्टि है ! विधाता ने केवल रूप ही नहीं दिया है, इस रूप के अनुरूप ही हृदय है। वैसी लीला, वैसा ही विभ्रम ! कृष्ण उस रूप-माधुरी को निहारते ही रह जाते हैं, आशा नहीं पूजती ! आधा आँचल खिसका है, आधे मुँह तक हँसी आकर रुक गयी है, आधी आँखों तक आनन्द-तरंग आकर रुद्ध हो गयी है, अर्द्धोद्भिन्न उरोज पर दृष्टि बँध गयी है, आधा ही आँचल भरा हुआ है, फिर प्रेम की ज्वाला से प्रेमी क्यों न दग्ध हो जाय ? मोतियों की भाँति झलकती हुई दसन-पंक्ति पर प्रवाल-अधर मिल गये हैं और इस रूप और विभ्रम की अवतार किशोरी मृदु भाषा में बातें कर रही है—इसे देखकर श्रीकृष्ण की आशा कैसे पूजे ?—

आध आँचर खसि आध वदन हाँसि आध हि नयन तरंग।
आध उरज हेरि आध आँचर भरि तन धरि दगधे अनंग।
दसन मुकुता पाति अधर मिलायत मृदु-मृदु कहत हि भाषा।
विद्यापति कह अतए से दुख रह हेरि-हेरि ना पुरल आशा।

विद्यापति की यह राधा नवीन प्रेमोल्लास में विह्वल हैं—कृष्ण इस रूप प-

मुग्ध हैं। राधा और कृष्ण के संयोग-चित्र को विद्यापति ने बहुत ही सुन्दर अंकित किया है। राधिका का विरह भी हृदय-स्पर्शी है, पर विरह के बाद का मिलन तो अपूर्व है। राधिका का सारा हृदय-सौन्दर्य उसमें फूट पड़ा है :

कि कहब रे सखि आनन्द ग्रोर,
चिर दिने माधव मन्दिर मोर !

बहुत दिनों पर माधव राधिका के मन्दिर में आये हैं। आह, उस आनन्द को राधिका कैसे बतावें ! —

दारुन वसन्त जत दुख देल,
हरिमुख हेरइते सब दुख गेल,
पाप सुधाकर जत दुख देल,
पिया मुख दरसने तत सुख भेल।
यतहुँ आछिल मोर हृदयक साध,
से सब पूरल हरि परसाद।
रभस आलिगने पुलकित भेल,
अधरक पाने विरह दूर गेल ॥

महाप्रभु चैतन्य इस पद को पढ़-पढ़कर व्याकुल हो उठते थे :

व्याकुल होइया प्रभु भूमि ते पड़िला !

चण्डीदास की राधा ऐसी नहीं हैं। उनका हृदय प्रेम से पूर्ण है। श्याम का नाम सुनते ही वे पागल हो जाती हैं। यह मधुर नाम कान में प्रवेश करके उनके मर्म को स्पर्श करता है, नाम जपते-जपते वह कृष्ण को पाने के लिए व्याकुल हो जाती हैं :

सइ, केवा शुनाइल श्याम नाम
कानेर भितर दिया मरमे पशिल गो
आकुल करिल मोर प्रान।
ना जानि कतेक मधु श्याम नामे आछे गो
वदन छाड़िते नाहि पारे।
जपिते-जपिते नाम अवश करिल गो
केमने पाइब सइ तारे।

चण्दीदास की राधा का प्रेम अनुपम है, स्वर्गीय है, इस राधा में जयदेव की प्रगल्भा विलासवती राधा की छाया भी नहीं है, विद्यापति की रूप-मधुरा किशोरी का निशान भी नहीं है; यह विशुद्ध प्रेम की मूर्त्ति है। चण्डीदास कहते हैं कि हमने ऐसी प्रीति न कहीं देखी है, न सुनी है। दोनों के प्राण प्राणों से बँधे हैं, विच्छेद की भावना से दोनों ही रो रहे हैं, क्षण-भर न देखने से मरण हो जाता है :

एमन पिरीति कभू देखि नाइ शुनि,
पराने परान बाँधा आपनि आपनि।

दुहुँ कोडे दुहुँ काँदे विच्छेद भाविया
तिल आध ना देखिले जाय जे मरिया[1]।

राधा ने कृष्ण को संकेत किया है—मिलने का। अनेक पुण्यफलों का उदय हुआ, प्रीतम मिलने के लिए संकेत-स्थल पर आ गया। इस समय घोर अन्धकार था, भयानक मेघ-वर्षण हो रहा था, फिर भी न जाने कैसे बन्धु (मित्र) आ ही गया। पर हाय, राधा स्वाधीन तो नहीं है, घर में गुरुजन हैं, दारुण ननद है, प्रिय से कैसे मिलन हो! आँगन में बन्धु (प्रिय) भीग रहा है, देखकर छाती फटी जाती है, पर बाहर कैसे आवे? हाय-हाय! संकेत करके प्रिय को कितनी यातनाएँ दी हैं। राधिका बन्धु की प्रीति और उसका दुःख देखकर व्याकुल होकर कहती हैं—ऐसा मन में आता है कि सिर पर कलंक की डाली लेकर घर में आग लगा दूँ। वह हमारा प्रेमी अपने दुःख को सुख समझता है, केवल हमारे दुःख से दुःखी है:

सई, कि आर बलिब तोरे।
अनेक पुन्यफले, से हेन बंधुया, आसिया मिलल मोरे।
ए घोर रजनी, मेघ घटा बंधू केमने आइल बाटे,
आँगिनार माझे, बंधुया तितिछे, देखिया परान फाटे।
घरे गुरुजन ननदी दारुन, विलम्बे बाहिर होइ नु,
आहा मरि-मरि, संकेत करि, कत ना यातना दिनु।
बंधूर पिरीति आरति देखिया मोर मन हेन करे,
कलंकेर डालि माथाय करिया, आनल भेजाई घरे।
आपनार दुख सुख करि माने आमार दुखे ते दुखी
चण्टीदास कहे, कानुर गिरीत शुनिया जगत् सुखी।

नाना विघ्न-बाधाओं के भीतर से चण्डीदास की प्रेमोन्मादिनी राधा चमक पड़ी हैं। वे विलास की प्रतिमा नहीं हैं, भक्ति की मूर्त्ति हैं। कृष्ण की रूप-माधुरी के ध्यान में उनका दिन कट जाता है। मेघों में प्रियतम का रंग देखकर वे व्याकुल हो जाती हैं, कोकिल में प्रिय का स्वर-साम्य देखकर वे अपने को भूल जाती हैं। विरह हो या मिलन, सर्वत्र उनमें आत्म-दान की व्याकुलता दिखायी देती है:

सती वा असती, तोमाते विदित भालो मन्द नाहि जानि।
कहे चन्दीदास, पाप-पुन्य सम तोमार चरन खानि।

राधिका की एक ही कामना है, एक ही साध—हे मेरे बन्धु, और मैं क्या कहूँ, जन्म हो या मरण, जन्म-जन्म में तुम्हीं मेरे प्राणनाथ हो। तुम्हारे चरणों ने

1. रीझे परसपर बर नारि।
कंठ भुज भुज धरे दोऊ, सकत नहीं निवारि।
गौर स्याम कपोल सुललित अधर अम्रित सार।
परसपर दोऊ पिय रु प्यारी रीझि लेत उगार।
प्रान इक द्वै देह कीन्हे भक्ति-प्रीति-प्रकास।
'सूर'-स्वामी स्वामिनी मिलि करत रंग विलास॥

मेरे प्राणों में प्रेम की फाँस बाँध दी है, सब समर्पण करके एकचित्त होकर मैं तुम्हारी दासी हो गयी हूँ :

बंधू कि आर बलिब आमि।
मरने-जीवने, जनमे-जनमे, प्राणनाथ हइओ तुमि।
तोमार चरने आमार पराने बाँधिल प्रेमेर फाँसि।
सब समर्पिया एक मन हइया निश्चय हइलाम दासी।

हे मेरे बन्धु, तुम मेरे प्राण हो। देह, मन आदि; कुल, शील, जाति मान—सर्वस्व तुम्हें सौंप दिया है। हे काले, तुम अखिलेश्वर हो, तुम योगियों के आराध्य धन हो। हम गोप-ग्वालिनी तुम्हारा भजन-पूजन क्या जानें! प्रीति-रस में तन-मन ढालकर तुम्हारे चरणों में अर्पण कर दिया है—तुम्हीं मेरे पति हो, तुम्हीं मेरी गति हो, मेरे मन को और कुछ नहीं भाता। मुझे लोग कलंकिनी कहते हैं, इसका मुझे जरा भी दुःख नहीं है। तुम्हारे लिए गले में कलंक का हार पहनने में भी सुख है। सती हूँ या असती, तुमसे कुछ छिपा नहीं है। मुझे भले-बुरे का ज्ञान नहीं; जानती हूँ केवल तुम्हारा चरण। वहाँ पाप-पुण्य समान है :

बंधू तुमि से आमार प्रान।
देह, मन आदि, तोमारो सँपेछि, कुल शील जाति मान।
अखिलेर नाथ तुमि हे कालिया, योगीर आराध्य धन।
गोप गोपालिनी हाम अति हीना, ना जानि भजन पूजन।
पिरीति रसे ते, ढालि तनु मन, दियाछि तोमार पाय।
तुमि मोर पति, तुमि मोर गति, मन नाहि आन भाय।
कलंकी बलिया डाके सब लोके ताहाते नाहिक दुख।
तोमार लागिया, कलंकेर हार गलाय परिते सुख।
सती वा असती, तोमाते विदित, भालो मन्द नाहि जानि।
कहे चण्डीदास पाप-पुन्य सम, तोहारि चरण खानि।

केवल राधा ही नहीं, कृष्ण भी प्रेम की मूर्त्ति हैं। प्रिय के संकेत पर वे आग में कूद सकते हैं, समुद्र में झाँप दे सकते हैं। भयानक काल-रात्रि और निविड़ मेघ-वर्षण उस प्रेममयी के सामने कुछ भी नहीं है। जहाँ इस प्रकार का प्रेम हो वहाँ मान कैसा? कृष्ण के लिए संसार राधामय है। घर में, वन में, शयन में, भोजन में—जहाँ देखो तहाँ राधा ही राधा :

गृह माझे राधा, कानने ते राधा, सकले राधारे देखि।
शयने भोजने गमने राधिका, राधिका सदाइ मति।

राधा के लिए भी :

श्याम सुन्दर शरन आमार श्याम श्याम सदा सार
श्याम से जीवन श्याम प्रान मन श्याम से गलार हार।
श्याम धन-बल, श्याम जाति कुल, श्याम से सुखेर निधि
श्याम हेन धन अमूल्य रतन, भाग्ये मिलाइल विधि।

सचमुच भाग्य से ऐसा धन मिलता है। ऐसे प्रियतम के ऊपर अभिमान कैसे हो ? मान करके राधा अगर बैठ भी गयीं तो कृष्ण का आकर फिर जाना असह्य हो उठता है। हाय, वह नयनों का तारा हमारी ही गलती से चला गया ! मैंने अपना सिर अपने हाथों काट दिया। हाय-हाय, मैंने मान क्यों किया था ! हे सखि, भला वह (निराश) नटवर नागर किधर चला गया ? जिस कान्ह के लिए तप और व्रत करती रहती हूँ वही मेरा अमूल्य धन मेरे पैरों पर लोट रहा था, पर हाय, मैंने पैरों से ठेल दिया ! —

आपन शिर हम आपन हाते काटिनू काहे करिनू हेन मान।
श्याम सुनागर नटवर शेखर काहाँ सखि करिल पयान।
तप बरत कत करि दिन यामिनी जो कानूको नहीं पाय।
हेन अमूल्य धन मझू पदे गड़ायल कोपे मुजि ठेलिनु पाय।

अपूर्व तन्मयता है इस राधिका में ! कृष्ण के विरह में वह योगिनी हो जाती है। हाय, कैसी है यह व्यथा ! एकान्त में बैठी रहती है, किसी की बात नहीं सुनती, सदा मेघों की ओर टकटकी लगाये रहती है, खाना-पीना छोड़ दिया है—एकदम योगिनी हो गयी है :

आलो राधार कि हलो अन्तरे व्यथा।
बसिया बिरले थाकइ एकले ना शुने काहारो कथा।
सदाइ छयाने चाहे मेघ पाने ना चले नयनेर तारा।
विरति आहारे रांगावास परे येन योगिनीर पारा[1]।

विद्यापति और चण्डीदास की राधिका की तुलना कवि-कुल-गुरु रवीन्द्रनाथ ने इस प्रकार की है—"विद्यापति की राधिका में प्रेम की अपेक्षा विलास अधिक है, इसमें गाम्भीरता का अटल स्थैर्य नहीं है। है केवल नवानुराग की उद्भ्रान्त लीला और चांचल्य। विद्यापति की राधा नवीना हैं, नवस्फुटा हैं। हृदय की सारी नवीन वासनाएँ पंख फैलाकर उड़ना चाहती हैं, पर अभी रास्ता नहीं मालूम।

1. तुलनीय—

क्यों राधा नहिं बोलति है !
काहे धरनि परी व्याकुल ह्वै, काहे नैन न खोलति है ?
कनक-बेलि-सी क्यों मुरझानी क्यों बनमाँहि अकेली है ?
कहाँ गये मनमोहन तजि कै काहे बिरह दहेली है ?
स्याम-नाम स्रवननि धुनि सुनि कै सखियन कंठ लगावति हैं।
'सूर'-स्याम आये यह कहि-कहि ऐसे मन हरषावति हैं।

और—

राधे कत निकुंजि ठाढ़ी रोवति।
दूइं जोति मुखारबिन्द की चकित चहूँ दिसि जोवति।
द्रुम साखा अवलम्ब बेलि गहि नख सों भूमि खनोवति।
मुकुलित कच तन धन की ओट ह्वै अँसुवनि चीर निचोवति।
सूरदास प्रभु तजी गर्व ते भये प्रेम गति गोवति।

कुतूहल और अनभिज्ञतावश वह जरा अग्रसर होती हैं, फिर सिकुड़े आँचल की ओट में अपने एकान्त कोमल घोंसले में फिर आती हैं। कुछ व्याकुल भी हैं, कुछ आशा-निराशा का आन्दोलन भी है, किन्तु चण्डीदास की राधा में जैसे 'नयन चकोर मोर पिते करे उतरोल, निमिखे निमिख नाहिं सय' है, विद्यापति में उस प्रकार का उतरोल (उत्तरल = चंचल) भाव नहीं है, कुछ-कुछ उतावलापन अवश्य है। नवीना का नया प्रेम जिस प्रकार मुग्ध, मिश्रित, विचित्र कौतुक-कुतूहल-पूर्ण हुआ करता है, उससे इसमें कुछ भी कमी नहीं है। चण्डीदास गम्भीर और व्याकुल हैं, विद्यापति नवीन और मधुर।" दीनेश बाबू कहते हैं कि "विद्यापति-वर्णित राधिका कई चित्रपटों की समष्टि है। जयदेव की राधा की भाँति इसमें शरीर का भाग अधिक है, हृदय का कम। किन्तु विरह में पहुँचकर कवि ने भक्ति और विरह का गान गाया है। उसके फ्रेम में बँधी हुई विलास-कलामयी राधा का चित्रपट सहसा सजीव हो उठा है···विद्यापति की राधिका बड़ी सरला है, बड़ी अनभिज्ञा।···चण्डीदास की राधिका—प्रथम ही उन्मादिनी वेश में आती हैं; प्रेम के मलय-समीर में उनका विकास हुआ है। इसके बाद प्रेम की विह्वलता, कितना कातर अश्रु-सम्पात, कितना दुःख-निवेदन, कितनी कातरोक्ति! प्रेम के दुःख का परिशोध है अभिमान, किन्तु वह तो केवल आत्मवंचना है। चण्डीदास की राधा में मान करने की क्षमता भी नहीं है। दसों इन्द्रिय तो मुग्ध हैं, मन मान करे कैसे? यह अपूर्व तन्मयता है।" धन्य हो चण्डीदास! तुम्हारी कविता धन्य है, तुम्हारी राधा धन्य हैं, तुम्हारे कृष्ण धन्य हैं और धन्य हैं हम लोग जो तुम्हारे साहित्य-पीयूष का पान कर सकते हैं।

2. सूरदास की राधा

जयदेव कहते हैं कि "यदि हरि-स्मरण में मन सरस हो, यदि विलास-कला में कुतूहल हो, तो जयदेव की मधुर, कोमल, कान्त पदावली को सुनो":

यदि हरिस्मरणे सरसं मनो यदि विलासकलासु कुतूहलम्।
मधुरकोमलकान्तपदावलीं शृणु तदा जयदेवसरस्वतीम्।

और कोई भी रसिक जिसने इस सरस्वती का रसास्वादन किया है, जयदेव की बात में रत्ती-भर भी सन्देह नहीं करेगा। जयदेव की राधा विलास-कला के कुतूहल को निःसन्देह दूर कर सकती हैं। विद्यापति की नवीन प्रेम-भरी कविता भी आपके इस कुतूहल को दूर कर सकती है। उसके गज-गमन से, उसके अपांग-वीक्षण से, उसके इन्द्रजाली पुष्पवाणों से, उसके चम्पे के फूलों की रस्सी जैसे बाहु-पाश से, उसके सुमधुर वैन से, उसके शरद्चन्द्राभ मुख-मण्डल से, जगत्पति का मनोमयूर नाच उठता है। उस अकाम की कामना पूरी हो जाती है:

गेलि कामिनी गजहु गामिनी बिहसि पलटि निहारि।
इन्द्रजालक कुसुम सायक कुहक भेलि वर नारि।

जोरि भुज जुग मोरि बेढल ततहि वयन सुछन्द।
दाम चम्पके काम पूजल जैसे शारद चन्द।

पर चण्डीदास की राधा में ये सब बातें बहुत कम हैं। उस मक्खन की पुतली को गलते देर नहीं। कान्ह ही उसके प्राण हैं, कान्ह ही जाति, कान्ह ही जीवन। कान्ह उसकी दोनों आँखों की तारा हैं। वह प्राण से भी अधिक हृदय की पुतली हैं जिसके खो जाने की आशंका उन्हें क्षण-क्षण पर व्याकुल कर देती है :

कानू से जीवन जाति प्रान धन, ए दुटि आँखिर तारा।
परान अधिक हियार पुतली निमिखे-निमिखे हारा।

विद्यापति की राधा ईषदुद्भिन्नयौवना हैं, जयदेव की पूर्ण विलासवती, प्रगल्भा और चण्डीदास की राधा उन्मादमयी, मोम की पुतली। ते तीनों ही धन्य हैं; पर और भी धन्य है वह बाल-किशोरी, वह 'लाल की बतरस लालच से मुरली लुका' धरनेवाली, वह 'आँख-मिचौनी में बड़री अँखियान के कारण बदनाम' बरसाने की छबीली वृषभानु-लली। वह बालिका है, वह किशोरी है, वह ग्वालिनी है, वह ब्रजरानी है। शोभा उस पर सौ जान से निसार है, शृंगार उसका गुलाम है, त्रैलोक्यनाथ उसकी आँखों की कोर के मुहताज हैं, फिर भी वह तद्गत-प्राणा है। विरह में वह करुणा की मूर्त्ति है, मिलन में लीला का अवतार। प्रेमी के सामने वह सरल है; गाती है, नाचती है, हिण्डोले पर झूलती है—अपने को एकदम भूल जाती है। प्रेम की गम्भीरता आनन्द-कल्लोल से भर जाती है, पर विरह में वह गम्भीर है और गोपियों की तरह उसमें उतावलापन नहीं रहता। वह सच्ची प्रेमिका है। सूरदास की राधा तीन लोक से न्यारी सृष्टि है—अपूर्व, अद्भुत, विचित्र। सुनिए, उसकी सौन्दर्य-कथा :

सुनि मोहन, तेरी प्राण पिया को बरणौं नन्दकुमार।
जो तुम आदि अन्त मेरो गुन मानहु यह उपकार।
चंद्रमुखी भौंहें कलंक बिच चन्दन तिलक लिलार।
मनु बेनी भुवंगिनी परसत स्रवत सुधा की धार।
नैन मीन सरवर आनन में चंचल करत बिहार।
मानो कर्नफूल चारा कौं रबकत बारंबार।
बेसरि बनी सुभग नासा पर मुक्ता परम सुढार।
मनु तिल-फूल अधर बिंबाधर दुहुँ बिच बूँद तुषार।
सुठि सुठान ठोढ़ी अति सुंदर सुंदरता को सार।
चितवत चुअत सुधा-रस मानो रहि गइ बूँद मँझार।
कंठसिरी उर पदिक बिराजत गज-मोतिन के हार।
दहिनावर्त देत मनु ध्रुव को मिलि नछत्र की मार।
कुच-युग कुंभ सुंडि रोमावलि नाभि सु हृद आकार।
जनि जल सोखि लयो सो सबिता जोबन गज मतवार।
रत्न-जटित गजरा बाजूबँद सोभा भुजनि अपार।

फूंदा सुभग फूल फूले मनु मदन बिटप की डार।
छीन लंक कटि किंकिनि को धुनि बाजत अति झनकार।
मौर बाँधि बैठ्यो जनु दूलह मन्मथ आसन तार।
जुगल जंघ जेहरि जराव की राजति परम उदार।
राजहंस गति चलति कृसोदरि अति नितम्ब के भार।
छिटकि रह्यो लहँगा रँग तनसुख सारी तन सुकुमार।
सूर सुअंग सुगन्ध समूहनि भँवर करति गुंजार।

सूरदास की राधा केवल विलासिनी नहीं हैं। श्रीकृष्ण के साथ उनका केवल युवाकाल का सम्बन्ध नहीं है, वे परकीया नायिका भी नहीं हैं। बहुत छोटी उम्र से वे श्रीकृष्ण के साथ गुड़ियों के खेल खेल चुकी हैं, घण्टों अपने घर न जाकर नन्द बाबा के घर में आँख-मिचौनी खेलकर समय काट चुकी हैं। उस बारी वय में ही एक गाढ़ प्रेम का आभास पाया जाता है जो खेल में, हँसी में, मान में, अपमान में, रोदन में विचित्र भाव से विकसित हो उठा है। पहले ही दिन जब बालक कृष्ण खेलने के लिए ब्रज की गलियों में निकलते हैं, इस अल्पवयस्का सखी को देखकर रीझ जाते हैं, नैन नैनों से मिल जाते हैं, ठगौरी पड़ जाती है—वह स्वर्गीय प्रेम है, वासना से रहित, निर्मल, विशुद्ध :

खेलन हरि निकसे ब्रज खोरी।
कटि कछनी पीतांबर ओढ़े हाथ लिये भौंरा चक डोरी।
मोर मुकुट कुंडल स्रवनन बर दसन दमक दामिनि छबि थोरी।
गये स्याम रवि-तनया के तट अंग लसति चन्दन की खोरी।
औचक ही देखी तहँ राधा नयन बिसाल भाल दिये रोरी।
नील बसन फरिया कटि पहिरे बेनी पीठ रुलति झकझोरी।
संग लरिकनी चलि इत आवति दिन थोरी अति छबि तन गोरी।
सूर स्याम देखत ही रीझे नैन नैन मिलि परी ठगोरी।

यह पहला दर्शन था। श्याम ने श्यामा को देखा। कैसा सुन्दर था वह रूप! गोरा शरीर, नीला वस्त्र और पीठ पर वेणी। अल्पवयस, आँखें विशाल और माथे पर रोरी। श्याम की आँखें श्यामा की आँखों में अटक गयीं। यह उलझन युवा-अवस्था की नहीं थी जिसमें वाक्य रुद्ध हो जाते हैं; यह बाल्यकाल की स्वर्गीय उलझन थी, जिसमें न झिझक है, न संकोच। श्याम ने कहा—क्योंजी, तुम हमारे साथ खेलने क्यों नहीं चलतीं, हम तुम्हारा कुछ चुरा लेंगे?—'तुम्हरो कहा चोरि हम लैहैं खेलन चलौ संग मिलि जोरी।' और फिर :

प्रथम सनेह दुहुँन मन जान्यौ।
सैन सैन कीनी सब बातैं गुप्त प्रीति सिसुता प्रगटान्यौ।

श्याम ने कहा—सखी, हमारे घर आकर मुझे खेलने को बुला लेना। तुम्हे वृषभानु बाबा की सौगन्ध, सुबह-शाम एक बार जरूर आना—'तुमहि सौंह वृष-भानु बबा की प्रात-साँझ एक फेर।' हाँ जी, तुम बड़ी सीधी जान पड़ती हो, इस-

लिए तुम्हारे साथ रहने को जी चाहता है—'सूधी निपट देखियत तुमको तातैं करियत साथ।' मगर ऐ सूरदास, इनको निपट सीधा न जानना, ये केवल बनवारी नहीं हैं, श्याम और श्यामा दोनों ही नागर और नागरी हैं, सुनते रहो इनकी मिलन कथा—'सूर श्याम नागर उत राधा नागरि दोउ मिलि गाथ।'

फिर धीरे-धीरे यह प्रेम गाढ़ से गाढ़तर हो जाता है। आँखों को विश्राम नहीं, सैन पर सैन चलते हैं, तिल-मात्र का वियोग भी असह्य हो उठता है। श्याम के प्रथम इशारे के मादक दर्शन से राधिका के कनक-कपोल व्रीड़ा के आवेग से रक्तिम हो उठते हैं। यह प्रथम संकोच का उदय हुआ है। इसके पहले बहुत-से गुड़ियों के खेल खेले जा चुके हैं; परन्तु यह रक्तिमा तो आज ही की है। कितनी स्वर्गीय है यह :

कनक बदन सुढार सुन्दरी सकुचि मुख मुसकाइ।
स्याम प्यारी नैन राचे अति बिसाल चलाइ।
सूर प्रभु के बचन सुनि सुनि रही कुँवरि लजाइ।

घर में अब अच्छा नहीं लगता, चित्त सब समय गोष्ठ में ही आबद्ध है, खान-पान भूल गया है, कभी हँसती हैं, कभी रोती हैं, माँ-बाप का भय भी लगा है, अब दोहनी लेकर गोष्ठ में जाने की बड़ी उत्कण्ठा है :

नागरि मन गई अरुझाइ।
अति विरह तनु भई ब्याकुल घर न नेकु सुहाइ।
स्याम सुंदर मदनमोहन मोहिनी-सी लाइ।
चित्त चंचल कुँवरि राधा खान-पान भुलाइ।
कबहुँ बिलपति कबहुँ विहँसति सकुचि रहति लजाइ।
मातु पितु को त्रास मानति मन बिना भइ बाइ।
जननि सों दोहनी माँगति बेगि दै री माइ।
सूर प्रभु कों खरिक मिलिहौं गये मोहिं बुलाइ।

इधर श्याम भी दोहनी के लिए व्याकुल हैं। श्याम और श्यामा दोनों ही खरिक में दोहनी लिये पहुँच गये। नन्द ने कहा—दोनों यहीं खेलो, दूर न जाना। फिर क्या था, 'जो रोगी को भावे, सो बैदा बतावे।' राधिका ने कहा, 'सुनी तुमने नंद बाबा की बात? खबरदार, मुझे छोड़के जाना मत, जरा भी हटे कि पकड़ लाऊँगी। अच्छा हुआ जो हमको सौंप गये। अब तुम्हें मैं छोड़ने की नहीं। तुम्हारी बाँह पकड़के तुम्हारी रखवाली करूँगी, नहीं तो अम्मा खीझेंगी।' श्याम ने कहा—'राधा, मेरी बाँह छोड़ दे!' यह बाल-केलि है। दोनों को पता नहीं कि वे किस ओर बहे जा रहे हैं। परन्तु, सूरदास से यह बात छिपी नहीं है कि यह भी प्रेम की घातें हैं—प्रेम, जो भविष्य में सान्द्र माधुर्य में परिणत होगा :

नन्द बबा की बात सुनौ हरि।
मोहिं छाँड़िकै कबहुँ जाहुगे ल्याऊँगी तुमको धरि।
भली भई तुम्हैं सौंपि गये मोंहि जान न दैहौं तुमको।
बाँह तुम्हारी नेक न छड़िहौं महरि खीझि हैं हमको।

मेरी बाँहि छाँड़ि दै राधा कर न उपरफट बातें।
सूर स्याम नागर नागरि सों करत प्रेम की घातें।

धन्य हो सूरदास ! तुम्हारी भविष्यद्वाणी सच निकली। उस मेघ-मेदुर सन्ध्या को नन्द ने राधिका से कहा—बेटी, श्याम को घर ले जा। दोनों ने सघन कुंज का रास्ता लिया :—

गगन घहराइ जुरी घटा कारी।
पौन झकझोर, चपला चमकि चहूँ ओर, सुवन तन चितै नन्द डरत भारी।
कह्यो वृषभानु की कुँवरि सों बोलिकै राधिका कान्ह घर लिए जा री।
दोऊ घर जाहु संग गगन भयो स्याम रंग कुँवर कर गह्यो वृषभानु बारी।
गये बन घन ओर नवल नन्दकिशोर नवल राधा नये कुंज भारी।
अंग पुलकित भये मदन तिन तन जए सूर प्रभु स्याम स्यामा बिहारी[1] ।।

इस प्रकार 'नवल गुपाल नवेली राधा नये प्रेम-रस पागे' और इस नये प्रेम की धारा-सार वर्षा से सूरसागर उद्वेलित हो उठा है :

कबहुँक बैठि अंस भुज धरिकै पीक कपोलनि दागे।
अति रस-रासि लुटावत लूटत लालच लगे सभागे ।।

× × ×

अपनी भुजा स्याम भुज ऊपरि स्याम भुजा अपने उर धरिया।
यों लपटाइ रहे उर-उर ज्यों मरकत मणि कंचन में जरिया ।।

× × ×

चूमत अंग परसपर जनु जुग चंद करत हित बार।
रसन दसन भरि चापि चतुर अति करत रंग विस्तार ।।

यहीं सूरदास विद्यापति और चण्डीदास की समान भूमि पर आते हैं। विद्यापति की राधा और चण्डीदास की राधा इसके पहले नहीं दिखायी देतीं। बाल-केलि की वर्णना में सूरदास अकेले हैं—unique। पर इस समान भूमि पर भी सूरदास की अपनी विशेषता है। राधा और कृष्ण का मिलन एकदम अनूठा है। इसमें चिन्ता नहीं, आशंका नहीं, भीति नहीं। चण्डीदास की राधा मिलन में भी विरह के त्रास से भीत हो उठती हैं, पद-पद पर विरह का भय, कलंक का भय, जुदाई की जलन ! यही भय बराबर मन में लगा रहता है कि न जाने कान्ह का प्रेम कब तिल-भर के लिए भी छूट जायगा :

एइ भय उठे मने एइ भय उठे।
ना जानि कानूर प्रेम तिले जानि छुटे ।।

प्रेमी को देखकर अभी-अभी हृदय जुड़ा जाता है, पर दूसरे ही क्षण काँप उठता

1. तुलनीय…

मेघैर्मेदुरमम्बरं वनभुवः श्यामास्तमालद्रुमैर्नक्तं
भीरुरयं त्वमेव तदिमं राधे गृहं प्रापय।
इत्थं नन्दनिदेशतश्चलितयोः प्रत्यध्वकुंजद्रुमं
राधा-माधवयोर्जयन्ति यमुनाकूले रहः केलयः ।। —जयदेव

है उसकी अमंगल की आशंका से। ऐ सखियो, श्याम अंग के शीतल पवन-स्पर्श से मेरा हृदय शीतल हो गया, तुम लोग यमुना-जल में स्नान करो ताकि उस पुण्य-फल से मेरे प्यारे का सारा अमंगल दूर हो जाय :

सई जुड़ाइल मोर हिया,
श्याम अंगेर शीतल पवन ताहार परश पाइया।
तोरा सखिगन करह सिनान आनि यमुना नीरे।
आमार बन्धुर यत अमंगल सकल याउक दूरे।

उधर विद्यापति की राधा प्रिय-मिलन का वर्णन करते-करते आनन्द-गद्गद हो उठती हैं, वह पिया की पिरीति कह भी नहीं सकतीं। अफसोस, ब्रह्मा ने उन्हें लाखों मुँह नहीं दिये। कैसी है वह प्रीति ? "पिया ने मुझे हाथ पकड़कर गोद में बैठाया और मेरे शरीर में सुगन्ध और चन्दन का लेप किया। अपने हृदय की मालती-माला उतारकर यत्नपूर्वक मेरे कण्ठ में पहना दी। अनुपम रूप से मेरे लम्बे केश बाँध दिये, उसमें चम्पे के फूलों की रस्सी लपेट दी। मधुर-मधुर दृष्टि से मुँह निहारने लगा, आनन्द-वाष्प से उसकी आँखें भर आयीं।" विद्यापति कहते हैं कि यह प्रसंग चलाते समय राधिका रात के रस-रंग में भूल गयी :

पियाक पिरीति हम कहइ नइ पार,
लाख बयान विहि ना देह्य हमार।
करे धरि पिया मोर बइठावल कोर,
सुगन्धि चन्दने तनु लेपक मोर।
आपन मालति माला हियासे उतारि,
कंठे पहिरावल यतने हमारि।
फूयल कबरी बान्धई अनुपाम,
ताहे बेढ़यल चम्पक दाम।
मधुर-मधुर दिठि हेरय बयान,
आनन्द जले परिपूरल नयान।
भनय विद्यापति इह परसंग,
धनि भूलल कह इते रजनी क रंग॥

मगर समग्र सूर-साहित्य में एक स्थान पर भी शायद राधिका का इस प्रकार का उच्छ्वसित रूप नहीं मिलेगा। प्रेम की उस आकण्ठपूर्ण कलशी में कभी भी छलक नहीं आयी। क्षण-भर के लिए विद्यापति की समान भूमि पर आकर सूरदास फिर अपने स्वाभाविक मार्ग पर आ जाते हैं। वही दिन-भर कृष्ण के साथ हास-विलास, मुरली की चोरी, माखन की बँटाई और आँखों की लड़ाई। यशोदा राधिका का वेश सँवार देती हैं, कृष्ण के साथ खेलने की आज्ञा देती हैं, युगल-मूर्त्ति का सारा दिन हँसी-खुशी में कट जाता है। न अमंगल की आशंका है, न प्रेम का उच्छ्वास, यह सृष्टि अद्भुत है। राधिका देर से घर पहुँचती हैं, माता को नये प्रेम का सन्देह होता है; माता डाँटती है :

काहे को तुम जहँ तँह डोलति हमको अतिहिं लजावति।
अपने कुल की खबरि करौ धौं सकुच नहीं जिय आवति।

मगर प्रेम गाढ़ से गाढ़तर होता जाता है। पनघट पर ठठोली होती है, रास्ते में छेड़छाड़, पर कहीं भी यह प्रेम उच्छ्वास के रूप में फूट नहीं पड़ता। मानो इन सारी लीलाओं में कोई विचित्रता नहीं, मानो ये इतनी स्वाभाविक बातें हैं कि कभी किसी से कहने की कोई आवश्यकता नहीं। बिना किसी हिचकिचाहट के जोर देकर कहा जा सकता है कि इस प्रकार का अपने-आपमें भरपूर प्रेम सूरदास की ही लेखनी की करामात है। प्रेम के सवा लाख गानों का समुद्र एक बार भी उद्वेलित नहीं हुआ, कहीं भी निर्मर्याद नहीं हुआ! चाँद के संयोग में वह उफन उठता है, पर उद्वेलित नहीं होता; विरह में वह तरंग-लोल हो जाता है, पर मर्यादा नहीं त्यागता। विरह के दो-चार पदों को देकर हम इस बात की यथार्थता की जाँच करेंगे।

'सूरसागर' पर एक सरसरी निगाह दौड़ाने पर भी यह स्पष्ट हो जायगा कि सूरदास की राधिका न तो विलासिनी हैं और न ग्वालिन। इन दोनों रूपों का एक विचित्र सामंजस्य ही मानो सूरदास का अभीष्ट प्रतिपाद्य है। राधा जब कृष्ण के साथ खेलती हैं, हँसती हैं, रोती हैं, छेड़छाड़ करती हैं तो एक शुद्ध प्रेममयी के रूप में दिखायी देती हैं। यद्यपि सूरदास इस बाल-लीला के भावी रूप की ओर इशारा कर देने में कभी नहीं चूकते। कृष्ण माता से कहते हैं—"माँ, राधिका बड़ी चोर है, हमारी मुरली चुरा ले जायगी, इसे सम्हालके रख।" यशोदा कह उठती हैं—"मेरे लाल के प्राण खिलौना ऐसो को ले जैहैं री।" इसी तरह राधिका अपनी माँ से कहती हैं—"माँ, भारी दुष्ट है वह कान्ह, सारा दही ढरका देता है, मैं उस रास्ते नहीं जाऊँगी।" माँ बोल उठती हैं—"क्या हुआ, दही की क्या कमी है, तू उदास न हो।" पर सूरदास दोनों ही जगह अपने पाठकों को आगाह कर देते हैं कि इनकी बात सुनते रहो, ये दोनों ही नागर हैं! राधा मान करती हैं। हजार मनाने पर नहीं मानतीं। दूतियाँ थक जाती हैं, कृष्ण मूर्च्छित हो जाते हैं, पर यह मान उनके मान का नहीं रहता। चण्डीदास की राधिका इसके बहुत पहले पानी-पानी हो गयी होतीं—कह उठतीं, छि-छि, इस दारुण मान के लिए मैंने प्यारे को खो दिया था, श्यामसुन्दर के मनोहर रूप को देखकर जी में जी आया!

छि छि दारुण मानेर लागिया बंधूने हाराये छिलाम
श्यामसुन्दर रूप मनोहर देखिया परान पेलाम।

विद्यापति की राधा कृष्ण को देखते ही गद्गद हो उठतीं :

दुहु मुँह हेरइत दुहु भेल धन्य।

परन्तु सूरदास की राधा मानिनी हैं—दारुण मानिनी। इस मानिनी ने ज्यों ही सुना कि कृष्ण दरवाजे पर से लौटे जा रहे हैं, बस सारा मान भंग हो गया। परन्तु मान भंग होते ही दौड़के मिल नहीं गयीं। प्रिय को प्रसन्न करना ही है तो जरा अच्छी तरह सजकर क्यों न चला जाय। इतनी देर तक उन्होंने प्रतीक्षा की है, जरा और कर लेंगे। राधिका शृंगार करने लगती हैं और सखी से सन्देशा कह देती हैं :

ताहि कह्यो सुख दै चलि हरि को हौं आवति हौं पाछे।

और फिर वह श्रृंगार किया—जिसका नाम !

रत्न-जटित गजरा बाजूबँद शोभा भुजन अपार
फूँदा सुभग फूल फूले मनों मदन विटप की डार।
छिटकि रह्यो लहँगा रँग ता सँग तन सुखवत सुकुमार
सूर सुअंग सुगंध समूहनि भँवर करत गुंजार।

मगर इस मान की सारी दृढ़ता इस विश्वास पर निर्भर है कि कृष्ण उनके ! और उन्हीं के हैं। यही मानिनी कृष्ण के मथुरा-गमन के बाद :

आजु रैनि नहिं नींद परी।
जागत गनत गगन के तारे रसना रटत गोबिंद हरी।
वह चितवन वह रथ की बैठन जब अक्रूर की बाँह गही।
चितवत रही ठगी-सी ठाढ़ी कहि न सकति कछु काम-दही।
इतनो मन व्याकुल भयो सजनी आरज पंथहु ते बिडरी।
सूरदास प्रभु जहाँ सिधारे कितिक दूर मथुरा नगरी।

सूरदास की राधा का हृदय-सौन्दर्य देखना हो तो उद्धव का प्रसंग देखिए। गोपियों ने क्या-क्या नहीं कहा ? कृष्ण को भी कहा, उद्धव को भी कहा। बेचारे भौंरे की तो दुर्गति ही कर डाली। पर हाय, राधिका ने क्या कहा ? उस बरसाने की चोरटी ने कुछ भी नहीं कहा—कुछ भी नहीं। उद्धव के रथ को देखकर गोपियों ने समझा था, श्यामसुन्दर आ गये। एक दौड़ी-दौड़ी राधिका के पास भी पहुँची। राधा ने सुना पर दौड़ी नहीं गयीं—चुप-सी रह गयीं। उद्धव जब लौटकर मथुरा गये तो उन्होंने समाचार कहते समय कह दिया कि मेरा रथ देखकर गोपियाँ दौड़ीं; सबके आगे थीं राधा :

एक सखी उनमें जो राधा जब हौं इहँ ते गयौ।
तब ब्रजराज, सहित गोपी गन आगे ह्वै जो लयौ।

पर यह उनकी भूल थी। बाद में उन्होंने कहा कि राधिका दरवाजे पर खड़ी थीं। जो मानिनी अपने मान में इतनी दृढ़ रही वह दो कदम भी आगे न बढ़ सकी। हाय :

चलत चरन गहि रही गई गिरि, स्वेद सलिल भयभीनी
छूटी बट भुज फूटी बलया टूटी लर फटी कंचुक झीनी।

और :

जब सँदेसा कहन सुंदरि गवन मो तन कीन।
खसी मुद्रा चरन अरुझी गिरी भुवि बलहीन।
कंठ बचन न बोलि आवै हृदय परिहस भीन।
नैन जल भरि रोइ दीनो ग्रसित आपद दीन।
उठी बहुरि सँभारि भट ज्यों परम साहस कीन।
सूर, प्रभु कल्याण ऐसे जिवहि आसा लीन।

यह है वह प्रेम-सागर जिसमें कभी चंचलता नहीं आयी। जिन आँखों को देख कर कितनी ही बार नट-नागर मूर्च्छित हो पड़े थे—'कहुँ मुरली कहुँ लकुट पर्‌यौ अरु कहुँ पट कहूँ चन्द्रिका गौर।' जिस दशा को देखकर चकित सूर ने पूछा था—'राधे तेरे नैन किधौं री बान?" उन्हीं आँखों को उद्धव ने किस रूप में देखा?—

'देखी मैं लोचन चुअत अचेत।'
'उमँगि चले दोऊ नैन बिसाल:'
'नैन घट घटत न एक घरी।'
'नैननि होड़ बदी बरसा सों।'

और:

तुम्हरे बिरह ब्रजनाथ राधिका नैनिन नदी बढ़ी।
लीने जात निमेष कूद दोउ एते मान चढ़ी।

परन्तु इस व्याकुल विरहिणी का कोई भी सन्देशा उद्धव न कह सके। प्रियतम के मित्र से आखिर राधा क्या कहतीं! यह बात नहीं है कि राधिका के पास कोई सन्देशा नहीं था। उद्धव की जगह अगर अन्य कोई पथिक होता तो वे सन्देशा दे सकती थीं:

सुरति करि ह्वाँ की रोइ दियौ।
पंथी एक देखि मारग में राधा बोलि लियौ।

परन्तु सन्देशा कहते समय:

गद्‌गद कंठ हियो भरि आयौ बचन कह्यौ न दियौ।

यह पंथी उद्धव नहीं था। सम्भालकर राधा ने जो सन्देशा दिया, उससे:

अपि द्रावा रोदित्यपि गलति वज्रस्य हृदयम्!

क्या था वह सन्देशा? यही कि,

इतनी बिनती सुनहु हमारी बारक हू पतिया लिखि दीजै।
चरन-कमल दरसन तव नौका करुना-सिंधु जगत जस लीजै।

यह केलि-कलावती का सन्देशा नहीं है, यह विलासिनी का अनुरोध नहीं है, यह एकान्त आश्रित भक्त की करुण पुकार है। हाय, इस सन्देशे में कितनी करुणा है, कितनी विवशता है!

सूरदास प्रभु आस मिलन की एक बार आवन ब्रज कीजै।

पर उद्धव तो प्रिय के अपने मित्र थे। कालिदास ने कहा है कि स्वजन के सामने दुःख दरवाजा तोड़के निकल पड़ता है:

स्वजनस्य हि दुःखमग्रतो विवृतद्वारमिवोपजायते।

फिर ऐसी अवस्था में सन्देश क्या?

गोपियों ने कृष्ण को दोष देना शुरू किया। प्रेम की साक्षात् मूर्त्ति वह ब्रज सुन्दरी बोल उठी:

सखी री, हरिहिं दोष जनि देहु।
ताते मन इतनो दुख पावत मेरोइ कपट सनेहु।

क्योंकि :

तदपि सखी ब्रजनाथ बिना उर फाटि न हो बड़ बेहु ।

इस चित्र का और भी अधिक स्पष्टीकरण कुरुक्षेत्र के मिलन में हुआ है । सखी ने राधिका को श्रीकृष्ण के आने का समाचार सुनाया। सुनकर राधिका की आँखों में आँसू भर आये। श्याम यद्यपि निकट आ गये हैं, फिर भी कौन जाने उनसे कब मिलन होगा :

राधा नैन नीर भरि आए ।
कब धौं मिलैं श्यामसुन्दर सखि जदपि निकट हैं आए ।

श्यामसुन्दर निकट तो आ गये हैं, पर मिलन तो उनकी इच्छा पर अवलम्बित है । कौन जाने उन्हें हमारे प्रेम की आवश्यकता ही न हो ! उन्होंने अब तक छोड़ दिया था, राधिका ने उनसे फरियाद नहीं की, तो आज भी नहीं करेंगी। राधिका का प्रेम उन्हें पूर्णता तक पहुँचाने के लिए है, बोझ होने के लिए नहीं । यदि उन्हें ज़रूरत होगी, वे खुद आयेंगे । पर राधिका अपने एकान्त-रक्षित प्रेम-निधि को सहज ही नहीं खोल देंगी । वे आवें, अगर उनमें कोई अपूर्णता रह गयी हो; वे न आवें, अगर वे अपने को पूर्ण समझते हों; राधिका का तो एक ही काम है प्रेम करना, विरह की आग में जलना और मिलन की आशा में जीना । वे स्वयं नहीं जायेंगी।

राधा आगे नहीं गयीं । महाराज श्रीकृष्णचन्द्र आज अपनी पट्टमहिषी रुक्मिणी के साथ पधारे हैं । ये गोपाल नहीं, नटवर नहीं, बनमाली नहीं, मुरलीधर भी नहीं हैं। पौर-युवति का कर्त्तव्य है, आचार-लाजा से महाराज की मंगल अभ्यर्थना करना । राधा भी युवतियों में खड़ी हो गयीं ।

रुक्मिणी श्रीकृष्ण से पूछती हैं :

···पिय, इनमें को बृषभानु-किसोरी ?
नैंकु हमैं दिखरावहु अपनी बालापन की जोरी ।
परम चतुर जिन कीन्हें मोहन अल्प बैस ही थोरी ।
जाके गुन गनि गुथति माल कबहूँ उर ते नहिं छोरी ।

इस पर श्रीकृष्ण ने युवति-वृन्द में खड़ी राधिका को दिखाया :

देखो जुवति बृन्द में ठाढ़ी नील बसन तनु गोरी ।
सूरदास मेरो मन वाकी चितवन देखि हर्यौरी ।

सचमुच वह चितवन ऐसी ही रही होगी । दो कदम आगे ही अपने एकान्त जीवन का परम आराध्य खड़ा था, पर उसके मिलने की हौंस मन ही में दुबककर रह गयी थी । वही कृष्ण हैं जिनके साथ गुड़ियों के खेल खेले थे, पनघट पर छेड़-खानियाँ हुई थीं, दान देने-लेने के बतरस में आँखों की तनातनी हुआ करती थी, मुरली के लिए हाथापाई हो जाती थी, यमुना का तट और कदम्ब-कुंज रसमय हो उठते थे, वृन्दावन रास के उमंग में गहगहा उठता था—जो सबसे निकट थे वही आज कितनी दूर हैं ! आज कृष्ण महाराज हैं, उनके साथ में लाव-लश्कर का अन्त नहीं, हाथी-घोड़ों की भीड़ लगी है, बड़ी-बड़ी रानियाँ उनका मनोरंजन कर रही हैं, जो सहज थे आज वे दुर्गम हैं। प्रेमिका की करुण चितवन को श्रीकृष्ण जैसा

प्रेमी समझ सकता था और समझ सकता था 'सूर' जैसा सम्यग्दृष्टिसम्पन्न पारखी।

अन्त में महाराज श्रीकृष्ण रथ से उतरे। राधिका के भाग्य जंगे। बहुत दिनों का खोया रत्न मिला। मगर बाधा नहीं गयी :

सूर देखि वा प्रभुता उनकी कहि नहिं आवै बात।

श्रीकृष्ण ने इसे समझा, रुक्मिणी ने इसका अनुभव किया। पतिपरायण पट्ट-महिषी राधिका की बगल में बैठ गयीं—रानी की तरह नहीं, बहन की तरह। फिर अपने घर लिवा गयीं, नाना भाँति का आतिथ्य किया। अब सूरदास के प्रभु उस महल में पधारे जहाँ दोनों ठकुरानियाँ बैठी थीं :

रुकमिनि राधा ऐसे भेंटी।
जैसे बहुत दिनन की बिछुरी एक बाप की बेटी।
एक सुभाउ एक बय दोऊ दोऊ हरि कौं प्यारी।
एक प्रान मन एक दुहुँन को तन करि दीसत न्यारी।
निज मन्दिर लै गई रुकमिनी पहुनाई-बिधि ठानी।
सूरदास प्रभु तहँ पग धारे जहँ दोऊ ठकुरानी।

और फिर :

राधा माधव भेंट भई।

दोनों एक-दूसरे की चिन्ता में तन्मय हो गये, तद्रूप हो गये। जैसे भ्रमरी की अनवरत चिन्ता करनेवाला कीट भी भ्रमरी हो जाता है। राधा माधव बन गयीं और माधव राधा। माधव राधा के रंग में रँग गये, राधा माधव के और हँसकर माधव बोले—हममें तुममें अन्तर क्या है ?

राधा माधव भेंट भई।
राधा माधव माधव राधा कीट-भृंग-गति ह्वै जु गई।
माधव राधा के रंग राँचे राधा माधव रंग रई।
माधो राधा प्रीति निरन्तर रसना करि सो कहि न गई।
बिहँसि कह्यौ हम तुम नहिं अन्तर यह कहि कै उन ब्रज पठई।
सूरदास प्रभु राधा-माधव ब्रज विहार नित नई-नई।[1]

भगवान् तो बोले; पर, हाय, राधा ने क्या कहा ? बरसाने की उस मुखर बाला के मुँह में शब्द नहीं थे। प्रियतम के जाने पर पछताकर रह गयीं :

1. तुलनीय—

शतेक वरष परे बंधुआ मिलल धरे राधिकार अन्तरे उल्लास।
हारानिधि पाइनू बलि, लइया हृदये तुलि, राखिते ना सहे अवकाश।

× × ×

मिलल दुहुँ तनु कि वा अपरूप।
चकोर पाइल चाँद, पातिया पिरीति फाँद, कमलिनी पावल मधुप।
रस भरे दुहु तनु, थर-थर काँपइ, झाँपइ दुहुँ दोहा आवेशे भोर।
दुहुक मिलने आजि, निभायल अनल, पावल विरहक ओर॥ —चण्डीदास

करत कछु नाहीं आजु बनी।
हरि आए हौं रही ठगी-सी जैसे चित्र धनी ॥
आसन हरषि हृदय नहिं दीन्हौ कमल कुटी अपनी।
न्यौछावर उर अरघ न नैननि जल-धारा जु बनी ॥
कंचुकि तें कुच-कलस प्रकटि ह्वै टूटि न तरक तनी।
अब उपजी अति लाज मनहिं मन समुझत निज करनी ॥
मुख देखत न्यारी-सी रहि गई बिनु बुधि मति सजनी।
तदपि सूर मेरी यह जड़ता मंगल माहिं गनी ॥

यह हैं सूरदास की राधा ! भारतवर्ष के किसी कवि ने राधा का वर्णन इस पूर्णता के साथ नहीं किया। बाल-प्रेम की चंचल लीलाओं की इस प्रकार की परिणति सचमुच आश्चर्यजनक है। संयोग की रस-वर्षा के समय जिस तरल प्रेम की नदी बह रही थी, वियोग की आँच से वही प्रेम सान्द्र-गाढ़ हो उठा। सूरदास की यह सृष्टि अद्वितीय है। विश्वसाहित्य में ऐसी प्रेमिका नहीं है—नहीं है।

3. सूरदास की यशोदा

'सूरसागर' की तुलना महाभारत से की जा सकती है। महाभारत कहानियों, घटनाओं, व्याख्यानों और उपदेशों का विशाल समुद्र है। ग्रन्थकार को किसी भी बात को कहने के लिए कोई जल्दी नहीं है। एक ही बात अगर दस बार भी कह दी गयी तो उसे क्षोभ नहीं होता। उसे बिल्कुल परवा नहीं है कि मूल कथा का सूत्र कहाँ छिन्न होता है और फिर कहाँ युक्त होता है। पर इन सारी कहानियों, घटनाओं आदि के कारण महाभारत इतना सजीव काव्य हो गया है कि उसका सामान्य से सामान्य कोटि का पाठक विभिन्न चरित्रों की विशेषताओं को बता सकता है। एक बालक भी एक घटना का आभास पाकर कह सकता है कि इस विषय पर भीम, भीष्म, युधिष्ठिर, अर्जुन, दुर्योधन, शकुनि और द्रौपदी आदि के क्या मत होंगे। चरित्रों की इस विपिनस्थली का एक भी चरित्र दूसरे के साथ एकरूप नहीं दीखता—coincide नहीं करता। ठीक यही बात 'सूरसागर' के सम्बन्ध में कही जा सकती है। सूरदास को समय की कमी नहीं है, वे एक की जगह दस पद गा सकते हैं, उन्हें कुछ भी त्वरा नहीं और कुछ भी हिचक नहीं। फल यह हुआ है कि उनकी राधा, उनके कृष्ण, उनकी यशोदा, उनके नन्द और उनके उद्धव अपना-अपना विचित्र व्यक्तित्व रखते हैं। गोपियों के अलग-अलग नाम लेकर उन्होंने नहीं कहा, पर अगर परिश्रम किया जाय तो 'सूरसागर' के पदों का इस प्रकार वर्गीकरण किया जा सकता है कि इन गोपियों में दस-बीस प्रकृति की गोपियाँ मिल सकती हैं। ऐसा जान पड़ता है कि ग्रन्थकार ने अपने मन में अलग-अलग व्यक्तित्व की गोपियाँ कल्पित की हैं; पर जान-बूझकर उनका अलग-अलग नाम नहीं दिया।

'सूरसागर' में गोपियों का इतना विस्तृत वर्णन है कि उसे स्त्री-चरित्र का

काव्य कहें तो अनुचित न होगा। उसमें मातृ-रूप का अभूतपूर्व चित्र उतरा है। प्रेमिका का, कामिनी का, पत्नी का, लड़की का, रानी का, ग्वालिन का और पर-स्त्री का इतना सुन्दर रूप शायद ही किसी एक काव्य में स्पष्ट हुआ हो। कहा जाता है कि सूरदास बाल-लीला वर्णन करने में अद्वितीय हैं; मैं कहूँगा, सूरदास मातृ-हृदय का चित्र खींचने में अपना सानी नहीं रखते। कहा गया है कि सूरदास प्रेम के स्वरूप के अपूर्व पारखी थे; मैं कहता हूँ, प्रेमिका के हृदय-सौन्दर्य का तटस्थ भाव से चित्रण करने में सूरदास के साथ संसार के कुछ ही कवियों की गणना हो सकती है।

'सूरसागर' के दो चित्र संसार के साहित्य में बेजोड़ हैं—यशोदा और राधिका। यशोदा के वात्सल्य में वह सब-कुछ है जो 'माता' शब्द को इतना महिमाशाली बनाये है। राधिका के चित्र में 'प्रेम' का अथ से इति तक सर्वस्व निहित है। अभागा है वह मनुष्य जिसने हिन्दी समझने की शक्ति रखकर मातृ-हृदय के उस स्वर्गीय प्रेम को नहीं देखा :

मेरे कुँवर कान्ह बिनु सब कछु वैसेहि धर्‌यौ रहै।
को उठि प्रात होत लै माखन को कर नेति गहै॥
सूने भवन जसोदा सुत के गुन गुनि सूल सहै।
दिन उठि घर घेरत ही ग्वारनि उरहन कोउ न कहै।
जो ब्रज मैं आनन्द हुतो, मुनि मनसा हू न गहै।
सूरदास स्वामी बिनु गोकुल कौड़ी हू न लहै।

× × ×

है कोउ ऐसी भाँति दिखावै।
किंकिनि सब्द चलत धुनि रुनुझुनु ठुमुकि-ठुमुकि गृह आवै।
कछुक बिलास बदन की सोभा अरुन कोटि गति पावै।
कंचन मुकुट कंठ मुकुतावलि मोर पंख छबि छावै।
धूसर धूरि अंग अँग लीने ग्वाल बाल सँग लावै।
सूरदास प्रभु कहति जसोदा भाग बड़े तैं पावै।

× × ×

जद्यपि मन समुझावत लोग।
सूल होत नवनीत देखि मेरे मोहन के मुख जोग।
प्रात-काल उठि माखन रोटी को बिन माँगे दैहै।
अब उहि मेरे कुँवर कान्ह को छिन-छिन अंकम लैहै।
कहियौ पथिक जाइ घर आवहु राम कृष्ण दोउ भैया।
सूर स्याम कत होत दुखारी जिनके मों सी मैया।

× × ×

मेरे कान्ह कमल-दल-लोचन।
अब की बेर बहुरि फिरि आवहु कहा लगे जिय सोचन।

यह लालसा होति जिय मेरे बैठी देखत रैहौं,
गाइ चरावन्ह कान्ह कुँवर सों कबहूँ भूलि न कैहौं।
करत अन्याव न बरजौं कबहूँ अरु माखन की चोरी,
अपने जियत नैन भरि देखौं हरि हलधर की जोरी।
दिवस चारि मिलि जाहु साँवरे कहियौ यहै सँदेसौ,
अब की बेर आनि सुख दीजै, सूर मिटाय अँदेसौ।

—इत्यादि।

इन छन्दों को चुनकर नहीं लिखा गया है। 'सूरसागर' इस प्रकार के रत्नों से आपाद-मस्तक लदा है। यशोदा के बहाने सूरदास ने मातृ-हृदय का ऐसा स्वाभाविक, सरल और हृदयग्राही चित्र खींचा है कि आश्चर्य होता है। 'माता' संसार का एक ऐसा पवित्र रहस्य है जिसे कवि के अतिरिक्त और किसी को व्याख्या करने का अधिकार नहीं। सूरदास जहाँ पुत्रवती-जननी के प्रेम-पेलव हृदय को छूने में समर्थ हुए हैं वहाँ वियोगिनी माता के करुण-विगलित हृदय को भी उसी सतर्कता से छू सके हैं। पुत्र-वियोगिनी यशोदा वह माता है जो प्रेम की असीम उपलब्धि से परिपूर्ण है, वह प्रेम वियोग के रूप में परिवर्त्तित होकर कभी पूर्णता के किसी अंश को क्षुण्ण नहीं कर सका है।

हमने ऊपर जो कुछ कहा है, वह शायद स्पष्ट नहीं हुआ। कुछ उदाहरण देकर उसे स्पष्ट कियो जाय।

यह संसार ससीम और असीम की लीलाभूमि है। हम अनन्त प्रवाह में बहते आ रहे हैं—युग-युगान्तर से, कहीं विराम नहीं, कहीं थकान नहीं। कितने प्रेमी हृदयों को हम छोड़ आये हैं, कितने को छोड जायेंगे, इसकी इयत्ता नहीं। इस वियोग की विराट् धारा का स्रोत वियुक्त प्रेमी के प्रति एकदम उदासीन है। वैंष्णव कवियों ने इस सत्य की उपलब्धि की है श्रीकृष्ण की लीला में। श्रीकृष्ण परिपूर्ण हैं, अनन्त हैं, उदासीन हैं। यशोदा और राधिका, इस अनन्त वियोगरूपी दीर्घवृत्त के दो नाभि-केन्द्र हैं। ये सान्त हैं, अपूर्ण हैं और आसक्त हैं। वैष्णव मरमी कवि (mystic) अत्यन्त सहज भाव से इस अपरिपूर्णता की अनुभूति को प्रेम से भरता है। यही वैष्णव प्रेम का माहात्म्य है। सफल मरमी कलाकार वह है जिसने अपरिपूर्ण को प्रेम के द्वारा परिपूर्ण किया है और पूर्ण को उसके अभाव का अनुभवी। यशोदा का चित्रण करते समय सूरदास ने इस सहज परिपूर्णता को कभी क्षुण्ण होने नहीं दिया। यशोदा श्रीकृष्ण की उपस्थिति में परिपूर्ण प्रेममयी हैं। वे उन माताओं में नहीं हैं जो सन्तान की मंगल-आशा से सदा अश्रुपूर्ण आँखों से आकाश की ओर ताका करती हैं, 'हे देवगण, जिसे पाया है उसे कहीं खो न दूँ।' यह प्रेम-पूर्ण चित्र ठीक राधिका के समान ही उतरा है। सूरदास की राधिका, चण्डीदास की राधिका की भाँति, मिलन में वियोग की कल्पना से कहीं भी सिहर नहीं उठतीं। यशोदा भी ठीक उसी तरह स्नेह-पात्र की उपस्थिति में उसकी वृथा अमंगल आशंका से उद्विग्न नहीं हो उठतीं। सूरदास की राधिका और यशोदा दोनों ही मिलन के साथ सोलह आना प्रेयसी

और सोलह आना माता हैं। वियोग के समय दोनों ही सोलह आना वियोगिनी। दोनों के प्रेम-समुद्र में कहीं भी उफान नहीं आया। जो यशोदा पुत्र की उपस्थिति में कहती हैं :

लाला हौं वारी तेरे मुख पर।
कुटिल अलक मोहन मन विहँसनि भृकुटी विकट ललित नैननि पर।
दमकति दूध दँतुलिया बिहँसति मनौ सीप घर कियौ बारिज पर।
लघु-लघु सिर लट घूँघरवारी लटकन-लटकि रह्यौ माथे पर।
यह उपमा कापै कहि आवै, कछुक कहौं सकुचित हौं जिय पर।
नवतनचंद्ररेखमधि राजत, सुरगुरु सुक्र उदोत परसपर।
लोचन लोल कपोल ललित अति नासिक को मुकता रद छद पर।
सूर कहा न्योछावर करियै अपने लाल ललित लर ऊपर।

वही यशोदा उसी लाल की अनुपस्थिति में अत्यन्त व्याकुल हो उठती हैं :

जद्यपि मन समुझावत लोग।
सूल होत नवनीत देखि मेरे मोहन के मुख जोग।
प्रात-काल उठि माखन रोटी को बिन माँगे दैहै।
अब उहि मेरे कुँवर कान्ह को छिन-छिन अंकम लैहै।
कहियौ पथिक जाइ घर आवहु राम कृष्ण दोउ भैया।
सूर स्याम कत होत दुखारी जिनके मों सी मैया।

इन दो पदों में आनन्दमयी और वियोगिनी यशोदा के दो चित्र एक ही प्रेम के दो परिणाम हैं। यह वह प्रेम नहीं है जो मिलन को वियोग और वियोग को मिलन की रागिनी से भर देता है; जिस प्रेम में चेतना सदा जाग्रत रहकर प्रेमी को सचेत करती रहती है; बल्कि यह वह प्रेम है जो प्रेमी को मिलन के आनन्द से अज्ञान कर देता है और विरह के ताप से भी अज्ञान कर देता है, जो मिलन को केवल मिलन—ठोस मिलन—और विरह को केवल विरह के रूप में देखता है। सूरदास की यशोदा और राधा इसी प्रेम की उपासिका हैं। 'सूरसागर' के पदों में जो कहीं-कहीं मिलन में व्याकुलता का आभास मिल जाया करता है, जिसे हम अगले प्रकरण में स्पष्ट करने की कोशिश करेंगे, वह भक्त कवि की अपनी आत्मा की व्याकुलता है। राधिका या यशोदा में उसका आरोप अनजान में हो गया है।

4. 'छबीले, मुरली नैंकु बजाउ'

समस्त सूरसागर में सूरदास की व्याकुल आत्मा नाना मिसों से कातर चीत्कार कर उठती है—'छबीले, मुरली नैंकु बजाउ !' श्रीकृष्ण ग्वाल-बालों के साथ दिन-रात मुरली बजाया करते हैं, पर उनकी प्यास नहीं बुझती। कृष्ण उनके अति निकट रहते हैं, मुरली की आवाज उनके लिए अपरिचित नहीं है, तथापि वे व्याकुल भाव से कह उठते हैं—मानो इस व्याकुलता के पीछे अन्ध-कवि की व्याकुल आत्मा पुकार उठती हो :

छबीले, मुरली नैंकु बजाउ।
बलि-बलि जात सखा यह कहि-कहि अधर सुधा-रस प्याउ।
दुर्लभ जनम लहब बृन्दाबन दुर्लभ प्रेमतरंग।
ना जानिये बहुरि कब ह्वै है स्याम तिहारो संग।

इस गान में ग्वाल-बालों को उपलक्षण भर करके सूरदास की आत्मा अपनी व्याकुलता प्रकट कर रही है। पनघट पर सखियों ने मुरली के विषय में जो कुछ कहा है, वह चाहे निन्दा हो या स्तुति, ईर्ष्या हो या प्रेम—सर्वत्र उसके पीछे एक अव्यक्त ध्वनि निकला करती है—'छबीले, मुरली नैंकु बजाउ'। मुरली के प्रति गोपियों की ईर्ष्या वैष्णव-साहित्य की एक अति परिचित घटना है, पर सूरदास ने इस ईर्ष्या के पीछे अपना व्याकुल व्यक्तित्व इस प्रकार बैठा दिया है जो बार-बार निकल पड़ता है; सखियाँ जब कहती हैं :

बाँसुरी बिधिहू ते परबीन।
कहिये काहि आहिको ऐसो कियौ जगत आधीन।
चारि बदन उपदेस विधाता थापी थिर चिर नीति।
आठ बदन गरजति गरबीली क्यों चलि है यह रीति।
विपुल विभूति लही चतुरानन एक कमल करि थान।
हरिकर कमल जुगल पर बैठी बाढ़्यौ यह अभिमान।
× × ×
अधर सुधा पी कुल-ब्रत टार्‌यौ नहीं सिखा नहिं ताग।
तदपि सूर या नंद-सुवन कौ याही सौं अनुराग।

तो इन सारी बातों के पीछे से एक व्याकुल उत्सुकता चीत्कार कर उठती है—'छबीले, मुरली नैंकु बजाउ'। राधिका के बतरस में, गोपियों की तनातनी में, पनघट की छेड़छाड़ में, दानलीला के सवाल-जवाब में, एक अति झीनी झनकार उठा करती है—'छबीले, मुरली नैंकु बजाउ'। रास-लीला की वह आनन्द-केलि, जिसकी तुलना संसार में नहीं है, केवल एक मेरु-दण्ड के चारों ओर चक्कर लगा रही है—'छबीले, मुरली नैंकु बजाउ'।

ब्रजभाषा का कवि, तत्रापि सूरदास, ठोस रूप का उपासक है, इस रूपावरण के पीछे कहीं भी तुरीय-अरूप-सत्ता की ओर इशारा नहीं किया गया है, तथापि भक्त-कवि की व्याकुलता उसके पीछे किसी-न-किसी रूप में रह गयी है। ईसाई मरमियों के साथ सूरदास की तुलना करते समय हमने इस बात पर प्रकाश डालने की चेष्टा की है। इस स्थान पर हम यही कहना चाहते हैं कि अपने समस्त मिलन और वियोग के गानों में सूरदास की व्याकुलता छिपी पड़ी है। राधिका के अति निकटवर्त्ती श्रीकृष्ण कभी भी वृन्दावन में घरेलू आदमी से ऊपर नहीं गये। राधिका के साथ वे सर्वदा समान-भूमि पर ही क्रीड़ा कौतुक में मग्न रहे, परन्तु फिर भी भक्त-कवि ने इस सामीप्य में एक सुदूर का सुर भर दिया है। यह बात शायद अन-जान में हो गयी है, पर जो बात अनजान में हो जाती है, वही निश्चित रूप से

मनुष्य के मस्तिष्क की प्रधान चिन्ता होती है। हजार दबाने पर भी वह नहीं दबती। महाप्रभु वल्लभाचार्य के चेताने के बाद से सूरदास की तन्त्री में कहीं भी व्याकुलता फूट नहीं पड़ने पायी, पर प्रेम-मुखर कल कल्लोलों से छुट्टी पाते ही सूरदास अनजान में अपनी व्याकुलता को कह जाते हैं :

जद्यपि राधिका हरि संग।
हाव भाव कटाच्छ लोचन करत नाना रंग।
हृदय व्याकुल चीर नाहीं वदन कमल विलास।
तृषा में जलनाम सुनि ज्यों अधिक अधिकहि प्यास।
स्याम रूप अपार इत उत लोभ पट बिस्तार।
सूर मिलि नहिं लहत कोऊ दुहुँनि बल अधिकार।

× × ×

राधेहि मिलेहुँ प्रतीति न आवति।
जदपि नाथ-बिधु-बदन बिलोकति दरसन को सुख पावति।
भरि-भरि लोचन रूप-परम-निधि उर में आनि दुरावति।
चितवति चकित रहति चित अंतर नैन निमेष न लावति।
सपनो आहि कि सत्य ईस यह बुद्धि बितर्क बनावति।
कबहुँक करति बिचार कौन हौं को हरिकैं हिय भावति।
सूर प्रेम की बात अटपटी मन तरंग उपजावति।

इन भजनों के पीछे कवि का एक अपना व्यक्तित्व है, जो मानो राधिका के मुंह से आप बोल रहा है। मानो वह आधुनिक कवि[1] के कण्ठ में कण्ठ मिलाकर कहना चाहता है :

आमि चंचल हे,
आमि सुदूरेर पियासी।
दिन चले याय आमि आनमने
तारि आशा चेये थाकि वातायने
ओगो प्राने मने आमिये ताहार
परश पावार प्रयासी,
आमि सुदूरेर पियासी।
ओगो सुदूर विपुल सुदूर तुमि ये
बाजाओ व्याकुल बाँशरी।
मोर डाना नाइ आछि एक ठाँइ
से कथा ये याइ पाशरि।

अर्थात् "अजी, मैं चंचल हूँ, मैं सुदूर का प्यासा हूँ। दिन बीत जाता है और मैं अनमने भाव से उसकी आशा में खिड़की पर बैठा रहता हूँ। अजी, मैं प्राण और

1. रवीन्द्रनाथ ठाकुर।

मन से उसी के स्पर्श पाने का प्रयासी हूँ। हे सुदूर, हे विपुल सुदूर, तुम तो व्याकुल वंशी बजाया करते हो, मेरे पंख नहीं हैं, एक जगह पड़ा हुआ हूँ, यह बात तो मैं भूल जाता हूँ।"

सूरदास की आत्मा सचमुच इन गानों के भीतर से, रह-रहकर, अत्यन्त व्याकुल भाव से कह उठती है --'छबीले, मुरली नैंकु बजाउ'। 'सूरसागर' की आनन्द-केलि का केन्द्र-स्थल है—रास-लीला। गोपियों के पहुँचने पर श्रीकृष्ण उन्हें लौट जाने का उपदेश करते हैं :

भली यह तुम करी नाहीं अजहुँ घर फिरि जाहु
सूर प्रभु क्यों निडरि आईं नहीं तुम्हरे नाहु।

यह सुनते ही गोपियों के बहाने सारा 'सूरसागर' अत्यन्त कातर व्याकुलता से चिल्ला उठता है :

छबीले, मुरली नैंकु बजाउ।

बड़ा ही मर्मस्पर्शी है यह दृश्य, जहाँ गोपियों का 'रुदन जल नदी सम बहि चल्यौ उरज बिच मनों गिरि फोरि सरिता पनारी'। गोपियों की विवश व्याकुलता का अनुमान करना भी कठिन है। हाय, 'सूर सैन दै सरबस लूट्यौ मुरली लै-लै नाम बुलावत'। एक ही प्रार्थना है :

प्रीति तनन नौका करि राखौ अंकम भरि बैठावहू।
सूर स्याम तुम बिन गति नाहीं युवतिन पार लगावहु।

और इसके बाद की सारी प्रार्थनाओं को एक वाक्य में प्रतिफलित किया जा सकता है :

छबीले, मुरली नैंकु बजाउ।

× × ×

अगर हमसे कोई पूछे कि 'सूरसागर' का केन्द्रीय वक्तव्य (central theme) क्या है तो बिना किसी हिचकिचाहट के चिल्ला उठेंगे :

छबीले, मुरली नैंकु बजाउ।

क्योंकि हमारा विश्वास है कि यह व्याकुल सुर इतने रंगों में अनुरंजित होकर जो 'सूरसागर' में आया है, वह आकस्मिक नहीं है। उसमें कवि का आवरण परि-धान करके बैठा हुआ भक्त गायक अपनी मर्मवेदना गा रहा है :

दुर्लभ जनम दुर्लभ बृन्दाबन दुर्लभ प्रेमतरंग।
ना जानिये बहुरि कब ह्वै है स्याम तिहारो संग।

अतएव :

छबीले, मुरली नैंकु बजाउ।

5. सूरदास और नन्ददास की गोपियाँ

वैष्णव कवियों, विशेषकर भक्तों की कविता की आलोचना करना आग से खिलवाड़ करना है। सूरदास या नन्ददास कविता नहीं करते थे, भजन गाते थे।

वे साहित्य की सृष्टि करने के उद्देश्य से नहीं गाते थे; गाते थे साधना के लिए। साधना भी ब्रजतत्त्व की, जहाँ लौकिक रस बिल्कुल विपर्यस्त हो जाते हैं। ब्रजतत्त्व में जो काम है, वही प्रेम है (भक्ति-प्रकरण देखिए); जो प्रेम है, वही राग है; जो राग है वही भक्ति है। इस ब्रजतत्त्व की आलोचना करने का अधिकार सबको नहीं है। हम लोग दुनियावी प्रेम और काम के समुद्र में आजीवन निमज्जित रहते हैं और मौके-बेमौके इन वैष्णव कवियों की प्रेम-लीला का गान सुनकर उन पर बरस पड़ते हैं। आज इस बीसवीं शताब्दी के विश्लेष-युग में, जब कि कोई भी साधना स्थायी रूप से अग्रसर नहीं हो पाती (परिशिष्ट देखिए), हमने काम और प्रेम की परिभाषा की है और बड़े-बड़े तत्त्व खोज निकाले हैं! ब्रजतत्त्व का मर्मज्ञ भक्त विश्वास करता है कि वहाँ काम और प्रेम दो चीज़ नहीं हैं। इस युग के साहित्य-शूर इसे सच समझें या झूठ, वह यही समझकर भजन करता है। उसी प्रेम-तत्त्व की आलोचना में प्रवृत्त होते समय हम गोलोकवासी वैष्णव भक्त से प्रार्थना करते हैं कि 'हे वैष्णव कवि, तुम्हारी प्रेम-लीला का वास्तविक रहस्य न समझते हुए भी इतना हम जानते हैं कि वह हमारी काम और प्रेम की कल्पनाओं से परे है। उस मूल प्रेम-तत्त्व के सम्बन्ध में हम एकदम मौन रहेंगे। देखेंगे केवल उस प्रेम की दिशा—वह किधर से आया था। किधर गया था, यह प्रश्न हमारी आलोचना की अपेक्षा नहीं रखता। वह निश्चय ही राधिका-रानी और ब्रजराज की ओर चला गया था।'

सूरदास और नन्ददास, दोनों ही एक ही सम्प्रदाय के साधक थे, दोनों ने ही भक्तजनों के हृदय पर आसन पाया है और दोनों का समय करीब-करीब एक ही है। इन दोनों महात्माओं ने भ्रमर-गीत तथा उद्धव और गोपियों के संवाद लिखे हैं। इन संवादों में ज्ञान की अपेक्षा प्रेम का मार्ग सहज और महान् बताया गया है। योग और निर्गुण उपासना की जगह सगुण उपासना की महिमा प्रतिष्ठित की गयी है। दोनों संवादों के पात्र, कथा, विषय और प्रणाली एक ही हैं। दोनों संवादों का उद्देश्य भी एक ही है। अतः, यह देखना शायद अनुचित न होगा कि इन संवादों के वर्णित प्रेम-मार्गों में कुछ विशेषता है या नहीं।

नन्ददास की गोपियाँ सूरदास की गोपियों से अधिक तार्किक हैं। निर्गुण उपासना का प्रसंग हो या योग का, वे उद्धव की युक्तियों का इस खूबी से खण्डन कर देती हैं कि सिखाये-पढ़ाये उद्धव निरुपाय होकर दूसरा विषय छेड़ देते हैं। उद्धव कहते हैं :

> जो उनके गुन होंय बेद क्यों नेत बखानैं।
> निर्गुन सगुन आतमा रचि ऊपर सुख सानैं।
> बेद पुराननि खोजि कै पायौ किनहुँ न एक।
> गुन ही के जो होंहि गुन कहो अकास किहि टेक।
> सुनो ब्रजनागरी।

गोपियाँ जवाब देती हैं :

जो उनके गुन नाहिं और गुन भये कहाँ ते ?
बीज बिना तरु जमैं मोहिं तुम कहौ कहाँ ते ?
वा गुन की पट-छाँहरी माया दर्पन बीच।
गुन ते गुन न्यारे भये अमल वारि जल कीच।
सखा सुनु स्याम के :

उद्धव रास्ता न देखकर दूसरा तर्क उठाते हैं :

माया के गुन और और हरि के गुन जानौ।
उन गुन को इन माँहि आनि काहे को सानौ।
जाके गुन अरु रूप कौ जान न पायौ भेद।
तातें निर्गुन रूप को बदत उपनिषद बेद।

उद्धव पहले कह गये थे कि उनके तो गुण ही नहीं हैं, अगर होते तो वेद नेति-नेति क्यों कहते ? अब कहते हैं हरि के गुण कुछ और हैं, माया के और। माया के गुणों को हरि में आरोप करना अच्छा नहीं। असल में हरि के गुण-रूप का भेद समझकर ही वेद-उपनिषद् उन्हें निर्गुण कहते हैं।

गोपियों ने इसका भी जवाब दिया :

बेदहु हरि के रूप स्वाँस मुख से जो निसरै।
कर्मक्रिया आसक्त सबै पिछली सुधि बिसरै।
कर्म मध्य ढूँढ़ै सबै किनहुँ न पायौ देख।
कर्मरहित हो पाइये तातें प्रेम विसेख।
सखा सुनु स्याम के।

इस प्रकार तर्क में नन्ददास की गोपियाँ सदा उद्धव से बीस रहती हैं। परन्तु सूरदास की गोपियाँ तर्क जानती ही नहीं। वे स्वीकार कर लेती हैं कि योग और निर्गुण मार्ग बहुत अच्छा है, पर अबला ग्वालिनें, योग कैसे करेंगी ? नन्दनन्दन के साथ जिन्होंने प्रत्यक्ष केलि की है उन्हें निर्गुण मानने की जरूरत क्या है ? तर्क वे बिल्कुल नहीं जानतीं :

ऊधोजी हमहिं न जोग सिखैये।
जेहि उपदेस मिलैं हरि हमकौं सो ब्रत नेम बतैये।
मुक्ति रहौ घर बैठि आपने निर्गुण सुनि दुख पैये।
जिहि सिर केस कुसुम भरि गूँदे कैसें भस्म चढ़ैये।
जानि-जानि सब मगन भये हैं आपुन आपु लखैये।
सूरदास प्रभु सुनहु नवौं बिधि बहुरि कि इहिं ब्रज ऐये।

× × ×

ऊधौ मन न भए दस-बीस।
एक हुतौ सो गयौ स्याम सँग को अवराधै ईस ?
इंद्री सिथिल भईं केसौ बिनु ज्यौं देही बिन सीस।

आसा लागि रहत तनु स्वासा जीवहिं कोटि बरीस।
तुम तौ सखा स्यामसुंदर के सकल जोग के ईस।
सूर हमारे नंद-नँदन बिनु और नहीं जगदीस।

× × ×

राखो सब यह जोग अटपटो ऊधौ पाइँ परौं।
कहाँ रस रीति कहाँ तन सोधन सुनि-सुनि लाज मरौं।

सूरदास की गोपियों का एक ही तर्क है—ऊधो, योग की बात न सिखाओ। कुछ ऐसी बात बताओ जिससे प्यारे मिलें ! इस सादगी के सामने बड़े-बड़े तर्क-चूड़ामणि मौन हो जा सकते हैं, उद्धव तो फिर भी भक्त थे ! स्वयं प्रेम की महिमा के कायल थे ! उद्धव जहाँ कुछ ज्ञान-कथा शुरू करते हैं, वहीं सरल प्रेम का ऐसा महासागर उमड़ पड़ता है कि जो कुछ कहा वह न जाने कहाँ बह जाता है। नाना रूप में एक ही बात सुनायी पड़ती है—योग और निर्गुण की बात मत कहो, श्याम से मिला दो ! नन्ददास के उद्धव को तर्क में परास्त होना पड़ता है, सूरदास के उद्धव अपना तर्क समझा ही नहीं पाते, उन्हें विजयी होने का मौका ही नहीं मिलता। नन्ददास की गोपियाँ युक्ति से प्रेम की महिमा स्थापित करती हैं, सूरदास की गोपियों के पास विरह का ऐसा खजाना है कि उसी को बाँटने से फुरसत नहीं मिलती, युक्ति और तर्क कौन करे ?

इस प्रसंग में कुब्जा के प्रति उपालम्भ भी ध्यान देने योग्य है। नन्ददास की गोपियाँ कुब्जा की खूब खबर लेती हैं। सूरदास की गोपियाँ भी निःश्वास फेंककर एक बार कुब्जा का नाम लेती हैं और भाग्य को दोष देकर रह जाती हैं। नन्ददास की गोपियाँ कुब्जा का नाम स्मरण करते ही आपे से बाहर हो जाती हैं :

कोउ कहैं रे मधुप तुम्हें लज्जा नहिं आवै।
सखा तुम्हारो स्याम कूबरी-नाथ कहावै।
यह नीची पदवी हुती गोपीनाथ कहाय।
अब जदुकुल पावन भयो दासी जूठन खाय।
मरत कह बोल के।

× × ×

कोउ कहै हो मधुप स्याम जोगी तुम चेला।
कुबजा तीरथ जाय कियौ इंद्रिन को मेला।
मधुबन सुधि बिसराय कै आये गोकुल माहिं।
इहाँ सबै प्रेमी बसैं तुमरो गाहक नाहिं।
पधारो रावरे।

× × ×

कोउ कहैं रे मधुप होइ तुम सो जो संगी।
क्यों न होय तन स्याम सकल बातन चौरंगी।

गोकुल में जोरी कोऊ पाई नाहिं तुम्हारि।
मदन त्रिभंगी आपु ही करी त्रिभंगी नारि।
रूप गुन सील को।

और इतना कह चुकने के बाद :

ता पाछे इक बार ही रुदित सकल ब्रजनारि।
हा करुनामय नाथ हा केसव कृष्ण मुरारि!
फाटि हिंयरौ चल्यौ!

नन्ददास की ये गोपियाँ दुनिया को जानती हैं। वे प्रत्येक बात की छानबीन कर सकती हैं। कितनी करुणाजनक कल्पना है यह! प्रेम-मूर्त्ति गोपियों को छोड़कर करुणा-निधान भगवान् कुब्जा से प्रेम करने लगे! यह सोचना भी भयानक है—फाटि हियरौ चल्यौ! उद्धव ने ठीक ही समझा :

ये सब प्रेमासक्त हैं कुल-लज्जा करि लोप।
धन्य ए गोपिका।

परन्तु सूरदास की गोपियाँ इतना सोच नहीं सकतीं। अपनी व्यथा के अपार समुद्र में आप ही डूबती-उतराती ये ब्रजबालाएँ दूर तक की बात सोचने की फुरसत नहीं पातीं। कहीं कुब्जा याद आ गयी तो उसका नाम लेकर एक बार लम्बी साँस छोड़कर फिर अपना ही नर्त्ता शुरू कर दिया—हाय ऊधो, नन्दनन्दन को भूलने की बात कह रहे हो? तुम्हारी बात समझ में नहीं आती :

ऊधो, कहा हमारी चूक।
वे गुन ये औगुन सुनि हरि के, हृदय उठत है हूक।
बिन ही काज छाँड़ि गए मधुबन, हम घटि कहा करी।
तन-मन-धन आतमा निवेदन, सोउ न चितहिं धरी।
रीझे जाइ सुन्दरी कुब्जिहिं इहि दुख आवत हाँसी।
जद्यपि कूर कुरूप कुदरसन तद्यपि हम ब्रजबासी।
एते ऊपर प्रान रहत घट कहौ कान सौं कहिए।
पूरब कर्म लिखे बिधि अच्छर सूर सबै सो सहिए।

× × ×

मधुप बिराने लोग बटाऊ।
दिन दस रहे आपने स्वारथ तजि फिरि मिले न काऊ।
प्रीतम हरि हमको सिधि पठई आयौ जोग अगाऊ।
हम कौं जोग भोग कुबिजा कौं उहिं कुल यहै सुभाऊ।
जान्यौ प्रेम नन्द-नन्दन को कीजै कौन उपाऊ।
सूर स्याम कौं सरबस दीन्हौ प्रान रहौ कै जाऊ।

× × ×

हम ब्रजबाल गोपाल उपासी।
ब्रह्म-ग्यान सुनि आवै हाँसी।

ब्रज में जोगकथा लै आयौ।
मन कुबिजा कूबरहिं दुरायौ।

इस प्रकार दोनों महात्माओं के प्रेम में एक स्पष्ट अन्तर दिखायी देता है। नन्ददास का प्रेम मस्तिष्क की ओर से आता है, सूरदास का हृदय की ओर से। नन्ददास युक्ति और तर्क को शुरू में ही नहीं भूल जाते, सूरदास के यहाँ भूलने न भूलने का सवाल ही नहीं है। वहाँ युक्ति और तर्क हैं ही नहीं। नन्ददास की गोपियाँ प्रेम में बावरी हैं, तर्क में नहीं, उपालम्भ करने में भी नहीं, परन्तु सूरदास की गोपियाँ सब तरह से भोरी हैं।

सूरदास की विशेषता

1. गौड़ीय वैष्णव आलंकारिकों की गोपियाँ और सूरदास

गौड़ीय वैष्णवों के साथ सूरदास का क्या सम्बन्ध था, इस बात की चर्चा हम आगे करेंगे। यहाँ गौड़ीय वैष्णवों की नायिकाओं के साथ सूरदास की गोपियों की तुलना करेंगे। हमारा लक्ष्य सर्वदा सूरदास का विशेष दृष्टिकोण स्पष्ट करने की ओर होगा।

गौड़ीय वैष्णवों के अनुसार ब्रज में दो तरह की नायिकाएँ थीं। कुछ स्वकीया और कुछ परकीया। भागवत में कथा आती है कि कुछ गोपियाँ श्रीकृष्ण को पति-रूप में पाने के लिए कात्यायनी का व्रत करती थीं। इनसे गान्धर्व विधि से श्रीकृष्ण ने विवाह किया था। ये स्वकीया थीं, बाकी परकीया।[1] राधा दूसरी श्रेणी में आती हैं। पर सूरदास राधिका को परकीया नहीं समझते। राधिका से श्रीकृष्ण का विवाह बड़ी धूमधाम के साथ होता है।[2] यही नहीं, राधिका भी और गोपियों की तरह श्रीकृष्ण को पति-रूप में पाने के लिए व्रत करती हैं।[3]

1. उज्ज्वलनीलमणिकिरण, पृ. 2-3
2. सनकादिक नारदमुनि सिव विरंचि जान।
   देव दुंदुभी मृदंग बाजे बर निसान॥
   बारने तोरन बँधाइ हरि कीन्ह उछाह।
   ब्रज की सब रीति भई बरसानै ब्याह। इत्यादि
3. सिव सौं विनय करति कुमारि।
   जोरि कर मुख करति अस्तुति बड़े प्रभु त्रिपुरारि।

वैष्णव आलंकारिकों ने 363 प्रकार की नायिकाओं के उदाहरण के लिए सैकड़ों नाम गिनाये हैं। 'सूरसागर' में इन गोपियों के नामों का कोई उल्लेख नहीं देख पड़ता। कुछ मुख्य नाम जैसे राधा, ललिता आदि ज़रूर आते हैं, पर अधिकांश गोपियाँ बिना नाम की ही हैं। 'उज्ज्वलनीलमणि' में गोपियों के स्वभाव और वस्त्राभूषण आदि के बारे में विस्तृत वर्णन है। उक्त ग्रन्थ का एक संक्षिप्त संस्करण 'उज्ज्वलनीलमणिकिरण' नाम से विश्वनाथ चक्रवर्ती ने सोलहवीं शताब्दी में किया था। इस संक्षिप्त ग्रन्थ के अनुसार गोपियों के स्वभाव इस प्रकार हैं :

"कुछ गोपियाँ प्रखर स्वभाव की थीं। जैसे श्यामला, मंगला आदि। श्रीराधा और पाली प्रभृति कुछ गोपियाँ मध्या और चन्द्रावली आदि कुछ मृदु-स्वभावा थीं। इनमें भी स्वपक्षा, सुहृत्पक्षा, तटस्थपक्षा और प्रतिपक्षा—ये चार भेद हैं। इनमें भी कुछ वामा हैं और कुछ दक्षिणा। श्रीराधिका की स्वपक्षा थीं ललिता और विशाखा, सुहृत्पक्षा-श्यामला, तटस्थपक्षा-भद्रा और प्रतिपक्षा-चन्द्रावली थीं। श्रीमती राधा वामामध्या थीं, कभी नील वस्त्र धारण करती थीं, कभी लाल। ललिता प्रखरा और मयूर-पुच्छ जैसा वस्त्र धारण करती थीं। विशाखा थीं वामा मध्या और तारावलि-खचित वस्त्र पहनती थीं। इन्दुरेखा वामा प्रखरा और अरुण-वस्त्रा थीं। रंगदेवी और सुदेवी वामा मध्या और रक्त-वस्त्रा थीं। ये सभी गोरी थीं। चम्पकलता वामा मध्या और नील-वस्त्रा, चित्रा दक्षिणा मृद्वी नील-वसना, तुंगविधा दक्षिणा प्रखरा और शुक्लवस्त्रा, श्यामदा वामा दाक्षिण्ययुक्ता प्रखरा, और रक्तवस्त्रा, भद्रा दक्षिणा मृद्वी और चित्र-वसना, चन्द्रावली दक्षिणा मृद्वी और नीलवसना थीं। इनकी सखी पद्मा, दक्षिणा और प्रखरा, शैव्या दक्षिणा और मृद्वी थीं। ये सभी रक्त बस्त्र धारण करती थीं।"[1]

इसमें तो कोई सन्देह ही नहीं कि सूरदास ने इतने नामों को नहीं गिनाया; पर जिन्हें गिनाया है उनमें राधा का वस्त्र इस विवृति से मिलता है।[2]

सूरदास ने कभी-कभी दो-एक सखियों के नाम गिनाये[3] हैं, पर उनमें

→ सीत भीत न करति सुंदरि कृस भई सुकुमारि।
छहों रितु तप करति नीके गेह नेह बिसारि।
ध्यान धरि कर जोरि लोचन मूँदि इक-इक जाम।
बिनय अंचल छोरि रवि सौं करति हैं सब बाम।
हमहिं होहु कृपालु दिनमनि तुम बिदित संसार।
काम अति तनु दहत दीजै सूर हरि भरतार।

1. उ. नी. म. कि., पृ. 6-7
2. देखिए—
"नील लहँगा लाल चोली कसि उबटि केसरि सुरंगनो"—2280
"देखो जुवतिबृन्द में ठाढ़ी नील बसन तनु गोरी।"—116
"नील बसन फरिया कटि पहिरे बेनी पीठ रुचिर झकझोरी।"—462
3. दे. पद सं. 1073 (बा. राधाकृष्णजी का संस्करण)

प्रतिपक्षता या तटस्थ-पक्षता का कोई लक्षण नहीं मिलता। दान-लीला के प्रसंग में चन्द्रावली, ललिता और विशाखा का नाम आया है सही, पर चन्द्रावली वहाँ ललिता की भाँति ही एक सखी है। दान-लीला की गोपियों में प्रश्नोत्तर करते समय नाम लेकर केवल राधा का वर्णन आया है। वहाँ राधा मध्या नायिका नहीं हैं। इनकी मुखरता दान-लीला के सैकड़ों पदों में फूट पड़ी है। पर यही राधा अन्यत्र मुग्धा की भाँति दिखायी पड़ती हैं। वस्तुतः सूरदास ने आलंकारिकों के वर्गीकरण की ओर बिल्कुल ध्यान नहीं दिया।

राधा की सखियों में ललिता का चित्र सबसे अधिक स्पष्ट है। विशाखा भी ललिता की भाँति ही चित्रित की गयी हैं। वैष्णव आलंकारिकों ने दूती-कर्म के विषय में भी विचार किया है। 'उज्ज्वलनीलमणि' के अनुसार कृष्ण की तीन प्रधान दूतियाँ हैं—वीरा, वृन्दा और वंशी।[1] पर सूरदास ने विशाखा से दौत्य-कर्म कराया है।[2] आलंकारिकों के अनुसार ललिता का स्वभाव प्रखर है पर सूरदास की ललिता धीर है। कृष्ण के पास जाकर बड़े कौशल से वह सन्देश पहुँचाती है। पहले कृष्ण के मन में उत्सुकता प्रकट करती है, फिर लालसा, और बाद को प्रयत्न :

ललिता मुख चितवत मुसकाने।
आपु हँसी पिय मुख अवलोकत दुहुन मनहिं मन जाने।
× × ×
तब बोली वह चतुर नागरी अचरज-कथा सुनाऊँ।
सूर स्याम जो चलो तुरत ही नैनन जाइ दिखाऊँ।—1679

ललिता ने इसके बाद एक अनुपम बाग दिखाने की बात कही :

अदभुत एक अनूपम बाग।
जुगल कमल पर गजवर क्रीडत तापर सिंह करत अनुराग।
हरि पर सरवर सर पर गिरिवर गिरि पर फूले कंज पराग।
रुचिर कपोत बसे ता ऊपर ता ऊपर अम्रित फल लाग।
फल पर पुहुप पुहुप पर पल्लव ता पर सुक पिक मृग-मद-काग।
खंजन धनुष चन्द्रमा ऊपर ता ऊपर इक मनिधर नाग।
अंग-अंग प्रति और-और छबि उपमा ताकौं करत न त्याग।
सूरदास प्रभु पियौ सुधारस मानौ अधरनि के बड़ भाग।—1680

इस प्रकार सूरदास की ललिता आलंकारिकों की ललिता नहीं है। राधिका का स्वभाव भी एक-सा नहीं है। कभी वे मुखर हैं और कभी शान्त, कभी प्रौढ़ा हैं और कभी मुग्धा। निम्नलिखित विभिन्न चित्रों से यह बात स्पष्ट हो जायेगी :

स्याम सखि नीकैं देखे नाहिं।
चितवत ही लोचन भरि आए बार-बार पछिताहिं।

1. उज्ज्वलनीलमणिकिरण, पृ. 6-7
2. दे., *1677-78*

कैसेहुँ करि इक टक मैं राखति नैकहिं मैं अकुलाहिं।
निमिष मनौ छबि पर रखवारे तातैं अतिहि डराहिं।
कहा करैं इनकौ कहा दूषन इन अपनी सी कीन्हीं।
सूर स्याम छबि पर मन अटक्यो उन सब सोभा लीन्हीं।—1418

× × ×

चितवन रोकेंहू न रही।
स्यामसुंदर सिंधु सनमुख सरित उमंगि बही।
प्रेम-सलिल प्रबाह भौंरनि मिलि कबहुँ न थाह लही।
लोभ लहरि कटाच्छ घूँघट-पट-करार ढही।
थके पल-पथ नाव धीरज परत नहिंन गही।

× × ×

घट मेरो जब ही भरि दैहौ लकुटी हौं तब दैहौं।
कहा भयौ जो नंद बड़े वृषभानु-आन न डरैहौं।
समसरि मिलकरि कैहौं।—843

× × ×

तुम्हारोई चित्र बनाउ कियौ।
तब कौ इंदु सम्हारि तुरत ही मनसिजसाज लियौ।
ब्रत गहि जुग अंगुरी के बीचहिं उन भरि पानि पियौ।—3474

'उज्ज्वलनीलमणि' के अनुसार राधा सदा व्यक्त-यौवना किशोरी थीं[1]; चन्द्रावली और पद्मा पूर्ण-यौवना। सूरदास की राधा कई अवस्थाओं में पायी जाती हैं। उनका बाल-रूप भी वर्णित है, किशोरी और तरुणी-रूप भी; मगर सूरदास की इन स्वभाव और उम्र-सम्बन्धी विविधताओं का अर्थ चित्र की अनेकता नहीं है। उन्होंने राधा का एक सम्पूर्ण चित्र दिया है। अवस्था और परिस्थिति के अनुसार उसमें परिवर्त्तन दिखायी जरूर देता है, पर यह परिवर्त्तन चित्र को अधिक सजीव और आकर्षक बना देता है।

आलंकारिकों ने तीन प्रकार की रति मानी है—साधारणी, समंजसा और समर्था। साधारणी रति कुब्जा आदि में, समंजसा मथुरा की रानियों में और समर्था ब्रज-बालाओं में। समर्था रति में भी कई सीढ़ियाँ हैं। प्रथम दशा में रति बीज की नाईं, प्रेम ईख की नाईं, स्नेह रस की तरह, मान गुड़ की तरह, प्रणय खाँड़ की तरह, राग शर्करा (चीनी) की तरह, अनुराग मिश्री की तरह और अन्त में महाभाव सितोपल की भाँति दृष्ट होता है।[2] सूरदास की राधा रुक्मिणी के साथ एक आसन पर दो बहनों की भाँति बैठती हैं, दोनों ही श्रीकृष्ण की परम प्यारी हैं। आलंकारिकों के अनुसार महाभाव केवल राधा में ही सम्भव है। महाभाव वह है जहाँ

1. उ. नी. म. कि., पृ. 10-12
2. वही, पृ. 13-14

प्रिय-मिलन के सुख के समान कोटि ब्रह्माण्ड का सुख भी नहीं होता और उसके विरह के दुःख के समान कोटि नरक का दुःख भी नहीं होता। इसके भी दो भेद हैं—मोदन और मादन। मोदन की अवस्था में पट्टमहिषी-गण द्वारा आलिंगित होने पर भी श्रीकृष्ण राधा का स्मरण कर मूर्च्छित हो जाते हैं। मादन महाभाव में राधिका को श्रीकृष्ण की मुरली और वनमाला से भी ईर्ष्या होती है। यह मादन महाभाव राधिका में ही सम्भव है। पर सूरदास गोपियों में भी इस अवस्था का वर्णन करते हैं।

भागवतामृत के अनुसार श्रीकृष्ण द्वारिका में पूर्ण, मथुरा में पूर्णतर और ब्रज में पूर्णतम रहते हैं।[1] सूरदास इस मत पर विश्वास करते-से जान पड़ते हैं। सूरसागर में ब्रज-लीलाओं की अधिकता है, मथुरा की कम और द्वारिका की और भी कम हैं।[2] ब्रज में श्रीकृष्ण ग्यारह वर्ष तक ही रहे। इसी अवस्था में उन्होंने तीन तरह की लीलाएँ कीं। बाल्य, पौगण्ड और कैशोर। सूरदास से अधिक स्पष्ट रूप से इन लीलाओं का वर्णन किसी ने नहीं किया। सूरदास की कविता से साफ प्रकट होता है कि ब्रज-लीला के समय भगवान् की अवस्था दस वर्ष के आस-पास थी :

बहुत होहुगे दसै बरस के बात कहत हौ बनै बनाई।— 1142

× × ×

सूरदास अब बड़े भये हौ जोबन दान सुहाई।—1139

× × ×

तरुनाई तन आवन दीजै कत जिय होत बिहाल।

× × ×

माँगत ऐसे दान कन्हाई।
अब समुझीं हम बात तुम्हारी प्रकट भई कछु धौं तरुनाई।—1134

× × ×

मतलब यह है कि सूरदास वैष्णव आलंकारिकों के पथ का अनुकरण नहीं करते। कहा जा सकता है कि ऊपर जिन ग्रन्थों के उद्धरणों से सूरदास की कविता की तुलना की गयी है वे सभी सूरदास के परवर्त्ती हैं या समकालीन। इसलिए उनका 'सूरसागर' में कोई प्रभाव विद्यमान न रहना स्वाभाविक ही है। परन्तु यह स्मरण रखना चाहिए कि ये बातें वैष्णवों में बहुत पहले से प्रचलित थीं। उक्त ग्रन्थों के प्रणेताओं ने उनका संग्रह भर किया है। इस बात को ध्यान में रखने पर सूरदास की स्वतन्त्र सृजन-शक्ति का महत्त्व समझ पड़ता है।

2. सूरदास की कविता का विषय

सूरदास भक्त थे। 'सूरसागर' का कोई भी पाठक कह सकता है कि सूरदास

1. उ. नी. म. कि., पृ. 14-17
2. भागवतामृत-कण, पृ. 7

उस श्रेणी के भक्त नहीं थे जैसे तुलसीदास। तुलसीदास की कोई भी रचना पढ़ने पर उनके दास्य-भाव की प्रधानता स्पष्ट ही दिखायी पड़ती है, परन्तु सूरदास में यह भाव नहीं के बराबर है। सूरदास की भक्ति में वात्सल्य-भाव और सख्य-भाव की प्रधानता है। माधुर्य-रस के प्रवाह में शायद कभी भी वे गौड़ीय वैष्णवों जैसा नहीं बहे। राधा-भाव के भजन 'सूरसागर' में कम नहीं हैं, पर सूरदास सर्वत्र उन स्थानों पर तटस्थ की भाँति रहते हैं। कहीं भी राधा में आत्म-भाव या सखी-भाव नहीं रखते। आरम्भ में सूरदास, जान पड़ता है, सख्य या वात्सल्य की अपेक्षा दास्य की ओर अधिक झुके थे। 'सूरदास की विनयपत्रिका' के नाम से जो संग्रह प्रकाशित हुआ है, उसमें सूरदास दास्य-रस के ही भक्त जान पड़ते हैं। इस अनुमान का समर्थन गोकुलनाथजी की चौरासी वैष्णवों की वार्त्ता से भी होता है। उक्त ग्रन्थ के अनुसार एक बार महाप्रभु वल्लभाचार्य ब्रज में आकर कुछ दिनों तक गऊघाट पर टिके रहे। वहीं सूरदासजी का स्थान था। उनकी भक्ति और गान की मिठास के कारण बहुत लोग सूरदास के सेवक हो गये थे। महाप्रभु के आने की खबर जब सूरदास को मिली तो दर्शनार्थ उनके पास गये। उस समय महाप्रभु ठाकुरजी को भोग समर्पण करके स्वयं भी भोजन कर गादी पर विराज रहे थे। सूरदास को देखकर आपने कुछ भगवद्-भजन करने का आदेश किया। सूरदास ने आज्ञा पाकर यह पद गाया :

> हरि हौं सब पतितन कौ नायक।
> को करि सकै बराबरि मेरी और नहीं कोउ लायक।
>
> × × ×
>
> ऐसी कितिक गिनाउँ प्रानपति सुमरन है भगौ आड़ौ।
> अब की बार निबार लेउ प्रभु सूर पतित कौ टाँड़ौ।

तथा :

> प्रभु हौं सब पतितन कौ टीकौ।
> और पतित सब द्यौस चारि के हौं तो जनमत ही कौ।
> बधिक अजामिल गनिका तारी और पूतना ही कौ।
> मोहिं छाँड़ि तुम और उधारे मिटै सूल क्यों जी कौ।
> कोउ न समरथ अघ करिबे कौं खैंचि कहत हौं लीकौ।
> मरियत लाज सूर पतितन में मोहू तें को नीकौ।

यह सुन प्रभु ने कहा—"सूर ह्वै कैं ऐसो घिघियात काहे कौं है, कछू भगवत्-लीला वर्णन करि।" इस पर सूरदास ने अपना अज्ञान बताया तब महाप्रभु ने उन्हें स्नान करके उनके पास आकर समझ लेने की आज्ञा दी। यथावत् कर लौट आने पर महाप्रभु ने पहले सूरदास को नाम सुनाया, फिर समर्पण कराया और बाद में भागवत दशम स्कन्ध की अनुक्रमणिका कही। इसके बाद सूरदास को ज्ञानोदय हुआ और सारी भागवत की लीला का स्फुरण हुआ और उन्होंने यह पद गाया :

> चकई री चलि चरनसरोवर जहाँ न प्रेमवियोग।

यह पद उन्होंने आचार्यकृत दशम स्कन्ध की सुबोधिनी के मंगलाचरण की कारिका के अनुरूप बनाया। वह कारिका इस प्रकार है :

नमामि हृदये शेषे लीलाक्षीराब्धिशायिनम्।
लक्ष्मीसहस्रलीलाभिः सेव्यमानं कलानिधिम्।

सूरदास के पद को सुनकर आचार्य सन्तुष्ट हुए। बाद को सूरदास ने यह पद सुनाया :

ब्रज भयौ महर के पूत जब यह बात सुनी। इत्यादि।

इस परम्परा की सचाई पर अविश्वास करने का कोई कारण नहीं है। इसलिए यह मान लिया जा सकता है कि महाप्रभु के संसर्ग में आने के बाद सूरदास ने अपना पुराना रास्ता छोड़ दिया और अपने गानों का मुख्य विषय भगवत्-लीला को ही बना लिया।

'सूरसागर' और कुछ नहीं, शुरू से अन्त तक भगवत्-लीला का वर्णन है। इसी लीला के अन्तराल से सूरदास का युग देखना पड़ता है जो सम्पूर्ण न होते हुए भी अस्पष्ट नहीं है। यत्र-तत्र उससे उस युग की रहन-सहन, पहनावा, बोल-चाल, धर्म-विश्वास आदि पर प्रकाश पड़ता है। पर सूरदास ने भूलकर भी इन विषयों पर प्रत्यक्ष रूप से कुछ नहीं लिखा।

कवि सूरदास की बहिरंग-परीक्षा

1. आधुनिक और मध्य-युग का साहित्य

एक बार हम भक्त सूरदास को जहाँ-का-तहाँ छोड़ देना चाहते हैं। केवल कवि सूरदास की चर्चा—सो भी बहिरंग की चर्चा—अनुचित ज़रूर है, पर इस बीसवीं शताब्दी के लेखक को इस अनौचित्य की सीमा के भीतर प्रवेश करना आवश्यक हो गया है। सूर-साहित्य की बहिरंग-परीक्षा में ही इस अनुचित प्रवेश के कारण पर प्रकाश पड़ेगा।

एक युग था जब साहित्य की रचना ऊँचे आदर्श पर की जाती थी। काव्य हो या नाटक, उसका नायक 'प्रख्यातवंशो राजर्षिः धीरोदात्तः प्रतापवान्' हुआ करता था। उसके वर्ण्य-विषय का यह आवश्यक कर्त्तव्य समझा जाता था कि वह मनुष्य के किसी स्थायी भाव—रति, उत्साह आदि को जाग्रत करे। पर आज वह युग नहीं रह गया है। आज शिक्षा का विस्तार हुआ है, जीवन की समस्याएँ शतमुखी

होकर परिदृष्ट हुई हैं—साहित्य सस्ता हो गया है, साहित्यकार चंचल। उस युग का कवि एक ऊँचे आदर्श की कल्पना करता था और पाठक के चित्त को अपनी इन्द्रजाली भाषा के द्वारा ऊपर उठाता था। वह उसी ऊपर के कल्पना-लोक में मानव-चित्त की सारी अनुभूतियाँ प्रतिफलित करता था जिसका फल यह होता था कि सहृदय का चित्त उससे आनन्द तो ले सकता था पर नाना समस्याओं के बोझ से क्लान्त नहीं हो उठता था। कालिदास के 'मेघदूत' में ऐसी कोई बात नहीं है जो साधारण विरही नित्य-प्रति अनुभव न करता हो, परन्तु फिर भी उसमें एक ऐसा गुण है जो सहस्राधिक वर्ष से मनुष्य के चित्त को उद्भ्रान्त किये है। यह गुण है उसका नित्य जीवन के ऊपर के कल्पना-लोक में अवस्थान। अति प्रकृत यक्ष के मुँह से, मेघों के द्वारा जो सन्देशा, अलकापुरी में (जहाँ चिर यौवन नित्य वर्त्तमान रहता है), भेजा गया है वह सम्पूर्ण भावजगत् की चीज़ हो गयी है। आज इतना ऊँचा जाना बेकार समझा जाता है। हमारे सामने ही, नाना भाँति की समस्याएँ पड़ी हुई हैं जो प्रेम और विरह को नाना भावों से विचित्र बना सकती हैं, तो हम दूर क्यों जायँ ? एक अशिक्षित मजदूर की विरह-कथा क्या किसी यक्ष की विरह-कथा से कम महत्त्व रखती है ? और फिर प्रेम और विरह की वही एक-घृष्ट (monotonous) पुरानी बातें बार-बार दुहराने की आवश्यकता ही क्या है ? मनुष्य की अन्तर्वृत्ति आज की भौतिक सभ्यता की जटिलता के कारण नाना समस्याओं की क्रीड़ा-भूमि हो गयी है। मजूरों और पूँजीपतियों के नाना मनोभाव इससे पहले इस रूप में दृष्टिगोचर नहीं हुए थे; स्त्री और पति के प्रेम में वह पुरानी एकरसता अब नहीं रह गयी है, उसकी भी नाना दिशाएँ हैं, नाना समस्याएँ हैं; फिर इन बातों को साहित्य में क्यों न स्थान दिया जाय ? आज स्त्री और पुरुष में प्रतिद्वन्द्विता है, स्वामी और भृत्य में प्रतिद्वन्द्विता है, शासक और शासित में प्रतिद्वन्द्विता है, न्यायाधीश और अपराधी में प्रतिद्वन्द्विता है, साधु और चोर में प्रतिद्वन्द्विता है—संसार प्रतिद्वन्द्वियों का अखाड़ा हो गया है! साहित्य इन समस्याओं को कैसे भुला दे ?

ठीक ही है। साहित्य जिस वेग से उन्नत हो रहा है, उसे देखते हुए यह आशा करना व्यर्थ है कि वह मध्य-युग के या आदियुग- के परिकल्पित आदर्शों की संकीर्ण सीमा में बैठा रहेगा। वस्तुतः आज यही हो रहा है। संसार के किसी भी बड़े कवि या नाटककार की रचना को पढ़ जाइए, उसमें एक ही प्रयत्न नाना रूपों में चित्रित मिलेगा—वर्त्तमान समस्याओं का समाधान। परन्तु ये वर्त्तमान समस्याएँ हैं क्या ? एक शब्द में कहना हो तो कहेंगे—अप्रेम।

जिस साहित्य की नींव अप्रेम पर हो वह ऊँचा हो सकता है, गम्भीर तत्त्वपूर्ण भी हो सकता है; पर स्थायी नहीं होगा। मध्य-युग के भक्त कवियों में इस प्रकार की समस्याओं के समाधान की कोई ऐसी प्रवृत्ति नहीं है—समस्याएँ भी इतनी अधिक नहीं थीं—परन्तु वह एक सुदृढ़ नींव पर स्थापित है, यह सुदृढ़ नींव है प्रेम।

ऊपर की बात हम जितनी जल्दी कह गये हैं, शायद उतनी जल्दी में कहना

अनुचित हुआ है। क्या सचमुच मध्य-युग के सामने कोई समस्या नहीं थी? इसी अध्ययन के पिछले अध्यायों का हवाला देकर बताया जा सकता है कि उस समय भी समाज को एक विकट समस्या का समाधान करना पड़ रहा था। सूरदास आदि भक्तों ने अपने ढंग से उसके समाधान का प्रयत्न भी किया था। और फिर हमसे पूछा जा सकता है—आज के इस विराट् साहित्यिक प्रयत्न में क्या सचमुच कोई स्थायित्व का चिह्न नहीं है? क्या सचमुच फीलिंडग, स्मोलेट, बालज़ाक, दोदे, ज़ोला, अनातोले फ्रान्स, गेटे, तुर्गनेव, टालसटाय, बर्नर्ड शा, गाल्सवर्दी, मेटरलिंक, रवीन्द्रनाथ और प्रेमचन्द, एक अस्थिर साहित्य की सृष्टि कर रहे हैं या कर गये हैं? इन बड़े-बड़े साहित्य-महारथियों में अनेक के ग्रन्थ-रत्नों को मौलिक या अनूदित रूप में देखने का सौभाग्य इन पंक्तियों के लेखक को नहीं प्राप्त हुआ। जो कुछ देखा है, या देखनेवालों के मुँह से सुना है, वह निश्चय ही अपूर्व है। कितने ही साहित्यिकों के ग्रन्थ-रत्नों को निश्चय ही यह कृतज्ञ संसार चिरकाल रक्षित रखेगा।

फिर सूरदास आदि मध्य-युग के कवियों और इन आधुनिक साहित्यिकों में भेद क्या रहा? सूरदास भी अपने युग की समस्याओं का समाधान कर गये हैं, मेटरलिंक या गाल्सवर्दी भी वही कर रहे या कर गये हैं। सूरदास के युग में भी कितने ही कवि ऐसे हो गये हैं जो संसार में नाम-शेष होकर भी नहीं रह सके और इस युग में ऐसे कवि-रत्न हैं जो चिरकाल के लिए अपनी कीर्त्ति छोड़ जायँगे। फिर कौन-सी ऐसी विभाजक रेखा है जो मध्य-युग के कवियों की विशेषता का निर्देश करेगी?

सच पूछिए तो भेद है; और इसी भेद के अनुसन्धान के लिए हम सूरदास को केवल कवि के रूप में देखना चाहते हैं। वह भेद है, आकृति और प्रकृति का, भाषा और भाव का, रूप और रस का, शरीर और आत्मा का। आधुनिक साहित्य-निर्माता के ग्रन्थ में बिना किसी अपवाद के आप एक गुण पायेंगे। पन्ने के बाद पन्ना पढ़ते जाइए, आपका मस्तिष्क नहीं ऊबेगा। प्रत्येक पन्ने में कुछ ज्ञान-विज्ञान की, कुछ तत्त्व-अतत्त्व की बातें इस सुन्दरता के साथ लिखी मिलेंगी कि आप मन्त्र-मुग्ध की भाँति आगे बढ़ते जायेंगे। दूसरी ओर, मध्य-युग के या आदि-युग के किसी महाकाव्य को लीजिए—उदाहरण के लिए वाल्मीकीय रामायण। जगह-जगह पर फीके श्लोक ही नहीं मिलेंगे, अध्याय का अध्याय अनावश्यक बोझ-सा जान पड़ेगा। फिर भी उस युग के महाकाव्य में सब मिलाकर कुछ मिलेगा, परन्तु इस युग का ग्रन्थ समाप्त होने के बाद आपको जहाँ-का-तहाँ छोड़ देगा। उस युग का काव्य महानद के समान है, उसके दस-बीस-पचास तरंग निरर्थक या शिथिल भी हों तो कोई हर्ज नहीं, बीच-बीच में शैवाल-पुंज के कारण आविलता भी आ गयी हो तो कुछ बात नहीं—अन्त में वह रस के महासमुद्र की ओर ले जायेगा ही। दूसरी ओर इस युग के काव्य का प्रत्येक पन्ना एक-एक मणि है। एक के बाद दूसरे रत्न की आभा पर मुग्ध होते जाइए परन्तु यहीं तक, इसके आगे नहीं। वर्त्तमान युग का समस्या-नाटक आपकी आँख में उँगली घुसेड़कर कानून की दुर्बलता, न्याय

की अन्याय-परायणता, प्रेम की अप्रियता, विवाह की विच्छिन्नता, धर्म की अधार्मिकता, घृणा का प्रेम दिखा देगा और बस। आप जिस दुनिया में हैं वह दुनिया और भी नग्न होकर आपके सामने आ जायेगी।

मध्य-युग का कवि भी कम-बेशी दुनिया को उसके वास्तविक रूप में दिखायेगा। सूरदास, तुलसीदास, कबीरदास, सबने दुनिया के उस मायावी अंग की ओर अंगुलि-निर्देश किया है। परन्तु उस युग की कविता में---हम केवल कविता की बात कह रहे हैं, भक्ति-भरे पदों की नहीं---यह समस्या नितान्त गौण स्थान अधिकार करती है। वही मुख्य होकर नहीं आती। आप अगर न भी जानें कि किन सांसारिक अड़चनों की ओर इशारा किया गया है तो भी रस-बोध में रत्ती भर भी कमी नहीं आयेगी। परन्तु आज का कोई नाटक या काव्य या उपन्यास, जिसमें आधुनिक समस्याओं पर प्रकाश डाला गया है, पढ़िए---आप निरन्तर सोचते रहेंगे, 'वाकई हम लोग इस प्रकार की पेचीदी जिन्दगी बसर कर रहे हैं और हमारा ध्यान भी कभी इधर नहीं जाता।' देखना है कि इसका कारण क्या है। क्यों मध्य-युग का कवि अपने पारिपार्श्विक जगत् से इतना ऊँचा उठ जाता है। सूरदास को लेकर ही अध्ययन आरम्भ किया जाय।

इस प्रश्न के उठते ही सबसे पहली बात जो आँखों के सामने आती है वह है साहित्य के आकार की। इस युग का साहित्यिक साहित्य को एक विशुद्ध आधुनिक वेश में सजाता है। इसकी भूमिका पाठक की कल्पना-भूमि के साथ एक ही तल में रहेगी। जितनी ही यह उस तल में रहेगी, इस साहित्य के लिए उतनी ही अधिक सुविधा होगी। परन्तु मध्य-युग का कवि अपनी भूमिका पाठक की भूमिका से कहीं ऊँची---अवश्य ही, समानान्तर---रखेगा।

असीम और निरपेक्ष कृष्ण के साथ ससीम और सापेक्ष गोपियों की प्रेम-लीला ऊपर से कितनी ही मोहक हो, है एक अतुलनीय tragedy। उस विरह का कोई कूल-किनारा नहीं, कोई हद्दो-हिसाब नहीं। वैष्णव कवि अपने साहित्यिक आकार के लिए इस सनातन-कथा को चुनेगा और फिर संसार का सारा हाव-भाव, लीला-विभ्रम इस महासागर में लीन कर देगा। उद्धव-संवाद के बहाने 'सूरसागर' की स्थिर गम्भीर वारि-राशि में संसार की सारी व्याकुलता और सारी विरह-वेदना प्रतिबिम्बित हुई है। गोपियों की प्रेम-लीला मर्त्यलोक के मनुष्य की पहुँच से कितनी ही ऊँची क्यों न हो, है उसके समानान्तर। इस आकार-निर्वाचन में वैष्णव कवि की समता संसार के शायद ही कुछ कवि कर सकें। यहीं मध्य-युग का कवि आधुनिक युग के कवि से अलग हो जाता है।

साहित्य-सृष्टि की मूल शक्ति का नाम संश्लेषणी है, विश्लेषणी नहीं। स्थायी साहित्य की रचना के लिए आवश्यक है एक अत्यन्त दृढ़ समुन्नत भूमि। वह एक तरफ जहाँ मानव-चित्र के अति निकट नहीं होना चाहिए, वहीं दूसरी ओर उसमें सामयिकता की ऐसी निकटता भी नहीं होनी चाहिए जो चित्त को तत्तद् समस्याओं में उलझा दे। वर्तमान साहित्य इस रास्ते पर नहीं चल रहा है। उसमें विश्लेष की

प्रधानता है, संश्लेष या संघात की नहीं; वह किसी दृढ़ समुन्नत भित्ति पर अवस्थित नहीं है, अथच उसमें सामयिकता की मात्रा पर्याप्त है। इस दृष्टि से जहाँ मध्य-युग का साहित्य आकार में इससे भेद रखता है, वहाँ प्रकार में भी। इस युग के साहित्य में विश्लेष इतने वेग से दिखायी नहीं पड़ा। यह ठीक है कि आदि-युग के काव्य की अपेक्षा मध्य-युग का काव्य अधिक विश्लेष-प्रवण है पर उतना तो एकदम नहीं जितना आज का।

सूरसागर के प्रत्येक पद को उसी में स्वतन्त्र समझा जा सकता है तथापि सारा सूरसागर 'सागर' है। उसकी एक-एक तरंग जिस प्रकार विश्लिष्ट भाव से पूर्ण है उसी तरह संश्लिष्ट भाव से भी। सूरदास की यह विशेषता है। वे विश्लेष में भी अनुपम हैं, संघात में भी।

इसके बाद ही मध्य-युग और वर्त्तमान युग की विभाजक दूसरी रेखा दिखायी पड़ती है। वह है भाषा और भाव की। अधुनातन साहित्य वस्तुवाद का पुजारी है। वह सब ओर से natural या real (स्वाभाविक या वास्तव) होना चाहता है। और क्षेत्रों में नाना क्षेत्रों का विवाद रह सकता है; पर भाषा और भाव में वह निश्चय ही real होगा। एक मज़दूर की बातों में वह केवल मज़दूर की प्रकृति, पहुँच और रचना भर को ही ध्यान में नहीं रखेगा, उसका उच्चारण, उसकी व्याकरण-सम्बन्धी गलतियों और मुहावरों की भूल भी ज्यों-की-त्यों रख देगा। मध्य-युग के संस्कृत नाटकों में यह प्रवृत्ति दिखायी पड़ी थी, पर वह एक सीमा तक आकर रुक गयी। आज का साहित्य रुकने का नाम नहीं जानता, उसे केवल आगे बढ़ना मालूम है—निरन्तर आगे बढ़ना।

संस्कृत भाषा का एक शब्द है 'भाव'; अर्थ है, 'that, what is—जो है!' यही 'that, what is' आज के साहित्य की प्रधान बात है। परन्तु 'भाव' कहाँ का? भारतीय पण्डितों का कहना है—'भीतर का'। ऊपरी आवरण चाहे जैसा हो, देखो उससे भीतर की वह चीज़ स्पष्ट हुई है या नहीं, 'जो है'—what is! गोपियों की भाषा गोपियों के अनुरूप है या नहीं—इससे कुछ आता-जाता नहीं। योग-मार्ग के उपदेशक उद्धव की भाषा में दार्शनिक गम्भीरता है या नहीं—इस चिन्ता की आवश्यकता नहीं। केवल देखो, उन्होंने हृदय के जिस 'भाव' ('जो-है') को छूना चाहा था उसे छू पाया है या नहीं। अगर छू पाया है, काम हो चुका—'भाव अनूठो चाहिए भाषा कोऊ होय!' सूरदास की भाषा का लक्ष्य उसी भाव को छूना है, वह आलंकारिक भी है, सादी भी है, चित्रमय भी है, पर है सर्वत्र भाव की अनुगामिनी। वह real और unreal से बहुत ऊपर है।

सौ बात की एक बात यह कि मध्य-युग की कविता रूप और रस को अपने-अपने स्थान पर अच्छी तरह सजाती है। रस की सृष्टि करते समय वह रूप को अगसर नहीं कर देती और रूप की रचना के समय वह उसे नीरस नहीं होने देती। उसका रूप रस का आश्रय है, रस रूप का पूरक।

इतना सुन लेने के बाद हमारे पाठक शायद हमको यह अधिकार देंगे कि हम

मध्य-युग की कविता की आत्मा की ओर इशारा करें। यह आत्मा है प्रेम। बीसवीं शताब्दी की प्रतिद्वन्द्विता की समस्याएँ सौ-पचास वर्ष में या तो लुप्त हो जायेंगी या दूसरा रूप धारण कर लेंगी। पर श्रीकृष्ण और राधिका की सुदृढ़ समुन्नत भूमि पर प्रतिष्ठित ये प्रेम और विरह के गान अनन्त काल तक यों ही बने रहेंगे। न इनमें जीर्णता आयेगी, न मृत्यु। इनकी आत्मा है जो,

सत्त्वोद्रेकादखण्डस्वप्रकाशानन्दचिन्मयः
वेद्यान्तरस्पर्शशून्यो ब्रह्मास्वादसहोदरः।
लोकोत्तरचमत्कारप्राणः कश्चित्प्रमातृभिः
स्वाकारवदभिन्नत्वेनायमास्वाद्यते रसः।

2. सूरदास का साहित्य, उनकी जीवनी और प्रभाव

अठारहवीं शताब्दी के अन्तिम भाग में एक फ्रेंच पण्डित ने सूरदास के कुछ भजनों का फ्रेंच भाषा में अनुवाद किया था। ये भजन उसने किसी ग्रामीण भिखारी के मुँह से सुने थे। इसके बाद पचास साल तक यूरोप में किसी ने इनके पदों का कुछ परिचय प्राप्त किया या नहीं, नहीं मालूम। उस समय के कुछ अनधिकारी पादरियों ने कृष्णायत सम्प्रदायों और कृष्ण-भक्तों के विरुद्ध एक विषैला वातावरण तैयार कर रखा था। पी. ज्योर्ग्री (P. Georgri) नामक एक ऐसे ही पादरी ने प्रचार किया था कि कृष्ण वस्तुतः प्रभु (क्राइष्ट) का नामान्तर है जिसे अति दुष्ट वंचकों (हिन्दुओं) ने बड़ी धूर्तता और नीचता के साथ इस पवित्र चरित्र को गँदला कर दिया है! (Cunningly and impiously polluted by most wicked imposters) जहाँ इस प्रकार का विकृत वायुमण्डल हो वहाँ से कुछ आशा करना व्यर्थ है।

परन्तु यह अवस्था बहुत दिनों तक नहीं रही। एफ. एस. ग्राउज़ (F. S. Growse) नामक प्रसिद्ध पण्डित ने सन् 1883 में 'चौरासी वैष्णवों की वार्त्ता' का कुछ अंश अंग्रेज़ी में अनूदित किया। इससे यूरोप के पण्डितों का ध्यान सूर-साहित्य की ओर आकृष्ट हुआ। विल्सन की प्रसिद्ध पुस्तक The Religious Sects of the Hindus में भी कुछ अंश अनूदित होकर प्रकाशित हुआ था। परन्तु सूरदास का वास्तविक परिचय कराया हिन्दी-साहित्य के अति परिचित पण्डित ग्रियर्सन ने। सन् 1889 में कलकत्ता से इनकी पुस्तव The Modern Vernacular Literature of Hindustan (हिन्दुस्तान की वर्त्तमान देशी भाषाओं का साहित्य) प्रकाशित हुई। उसी साल के 'जर्नल ऑफ दि रॉयल एशियाटिक सोसायटी बंगाल' में आपने हिन्दी कवियों की एक नामावली भी प्रकाशित करायी। सन् 1907 के एक लेख में ग्रियर्सन साहब ने अपनी पुस्तक की तारीखों की अप्रामाणिकता स्वीकार की है। (The dates in this are frequently taken from the native sources and are not always to be relied upon.)

यूरोप के पण्डितों ने इस भक्त-कवि की महिमा को हृदयंगम किया हो या

नहीं, भारतवर्ष के पण्डितों ने बहुत पुराने ज़माने से अपना हृदय खोलकर इनके चरणों में अपनी श्रद्धांजलि अर्पण की है। पुराने ज़माने की 'चौरासी वैष्णवों की वार्त्ता' 'भक्तमाल' आदि पुस्तकों से लेकर इस युग के नाना पण्डितों की आलोचनाओं में इस महाकवि के प्रति असंकोच आदर-भाव प्रदर्शित किया गया है। इस युग में सूरदास के प्रति जो श्रद्धांजलि दी गयी उसमें सर्वश्रेष्ठ, और शायद सर्वप्रथम भी, है भारतेन्दु हरिश्चन्द्र की। इसके बाद अन्य अनेक पण्डितों ने इस साहित्य का रसास्वादन किया और कराया है। साहित्य की छानबीन भी हुई है और फलस्वरूप सूरदास की वास्तविक जीवनी और उनकी लिखी पुस्तकों की वास्तविक तालिका भी तैयार करने की कोशिश की गयी है। पता चला है कि उनके बनाये ग्रन्थों के नाम हैं—'सूरसागर', 'सूरसारावली', 'साहित्य-लहरी', 'भागवत दशम स्कन्ध की टीका', 'ब्याहलो' और 'नलदमयन्ती'। 'सूरसारावली' 'सूरसागर' का ही संक्षिप्त संस्करण है। 'साहित्य-लहरी' उनके दृष्टकूटों में कुछ और जोड़कर रची गयी है। नाग-लीला और पद-संग्रह सूरसागर के ही भाग हैं। अन्तिम तीन ग्रन्थों ('टीका', 'ब्याहलो' और 'नल-दमयन्ती') के बारे में पण्डितों को सन्देह है कि ये सूरदास के रचित हैं या नहीं। अर्थात् 'सूरसागर' ही उनका ग्रन्थ है!

वास्तविक जीवनी? पण्डितों ने अथक परिश्रम के बाद उनकी निकटतम वास्तविक जीवनी खोज निकाली है। और वास्तविक ग्रन्थ तालिका? वह भी तैयार कर ली गयी है! कहा जाता है, 'सूरसागर' में सवा लाख पद हैं; पर पण्डितों ने देखा है, दस हज़ार भी नहीं हैं। कहा जाता है सूरदास ने अपनी प्रेमिका से आँखें फुड़वा ली थीं, पण्डित-मण्डली को इसका कोई प्रमाण नहीं मिला। कहा जाता है सूरदास को भगवान् ने कुएँ में से निकाला था। पण्डित लोग इन बच्चों की-सी बातों पर हँसकर रह गये हैं और फिर भी वास्तविक जीवनी तैयार है।

पण्डित-मण्डली मुझे क्षमा करे—मैं उसके परिश्रम और उसकी ईमानदारी का आदर करता हूँ—सूरदास की वास्तविक जीवनी वह नहीं है जो ऐतिहासिक प्रमाणों के बल पर तैयार की गयी है। उनका वास्तविक साहित्य वह नहीं है जो पुरानी कीट-क्लिष्ट पोथियों में लिखा गया है। कोटि-कोटि भारतवासी के हृदय पर वह साहित्य लिखा हुआ है। वही उनका वास्तविक साहित्य है। उसमें सचमुच सवा लाख पद हैं—सवा लाख, असंख्य! और उनकी वास्तविक जावनी इस प्रकार है :

उस दिन यमुना के किनारे अचानक एक प्रौढ़ युवक दिखायी दिया। संसार में वह उसी रूप में आया था। उसका रंग गौर, मुँह सुन्दर, बातें मीठी और रूप लुभावना था। वह साधु था।

युवक साधु की ओर देखकर उसकी ओर आकृष्ट हुए बिना नहीं रहा जाता था। पौर-युवतियाँ इस साधु के चरणों में अपनी भक्ति भेंट करने के लिए उतावली हो उठीं। साधु निर्मम, निःस्पृह भाव से सबकी ओर देखता, आशीर्वाद देता और फिर भगवान् का नाम जपने लगता।

एक दिन साधु ध्यानावस्थ होकर बैठा था। पौर-युवतियों का दल आज भी अपने पति-पुत्र की मंगलकामना से साधु को प्रणाम कर रहा था। साधु आज चंचल था। उसने जोर से आँखें मूँद लीं। इसी समय उसे ऐसा जान पड़ा कि वह जिसका ध्यान कर रहा था वह हृदय से निकल भागा। भगवान् को हृदय में न पाकर साधु व्याकुल हो उठा। इधर-उधर खोजने के लिए आँखें खोलीं और लो, उसके भगवान् एक अपूर्व, अभिनव वेश में सामने ही खड़े मिले! इस बार उन्होंने मोहिनी मूर्त्ति धारण की थी। सामने एक स्त्री थी। साधु तरुण, इस भगवान् के मनोहर रूप पर मुग्ध हो गया और चल पड़ा समाधि छोड़कर उसके पीछे-पीछे!

इसी समय उसने देखा भगवान् फिर एक बार हृदय में आ गये हैं, वह लौट पड़ा! पर कहाँ, भगवान् तो फिर उसी मोहिनी में समा गये! अन्त में अनुसरण ही श्रेष्ठ-पन्थ जान पड़ा। उस युवती ने समझा, आज भाग्य जगा जो महात्मा हमारे घर पधारे।

युवती ने पूछा, "क्या सेवा करूँ?"

महात्मा ने कहा, "दो तीक्ष्ण काँटे ले आओ।"

युवती ने तत्काल आज्ञा-पालन की। साधु बोला :

"देवि,[1] तुम्हें क्या मालूम है मैंने इन पापी आँखों को बन्द करके तुम्हें देखा है। मेरी विभोर वासना तुम्हारे इसी मुख की ओर दौड़ पड़ी थी। उस समय तुम्हारे विमल हृदयरूपी आईने में मेरे कलुष-निःश्वास की कुछ छाया पड़ी थी। लज्जा ने सहसा आकर वस्त्र की भाँति रंगीन आवरण से तुम्हारे मुख को इन लुब्ध नयनों से बचाने के लिए ढक लिया था। वह मेरी मोहमयी चंचल लालसा काले भौंरे की भाँति तुम्हारे दृष्टि-पथ के चारों ओर क्या गुनगुना रही थी?"

युवती कुछ समझ नहीं पायी। आश्चर्य से उस तरुण साधु की ओर ताकती रह गयी।

साधु ने कहा, "लो,[2] इन तीक्ष्ण काँटों से मेरी काली आँखें फोड़ दो। जिन आँखों की प्यास तुम्हारे लिए है, वे तुम्हारे ही हों।"

उस समय सन्ध्या-सूर्य आकाश के प्रान्त भाग में जा चुका था। युवती के व्रीड़ा-रक्त कपोलों पर सन्ध्या की लाली पड़कर उसे और भी गाढ़ कर रही थी। साधु एक बार फिर चंचल हो उठा :

"ज़रा[3] ठहरो। समझ नहीं रहा हूँ। ज़रा सोच लेने दो। संसार को लुप्त कर देनेवाला यह चिर अन्धकार क्या सदा यों ही रहेगा? क्रमशः धीरे-धीरे उसमे तुम्हारी यह मधुर मूर्त्ति, पवित्र मुख और स्निग्ध आनत आँखें क्या फूट नहीं पड़ेंगी? इस समय जैसे देवी की प्रतिमा की भाँति खड़ी हो; स्थिर, गम्भीर, करुण नयनों से मेरे हृदय की ओर देख रही हो, वातायन से सन्ध्या-किरण आकर तुम्हारे

1. श्री रवीन्द्रनाथ की 'सूरदासेर प्रार्थना' कविता से।
2. वही।
3. वही।

ललाट-देश पर पड़ी हैं। मेघों का आलोक तुम्हारे निबिड़कृष्ण केश-पाश पर विश्राम कर रहा है—तुम्हारी यह श्रान्तिरूपिणी मूर्त्ति, अति अपूर्व साज से सज्जित होकर मेरी अनन्त रात्रि में अनल रेखा के रूप में फूट उठेगी। तुम्हें घेरकर यह सन्ध्या चिरकाल तक जगी रहेगी और अपने आप तुम्हारे चारों ओर एक नया संसार उपस्थित होगा। यह वातायन (खिड़की), वह चम्पा-वृक्ष, वह दूर की सरयू (यमुना ?) की रेखा इस रात्रि-दिवसहीन अन्ध हृदय में चिरकाल तक देखी जायेगी। उस नये संसार में काल-स्रोत न होगा, परिवर्त्तन भी न होगा। आज का यह दिन अनन्त होकर चिरकाल के लिए जगा रहेगा।···तुममें देखूंगा अपने देवता को, अपने हरि को। तुम्हारे आलोक में अपनी अनन्त विभावरी (रात्रि) में जगा रहूँगा।"

इसके बाद युवती ने साधु की इच्छा पूरी की। उस पारस-मणि के स्पर्श करते ही—अवश्य काँटों से—युवक कवि हो गया; कवि, भक्त। चक्षुष्मान् अन्धा हो गया; अन्धा, प्रज्ञाचक्षु।

इधर गोलोक में पहली बार राधिका का हृदय प्रिय के लिए उत्कण्ठित हुआ। राधिका ने श्रीकृष्ण से पूछा, "प्राणनाथ, यह उत्कण्ठा कैसी ?"

प्राणनाथ ने उत्तर दिया, "प्रिये, वियोग अवश्यम्भावी है।"

प्रिया की भरी आँखों ने पूछा, "उपाय ?"

प्रिय ने बंसी उठाकर दिखाया—"वह देखो, उस अन्ध गायक को। उसके गानों में राधिका को उतरना पड़ेगा, कृष्ण को उतरना पड़ेगा, गोपियों को उतरना पड़ेगा। गोलोक कुछ दिन के लिए बन्द करना पड़ेगा। इस समय एकमात्र उपाय यह है कि भू-लोक को गोलोक कर दिया जाय।"

कहते हैं उस दिन से राधिका ने भारतवर्ष के घरों में आश्रय लिया और कृष्ण ने सर्वत्र। वह अन्ध गायक न वृद्ध हुआ, न मरा। उसने जो कुछ गाया, वह उसके लाख-लाख गानों के रूप में फैल गया। लोग हँसते थे उसके गानों में, रोते थे उसके गानों में और सोते-जागते थे उसके गानों में।

3. सूरसागर की भाषा के दो गुण

सूरदास तीन हैं—कवि और भक्त, केवल भक्त और कथा-गायक। जहाँ प्रेम का प्रसंग आता है, वहाँ सूरदास कवि और भक्त हैं; जहाँ आत्म-निवेदन का वेग तीव्र रहता है वहाँ वे भक्त हैं; और ब्रज की प्रेम-लीला के बाहर वे सर्वत्र कथा-गायक हैं। तीसरे सूरदास में कवि सूरदास का कोई चिह्न नहीं दिखायी देता, पर भक्त सूरदास उसमें अनमने भाव से बैठे रहते हैं। इस तृतीय श्रेणी के सूरदास मानो अपने स्थान से च्युत हो गये हैं, अपने क्षेत्र से निर्वासित हो गये हैं। मानो ब्रज के बाहर की लीलाओं को गाते समय वे कहते कुछ और रहते हैं, सोचते कुछ और। इन गानों के पीछे से एक अस्पष्ट ध्वनि-सी निकलती रहती है, 'गा लो भाई, यह भी भगवान् की लीला है, अच्छा नहीं लगता तो क्या है, घी का लड्डू टेढ़ा भला।' इसीलिए तीसरी श्रेणी के सूरदास की भाषा फीकी-सी मालूम होती है। वह

व्याकरण की दृष्टि से उतनी ही शुद्ध हो सकती है जितनी पहली या दूसरी श्रेणी की, परन्तु उसमें वह प्रवाह कहाँ ! अब हम पहली और दूसरी श्रेणी की कविताओं की भाषा पर विचार करें।

'सूरसागर' की भाषा पर लिखते समय क्या लिखा जाय ? क्या यही कि सूरदास ने 'देख्यौ' लिखा है या 'देख्यो' ? या सूरदास की भाषा के अध्ययन से सौरसेनी और महाराष्ट्री प्राकृत भाषाओं की पुरानी वास-भूमि पर कोई प्रकाश पड़ता है या नहीं ? अब तक विद्वानों का विचार रहा है कि महाराष्ट्री प्राकृत महाराष्ट्र प्रान्त की भाषा थी। अब अध्यापक मनमोहन घोष के रिसर्चों ने सिद्ध किया है कि वस्तुतः महाराष्ट्री मध्यदेश की ही भाषा थी। उनका विश्वास है कि सूरदास आदि पुराने ब्रजभाषी कवियों की भाषा इस विषय पर और प्रकाश डाल सकती है। हम इन प्रश्नों की गुरुता समझते हैं, परन्तु इस परिमित क्षेत्र में हम इधर-उधर दौड़ना अच्छा नहीं समझते। इसके लिए पर्याप्त समय की भी आवश्यकता है। तो 'सूरसागर' की भाषा पर क्या विचार लिखा जाय ? सच पूछा जाय तो जब तक 'सूरसागर' का कोई सुसम्पादित प्रामणिक संस्करण प्रकाशित नहीं हो जाता, तब तक उसके भाषाशास्त्रीय अंग पर विचार करना पानी पर लकीर खींचना है। जिन प्रतियों को लेकर यह अध्ययन आरंम्भ किया गया है, वे इतनी अशुद्ध हैं कि जिसका कोई हद्दो-हिसाब नहीं। इसलिए हम 'सूरसागर' की भाषा के काव्यांग पर ही विचार करना चाहते हैं।

गद्य और पद्य में यह अन्तर है कि गद्य का लेखक स्वतन्त्र रहता है, पद्य का परतन्त्र। गद्य-लेखक चाहे जितने शब्दों को और चाहे जितनी मात्राओं को काम में ला सकता है, पर पद्य का लेखक कुछ अक्षरों और मात्राओं से अधिक या कम का व्यवहार नहीं कर सकता। गद्य का लेखक दुनियावी प्रयोजनों को लक्ष्य करके लिखता है, उसका पराजय उस स्थान पर है जहाँ वह उस प्रयोजन को प्रकट करने के लिए कम शब्दों का प्रयोग करके अस्पष्ट कर दे या अधिक शब्दों का प्रयोग करके निरर्थक। पद्य का लेखक यदि दुनियावी प्रयोजन को ही लक्ष्य में रखता है (जैसे वैद्यक और ज्योतिष आदि के श्लोक रचयिता), तो वह एक व्यर्थ का बन्धन स्वीकार करता है। परन्तु अगर वह दुनियावी प्रयोजनों से ऊपर उठ जाय तो कवि हो जाता है। इसलिए कवि सीमाबद्ध होकर भी प्रयोजन की सीमा से कहीं दूर निकल जाता है।

मतलब यह कि जिसको लेकर दुनिया का कारबार चल रहा है वह अकवि का लक्ष्य है, कवि का लक्ष्य उससे कहीं ऊपर है। औरों के लिए जो चीज़ नितान्त निष्प्रयोजन है, कवि उसी मामूली-सी चीज़ से एक असीम वस्तु की ओर संकेत करता है। अगर देखा जाय तो कुत्ते की पूँछ उसका सबसे अधिक अनावश्यक अंग है, परन्तु कृतज्ञता के आनन्द में विभोर कुत्ते में का 'कवि-पुरुष' अपना असीम आनन्द इसी निष्प्रयोजन अंग को हिलाकर प्रकट करता है। आँखों का काम है देखना। दुनियावी प्रयोजन के लिए पुतलियों को आँखों के कोने में आने की बिल्कुल

ज़रूरत नहीं। पर इसी अनावश्यक क्रिया—'कटाक्ष-पात'—से कवि एक अवाङ् मनोगोचर प्रेम को प्रकट करता है। कहने का मतलब यह है कि कवि परतन्त्र जरूर है पर इस परतन्त्रता का वह इतना अच्छा प्रयोग करता है कि संसार का अद्वितीय आदर-भाजन हो गया है। कवि की भाषा का उत्कर्ष देखना हो तो देखना चाहिए कि वह कितने कम शब्दों में, कितनी छोटी सीमा में बैठकर, किस असीम की ओर इशारा कर सका है। 'काव्य-प्रकाश' के शब्दों में उसके वाच्यार्थ से व्यंग्यार्थ कितना अतिशायी हुआ है।

काव्य की भाषा का दूसरा महत्त्वपूर्ण अंग है उसका चित्रमय होना। साधारण मनुष्य जिस बात को नाना भाव-भंगियों, व्याख्याओं और संकेतों का सहारा लेकर भी स्पष्ट नहीं कर पाता, कवि उसे बड़ी आसानी से एक साधारण-सी भंगी में प्रकट कर देता है। सूरदास में ये दोनों गुण विद्यमान हैं। दूसरे गुण में तो सूरदास की समता संसार के कुछ ही कवि कर सकते हैं।

पहली बात के लिए 'सूरसागर' का एक पद उदाहरणार्थ लिया जाय। श्रीकृष्ण ने किसी गोपी के घर माखन चुराकर खाया है, वह उलाहना देने यशोदा के घर आयी है। कहती है—यशोदा, तेरे लल्ला ने मेरा माखन खा लिया है। दोपहर को घर सूना जानकर ढूँढ़ता-ढाँढ़ता मेरे घर आया। किवाड़ खोलकर सींके के पास खाट पर चढ़ गया, कुछ खाया, कुछ ढरकाया, कुछ दोस्तों को खिलाया। यह तो अच्छी बात नहीं है। एक ही दिन की बात रहती तो कोई बात नहीं थी, रोज ही गोरस का नुकसान होता है। अद्‌भुत है तुम्हारा यह ढोटा। अनोखा तुमने पूत जनमाया है!

तेरो लाल मेरो माखन खायौ।
दुपहर दिवस जानि घर सूनो ढूँढ़ि ढँढ़ोरि आप ही आयौ।
खोलि किवार पैठि मन्दिर में दूध दही सब सखनि खवायौ।
सींके काढ़ि खाट चढ़ि मोहन कछु खायौ कछु लै ढरकायौ।
दिन प्रति हानि होत गोरस की यह ढोटा कौनै ढंग ढायौ।
सूर स्याम कौं हटकि न राखै, तूँ ही पूत अनोखौ जायौ।

सारा पद सीधा-सा उलाहना है, पर यह प्रतिवेशिनी का द्वेषपूर्ण उलाहना नहीं है, यह प्रेम-परायणा का उलाहना है, जिसमें हृदय का स्पर्श है। उलाहना देते समय उलाहना देनेवाली की आँखों की एक स्निग्ध हँसी का चित्र खिंच जाता है। वह अपना क्रोध प्रकट करने नहीं आयी है, अपना प्यार जताने आयी है। यह प्यार केवल एक शब्द से ध्वनित होता है, 'पूत अनोखौ जायौ'! पद के सारे शब्द प्रेम के विपरीत दिशा की ओर संकेत करते हैं; पर यह एक शब्द उन सबके भाव को बदल देने की आश्चर्यजनक शक्ति रखता है। साधारण आदमी के उलाहने में अन्य शब्द नितान्त आवश्यक हैं, अनावश्यक है केवल यह 'अनोखौ' शब्द! पर सूरदास के लिए इस अनावश्यक शब्द में ही सब-कुछ है। इसी शब्द के आ जाने से गोपी के सारे कथन का अर्थ बदल जाता है। वह मानो कह रही है, कितना अच्छा तुम्हारा

लाल है जो रोज ही हमारे घर के दही को धन्य कर जाता है !

मगर यहाँ तो फिर भी सूरदास ने एक शब्द का प्रयोग किया है। प्रायः वे कुछ भी नहीं कहते, केवल कुछ शब्दों को इस भाँति रख देते हैं कि वाच्यार्थ कहीं का कहीं पड़ा रह जाता है और व्यंग्यार्थ न जाने कितनी दूर निकल जाता है।

ब्रज घर-घर यह बात चलावत।
जसुमति कौ सुत करत अचगरी जमुना जल कोउ भरन न पावत।
स्याम-बरन नटवर बपु काछे मुरली राग मलार बजावत।
कुंडल छबि रवि किरनहुँ तैं दुति मुकुट इंद्रधनुहू तैं भावत।
मानत काहु न करत अचगरी, गागर धरि जल भुंइ ढरकावत।
सूर स्याम कौं मात-पिता दोउ ऐसे ढँग आपुनहिं पढ़ावत।

इस पद में शिकायत के अतिरिक्त और कुछ भी नहीं है। पर कहने की भंगी ऐसी है कि सारे निन्दावाद का अर्थ हो जाता है, प्रेम की चंचलता—'स्याम बरन नटवर बपु काछे मुरली राग मलार बजावत। कुंडल छबि रवि किरनहुँ तैं दुति मुकुट इंद्रधनुहू तैं भावत !'

चित्रमय भाषा के लिए तो सूरसागर की एक-एक पंक्ति उदाहरण है :

बिहरत हैं जमुना जल स्याम।
राजत हैं दोउ बाँहाजोरी दंपति अरु ब्रज-बाम।
× × ×
नटवर वेष धरे ब्रज आवत।
मोर मुकुट मकराकृत कुंडल कुटिल अलक मुख पर छबि छावत।

और भी अच्छे उदाहरण हैं :

उमँगि चले दोउ नैन बिसाल।
सुनि-सुनि यह संदेस स्याम-घन, सुमिरि तुम्हारे गुन गोपाल।
आनन अरु उरजनि के अन्तर जलधारा बाढ़ी तेहिं काल।
मनु जुग जलज सुमेरु-सृंग तैं जाइ मिले सम ससिहिं सनाल।
× × ×
देखी मैं लोचन चुअत अचेत।
द्वार खड़ी इकटक मग जोवत ऊरध स्वास न लेत।
ठुमुक ठुमुक धरनी धर रेंगत जननी देखि दिखावै। इत्यादि।

4. सूरदास की विशेषताएँ

आरम्भ से ही हमारी इच्छा रही है कि इस अध्ययन में सूरदास के विशेष दृष्टिकोण को स्पष्ट किया जाय। अध्ययन के अन्त में हम एक बार फिरकर देखना चाहते हैं कि सूरदास की विशेषताएँ क्या-क्या हैं। इस प्रसंग में एक बात यहाँ कह रखना अच्छा होगा। पिछले प्रकरणों में यह कहने का अवसर ही नहीं मिला था कि सूरदास वैष्णवपद-रचयिता की दृष्टि से समस्त उत्तर-पश्चिम भारत के अगुआ हैं :

1. सूरदास ने जिस प्रकार के पद लिखे हैं वे हिन्दी-जगत् में बहुत नवीन न होते हुए भी एक विशेष नवीनता रखते हैं। नाथ और सहज-पन्थ के सिद्धान्तों के पुराने पद उपलब्ध हुए हैं। श्री हरप्रसाद शास्त्री प्रभृति बंगाली पण्डितों ने इन पदों को पुरानी बंगला में लिखित बताया है। श्री राहुल सांकृत्यायन इन्हें मगही हिन्दी में लिखित बताते हैं। जो कुछ भी हो, ये पूर्व-भारत से सम्बन्ध रखते हैं, इसमें सन्देह नहीं। इन पदों में संसार की अस्थिरता दिखाकर वैराग्य-भावना पर जोर दिया गया है। हिन्दी-सन्त कबीर और नानकजी के आदि-ग्रन्थ में रामानन्द का एक पद भी संगृहीत है। इसके अतिरिक्त अन्य अनेक पुराने भक्तों के पद भी उसमें आये हैं परन्तु अब तक इस प्रकार के पदों का प्रयोग निर्गुण उपासक ही करते आ रहे थे।

सगुण लीला के वर्णनार्थ किस कवि ने इस प्रकार के पदों का प्रथम प्रयोग किया यह विवादास्पद है। अंग्रेज़ पण्डित इस बात का श्रेय मैथिल कवि विद्यापति को देते हैं। विद्यापति के ही समसामयिक कवि चण्डीदास ने भी इस प्रकार के पदों का व्यवहार किया है। पर इसकी प्राचीनता और भी पुरानी सिद्ध होती है। संस्कृत कवि जयदेव के 'गीत गोविन्द' के सम्बन्ध में कुछ विद्वानों का कहना है कि वह पहले उस युग के अपभ्रंश में लिखा गया था और पीछे से संस्कृत कर दिया गया। यह बात ठीक हो या नहीं, इतना निश्चित है कि जयदेव से भी पूर्ववर्त्ती कवि उमापति ने वैष्णव लीला-गान करते समय इस प्रकार के पदों का प्रयोग किया था। मेरा जहाँ तक जाना हुआ है, उत्तर-पश्चिम भारत में कृष्ण-लीला वर्णन करने के लिए सूरदास ने ही पहले-पहल इनका प्रयोग किया। जो पद निर्गुण उपासना को वहन करते आ रहे थे, उसे सगुण-रस से सरस करना सूरदास का ही काम था।

2. सूरदास की दूसरी विशेषता है उनकी बाल-लीला का वर्णन। हिन्दी के कितने ही लब्धप्रतिष्ठ समालोचकों को सन्देह है कि संसार के दूसरे कवि ने इस प्रकार की लीला का वर्णन किया है या नहीं। इन पंक्तियों का लेखक संसार की बात तो नहीं जानता—वह बहुत बड़ा है—पर इस बात में तो उसे भी सन्देह ही है कि भारतवर्ष—उत्तर-भारतवर्ष—के किसी वैष्णव कवि ने इतनी सफलता से इस पूर्णता के साथ बाल-लीला का चित्रण किया होगा।

3. परन्तु हम बाल-लीला से भी बढ़कर जो गुण सूरदास में पाते हैं वह है उनका मातृ-हृदय-चित्रण। माता के कोमल हृदय में पैठने की अद्‌भुत शक्ति है इस अन्धे में।

4. और मातृ-हृदय के चित्रण में सूरदास को जो सफलता मिली है वह उनकी 'प्रेम की विराट् कल्पना' के कारण है। सूरदास ने एक अलौकिक प्रेम की कल्पना की है जो मिलन में सोलह आना मिलन और वियोग में सोलह आना वियोग के रूप में देखा जाता है। यह एक ही प्रेम यशोदा में एक रूप धारण कर गया है, राधिका में दूसरा, ग्वालबालों में तीसरा, रुक्मिणी में चौथा और गोपियों में और-

और। यह प्रेम प्रकृति से मृदु है, पर है सारवान्, यह कांचन पद्मधर्मी है। कालिदास के शब्दों में—ध्रुवं वपु: कांचनपद्मधर्मि यत् मृदु प्रकृत्या च ससारमेव च।

5. यह बात पहले ही दिखायी गयी है कि सूरदास वैष्णव आलंकारिकों के बन्धन में नहीं बँधे। वे भागवत के सोलह आना अनुयायी भी नहीं हुए। उनका अपना विशेष व्यक्तित्व सर्वत्र दिखायी देता है।

6. वल्लभाचार्य के शिष्य होकर भी सूरदास अन्य भक्तों की नाईं बार-बार गुरु का नाम लेकर जमुहाई नहीं लेते रहे। महाप्रभु वल्लभाचार्य ने उन्हें लीलागान करने का उपदेश दिया और उन्होंने सच्चे शिष्य की भाँति इस उपदेश को आजीवन के लिए सिर-माथे उठा लिया।

कथा[1] है कि जब श्री सूरदासजी ने 'जान्यौ कि भगवदिच्छा ते अवसान समै है', तो पारसोली गये। वहाँ यह जानकर कि 'पुस्टी मारग कौ जिहाज जात है जा को जो लेनो होय सो लेउ', भक्तगण उनके निकट एकत्र हुए। 'तब चतुर्भुजदास ने कह्यौ जो सूरदासजी ने बहुत भगवद् जस वर्णन कीयौ पर श्री आचार्यजी महाप्रभून कौ जस वर्णन नाहीं कीयौ। तब यह बचन सुनि कै सूरदास बोले जो मैं तो सब श्री आचार्य जू महाप्रभू को ही जस वर्णन कीयौ है। देखूँ तौ न्यारौ करूँ, परि तेरे साथ कहत हो या भाति कहि कै सूरदासजू ने एक पद कह्यौ। सो पद—(राग विहागरो)

भरौसो दृढ़ इन चरनन केरौ।
श्री वल्लभ नख चंद्र छटा बिनु सब जगि माँझि अँधेरौ।
साधन और नहीं या कलि में जा सों होत निबेरौ
सूर कहा कहि दुबिध आँधरौ बिना मोल को चेरौ।

सचमुच सूरदास ने कुछ भी गुरु के उपदेश से न्यारा करके नहीं देखा।

7. यह दिखाने के लिए पिछले प्रकरणों में कुछ प्रयत्न किया गया है कि सूरदास की दीनता, आत्म-समर्पण, वैराग्य-भावना और पाप-बोध के साथ ईसाई मरमी सन्तों की इन भावनाओं की तुलना असंगत है। दोनों दो चीज़ हैं।

8. सबसे बड़ी विशेषता सूरदास की यह है कि उन्होंने एक इत:पूर्व काव्य में अप्रयुक्त भाषा को इतना सुन्दर, मधुर और आकर्षक बना दिया कि लगभग चार सौ वर्षों तक उत्तर-पश्चिम भारत की कविता का सारा राग-विराग, प्रेम-प्रतीति, भजन-भाव उसी भाषा के द्वारा अभिव्यक्त हुआ।

9. अन्तिम विशेषता, जिसे सूरदास, कबीरदास और तुलसीदास ने आत्मसात् किया है, अनोखी-सी है। यह विशेषता है सामान्य होना। ये महात्मा-गण भारतीय जनता में ऐसे घुल-मिल गये हैं जैसे कभी अलग व्यक्तित्व ही न रखते हों!

1. चौरासी वैष्णवों की वार्त्ता।

परिशिष्ट

1. ब्रज-भाषा-साहित्य में ईश्वर

यह युग विश्लेष का युग है। बहुत-से लोग यह सुनकर कह उठेंगे कि 'हर्गिज़ नहीं, यह युग सामूहिक समुत्थान का है।' वस्तुतः वर्त्तमान युग का समूह संघात-विश्लेष से भी गया गुज़रा है। एक युग था जब एक देश की चिन्ताधारा और साधना-पद्धति अनायास ही दूसरे देश की अपनी चीज़ हो जाती थी। उन दिनों न तो प्रोपेगैण्डा ही था और न इसके साधन ही। फिर भी लोग सहज भाव से दूसरों की विशेषता ग्रहण कर लेते थे। पर आज राष्ट्रीयता की लहर इतनी तेज़ है कि हम किसी भी विदेशी वस्तु को बिना सन्देह और शंका की दृष्टि से देखे नहीं रहते। देश की चहारदीवारी पार करके यह संकीर्णता 'काल' में पहुँच चुकी है। एक स्वदेश-प्रेमी अंग्रेज़ भारतीय चित्रकला की सुन्दरता पर तब तक मुग्ध होना नहीं चाहता, जब तक उसमें ग्रीक या रोमन प्रभाव का प्रमाण न मिल जाय। यहाँ तक तो खैर है, पर मामला और भी पेचीदा हो जाता है जब हम ग्रीस या इजिप्ट की कला में उसी प्रकार की नैतिकता, जैसी इस युग में है, नहीं पाकर नाक-भौं सिकोड़ने लगते हैं। एक अंग्रेज पण्डित ने ग्रीक-कलाकारों के बारे में कहा था कि "ग्रीक-चित्त किसी प्रकार की सृष्टि से तृप्त नहीं होता था, जब तक कि उसे मनुष्य के आकार या भावों में से होकर न गुज़रना पड़े। प्राचीन कवियों ने जड़ प्रकृति की वास्तविक रूप में कभी व्याख्या नहीं की। उन्होंने खेतों में या मेघपुंजों में आध्यात्मिकता का आरोप कभी नहीं किया।" पर इसीलिए अगर कोई ग्रीक-काव्य में रस न पाये तो उपाय क्या है? ग्रीक-कवियों के सम्बन्ध में इस अंग्रेज पण्डित ने जो कुछ कहा है, वही बात ब्रजभाषा के कवियों के बारे में कही जा सकती है। उसमें इतना और जोड़ दिया जा सकता है कि ब्रजभाषा-कवि की सम्पूर्ण तृप्ति तब होगी जब वह इस मानव-भावना को कृष्ण या राधा में पर्यवसित कर दे।

ब्रजभाषा का कवि एक विचित्र रहस्यमय व्यक्ति है। वह अपने मनोभावों

को राधा और कृष्ण या गोपी और गोपाल के रूप में इस प्रकार प्रकट करेगा, मानो वह इस व्यापार में एक तटस्थ साक्षी के अतिरिक्त कुछ नहीं है। उसकी साधना में व्यक्ति का कुछ महत्त्व नहीं है, पर संसार के अन्य कवियों के नियम के प्रतिकूल अपनी प्रत्येक कविता में अपना नाम इस सावधानी और सतर्कता से रख देगा मानो उसके व्यक्तित्व का न होना किसी भारी अपूर्णता का द्योतक है। उसके कृष्ण जिस प्रकार अनादि अनन्त होकर भी व्यक्तित्व की अवहेलना नहीं करते, वह भी उसी प्रकार पूर्व तटस्थ होकर भी अपने व्यक्तित्व का मोह नहीं त्याग सकता। ब्रजभाषा के कवि के इस मनोभाव को समझने के लिए संस्कृत वाङ्मय के अलंकार-शास्त्र पर एक सरसरी निगाह दौड़ाये बिना काम नहीं चलेगा।

संस्कृत-अलंकार-शास्त्र की प्रारम्भ में दो शाखाएँ थीं। एक में तो नाटक के रस और उसके आलम्बन, नायक-नायिकाओं की विवेचना और दूसरे में संस्कृत के फुटकर श्लोकों के अलंकारों की समीक्षा हुआ करती थी। बाद को ये दोनों धाराएँ एक में मिल गयीं। इसी समय ध्वनि-सम्प्रदाय का प्रादुर्भाव हुआ। ध्वनि या व्यंग्य-अर्थ को समझने के लिए शब्द की तीन शक्तियों को समझना आवश्यक है। ये तीन शक्तियाँ हैं—अभिधा, लक्षणा और व्यंजना। पहली से शब्द का प्रचलित अर्थ जाना जाता है, दूसरी से उससे सम्बद्ध अन्य अर्थ और तीसरी शक्ति, इन दोनों से भिन्न अर्थ ध्वनित करती है। उदाहरणार्थ, अगर गुरु किसी विद्यार्थी से कहता है कि 'सूर्य अस्त हो गया', तो इसका अभिधेय अर्थ वही होता है जो इस वाक्य के शब्दों का कोश-व्याकरण-सम्मत अर्थ है, पर व्यंग्य अर्थ या ध्वनि यह है कि 'पाठ बन्द करो, सन्ध्या-वन्दन का समय हो गया'; कहना नहीं होगा कि यह अर्थ बिल्कुल निराला है। 'सूर्य अस्त हो गया' वाक्य के किसी अंश से इसका सम्बन्ध नहीं है।

ध्वनि-सम्प्रदाय के आचार्य अभिनवगुप्तपाद इस मत की पुष्टि के लिए शास्त्र-प्रमाण खोजने लगे; क्योंकि उस युग में कुछ आप्त-प्रमाण दिये बिना किसी मत-वाद की प्रतिष्ठा नहीं की जा सकती थी। फलतः वैयाकरणों के स्फोटवाद का सहारा लेना पड़ा। स्फोटवाद का आश्रय पाकर ध्वनि-सम्प्रदाय गठित हो उठा, परन्तु रस को सम्पूर्णतः ध्वनि के अन्तर्गत करना अभी बाकी था। भरत के नाट्य-शास्त्र के रस-सूत्र का आधार पाकर अभिनवगुप्त ने इस काम को भी योग्यता के साथ कर डाला। हम अधिक सूक्ष्म विषयों की अवतारणा नहीं करना चाहते, पर ब्रजभाषा के कवि की तटस्थ-वृत्ति का सूत्र इसी रस-सूत्र की व्याख्या में पाया जाता है। अतः उसकी सामान्य चर्चा कर देना अनुचित और अस्थान-प्रयुक्त नहीं समझना चाहिए।

अभिनवगुप्त से पूर्ववर्त्ती एक भट्टनायक नामक आचार्य ने रस-सूत्र की व्याख्या करते समय बताया था कि नाटकीय रस की अनुभूति दर्शक को साधारणीकरण व्यापार के द्वारा होती है। दर्शक, राम से रामत्व और सीता से सीतात्व दूर कर उन्हें साधारण स्त्री-पुरुष के रूप में ही देखता है; यहाँ तक कि वह अपने से मैं-पन

को अलग कर एकदम साधारण रूप में हो जाता है। ऐसा अगर न होता तो सामाजिकों के सामने राम-सीता का प्रेमालाप सुना सकना असम्भव था। उसमें लज्जा आदि विविध बाधाएँ उपस्थित होतीं। अभिनवगुप्त ने इस मत में संशोधन किया। वे कहते हैं कि दर्शक के हृदय में जो पूर्व अनुभूति विद्यमान रहती है, वस्तुतः वही रसबोध का कारण है। साधारणीकरण व्यापार केवल उस अनुभूति का रास्ता साफ कर देता है। पण्डितराज के शब्दों में चित् शक्ति भग्नावरण ही जाती है। उत्तरकालिक आलंकारिकों में से अधिकांश ने इस साधारणीकरण व्यापार की उपयोगिता स्वीकार की है। ब्रजभाषा के कवियों ने तो इसमें किसी दिन सन्देह ही नहीं किया।

इस प्रकार जिस समय ब्रजभाषा कविता का बाल्य-जीवन प्रारम्भ हो रहा था उस समय भारतीय काव्य में व्यक्तित्व की महत्ता घट चुकी थी, साधारणीकरण व्यापार ने आसन जमा लिया था। कवि का impersonal रूप अधिकाधिक विकसित हो रहा था। ब्रजभाषा की कविता के दुर्भाग्य से उस समय विदेशी शासन का प्राबल्य था, इसलिए श्रृंगार-साहित्य की यह तटस्थता जो स्वतन्त्रता के युग में भूषण हो सकती थी, इस युग में दूषण हो गयी। आज के सुधारकों को पानी पी-पीकर ब्रजभाषा-साहित्य को कोसने का अवसर मिल गया। तज्ञों से छिपा नहीं है कि भारत के सुवर्ण-युग का संस्कृत-साहित्य श्रृंगार के रंग में ब्रजभाषा से कम नहीं रँगा है; बल्कि कुछ अधिक। ब्रजभाषा में तो ये बातें वहीं से रफ्तनी की गयीं।

जर्मनी के सुविख्यात चित्रकार Von Uhde ने जब ईसा मसीह के चित्रों को आधुनिक परिच्छद में सजाना शुरू किया था, तो कहते हैं यूरोप में बड़ा आन्दोलन उठ खड़ा हुआ था। पूछा गया था—"किसी धार्मिक कथा को क्या आप आधुनिक परिच्छद में सजा सकते हैं ? सेंट जोसेफ को मोटे लबादे में और वर्जिन के सिर को तुर्की शाल से सुसज्जित रूप में देखने की क्या कल्पना की जा सकती है ?" फिर भी प्राचीन चित्रकारों ने बाइबिल के समस्त उपाख्यानों के चित्र को अपने युग की पोशाक में ही अंकित किया।

ब्रजभाषा के कवियों ने भी युगल-मूर्त्ति को अपने युग की भाव-भाषा में अंकित किया है। इस बात के लिए आप उनको दोषी नहीं ठहरा सकते। आज ज्ञान का प्रकाश सुदूर अतीत तक पहुँच सका है। आप खूब निपुण भाव से रामायण के युग के राम को अंकित कीजिए, पर भूल न जाइए कि आपकी यह कला विश्लेष-युग की कला है, इसमें ज्ञान की उज्ज्वलता है पर साधना की गम्भीरता नहीं। भारतवर्ष में जो साधना शताब्दियों-पर-शताब्दियों की संघट्टना से अजन्ता और ताजमहल की रचना कर सकी है, वही साधना साहित्य के रूप में भी गठित हो उठी है। इस गठन में अपने युग की छाप है। इस छाप के लिए आप किसी को दोषी नहीं ठहरा सकते।

हमने एक बार कहा था कि ब्रजभाषा का श्रृंगार-साहित्य निरपेक्ष साहित्य

है। अर्थात् ब्रजभाषा का कवि कविता लिखकर निश्चिन्त हो जाता है। उसे इस बात के सोचने की आवश्यकता प्रतीत नहीं होती कि समाज इस कविता से बनेगा या बिगड़ेगा। यद्यपि वह आज के कवियों की भाँति चिल्लाता नहीं कि 'कला कला के लिए है', पर वह अपने को बहुत-कुछ इस सिद्धान्त का पोषक ही प्रकट करता है। केशवदास ने जिस दिन चन्द्रवदनियों के बाबा कहने पर अपने सफेद बालों को कोसा था, उस दिन उन्हें स्वप्न में भी यह खयाल नहीं था कि किसी मृगलोचनी के लोचन इस कविता पर पड़ेंगे। निरपेक्ष भाव से यह साहित्य राधिका और कृष्ण को अपना प्रेम समर्पण करता है।

आज के युग में और उस युग में बड़ा अन्तर है। उस युग का कवि एक पूर्व-निर्णीत नियम को श्रद्धापूर्वक स्वीकार कर अपनी रचना करता है। वह अपनी प्रतिभा के दर्पण में अपने-आपको नूतन रूप में देखने की चेष्टा नहीं करता। प्राचीनता का सदा सनातन सत्य के रूप में स्वीकार करके वह अपना संसार आरम्भ करता है। आज का कवि अपने को नित्य नूतन रूप में प्रकट करने के लिए व्याकुल है। वह एक संकीर्ण सीमा तैयार करता है, दूसरे ही क्षण उसे तोड़कर दूसरी सीमा की रचना में व्यस्त हो जाता है। सीमा की इस अनवरत भंजन-लीला को वह नित्य नूतन समझने लगता है। यही कारण है कि वर्त्तमान युग के अस्त-व्यस्त काव्य-समूह में एक अनवरत धारा का अभाव है। इसे एक धारा कहना ही अनुचित है। एक पण्डित का कथन है कि "विश्लेष का यह युग नाना विक्षोभ और समस्याओं से होकर गुज़र रहा है। सब मिलकर एक बड़ी चीज़ को गढ़ लेना या समन्वय की चेष्टा इस युग में नहीं देख पड़ती।···यूरोप में वर्त्तमान कला के बहुमुखी सौन्दर्य को देखकर निश्चय ही विस्मित होना पड़ता है; पर यह कहना कठिन है कि अतीत और वर्तमान, सनातन और सामाजिक के भीतर समन्वय की एक चेष्टा न देखकर चित्त में क्षोभ नहीं होता।" ब्रजभाषा के कवियों ने इस समन्वय के महत्त्व को समझा था। आप सूरदास से पद्माकर तक का ब्रज-साहित्य देख जाइए, उसमें एक योग-सूत्र पायेंगे, एक मर्यादा की प्रतिष्ठा देखेंगे। इस योग-सूत्र का प्रधान आलम्बन है, युगल-मूर्त्ति।

वर्त्तमान युग की कविता की सबसे बड़ी समस्या है, इस योग-सूत्र का अभाव। इस यन्त्र-युग में एक दशाब्दी पहले की चिन्ताधारा के साथ आज की चिन्ताधारा का योग-निर्वाह करने-कराने की फ़ुरसत किसी को नहीं। इसका भयानक परिणाम यह हुआ कि सौ-सवा सौ वर्ष तक किसी एक चिन्ताधारा को जीवित देखकर वर्त्तमान समालोचक काँप उठता है। उसमें एकघृष्टता की गन्ध आने लगती है। वह न ग्रीक कविता की प्रशंसा कर पाता है और न ब्रज-साहित्य की माधुरी पर मुग्ध हो सकता है। मगर मजा यह है कि वह कभी-कभी इस प्रकार के साहित्य में वर्त्तमान युग की फिलासफी का ऐसा प्रकाश पाता है कि आकाश-पाताल एक कर देता है। ब्रजभाषा के विपुल साहित्य में श्रीकृष्ण और राधा-रानी की अनन्त माधुर्य-लीला तो है, पर उसमें किसी आध्यात्मिक तत्त्व का निर्णय नहीं किया गया

है। जो आलोचक उसमें आध्यात्मिकता पाते हैं उनकी बात हमारी समझ में नहीं आती। जो खोजते हैं, उनकी चेष्टा का सफल होना असम्भव जान पड़ता है। फिर भी ब्रजभाषा का घोर शृंगारी कवि यह कभी नहीं भूलता कि उनकी वर्णित लौकिक लीला किसी अति-प्राकृत की लीला है। ब्रजभाषा की कविता में यही विशेषता है जो उसे संसार के साहित्य से अलग कर देती है। बंगाल के वैष्णव कवियों में यह भाव है और आश्चर्य यह है कि इस प्रकार के साहित्य की भाषा को बंगाल में भी 'ब्रज बूलि' या ब्रजभाषा कहते हैं। मानो इस मधुर और विचित्र साहित्य का 'ब्रजभाषा-साहित्य' के अतिरिक्त और कुछ नाम ही नहीं दिया जा सकता।

अति-प्राकृत में प्राकृत सौन्दर्य, सीमाहीन में ससीम माधुर्य और अन्तहीन में सान्त भाव देखना ही इस कवि की साधना है। इसको वह अपने-आप अनायास कर जाता है। क्योंकि वह उसी रंग में रँग गया है।

भाषा कविता का वाहन है। ब्रज के कवि ने इस भाषा को ऐसा माँजा है कि वह जो कुछ भी कहता है, उसमें न जाने कहाँ से युगल-मूर्त्ति का शुभागमन हो जाता है। मध्ययुग में संगीत के उत्कर्ष के समय मुसलमान उस्तादों ने जो गान बनाये उनमें राधा-माधव जरूर आ जाते हैं।

इस प्रकार की भाषा सृष्ट हो गयी कि लोग उसका अर्थ समझने की कोशिश किये बिना भी झूमने लगते हैं। पर जिन लोगों ने उस भाषा के 'जादू भरे उद्यान' में पैर रखने की कोशिश कभी भूलकर भी नहीं की वे कृष्ण और राधा की इस प्रेम-मुखर भाषा में ईश्वर की दुर्दशा का आभास पाने लगते हैं। उपाय क्या है !

ब्रजभाषा की कविता में कुछ विदेशी विलासिता का अस्तित्व भी है। बहुत सम्भव है, उसकी आमदनी मुसलमानी संसर्ग से हुई हो, पर इस प्रकार की विलासिता में कवि राधा-कृष्ण को कभी नहीं घसीटता। ऐसी विलासिता हमारे आलोच्य विषय के परे है। हम उसकी चर्चा यहाँ नहीं करेंगे।

यहाँ इस प्रकार की भी विलासिता राधा-कृष्ण और गोपियों के नाम पर आ घुसी है कि उसे अनुचित कहने को जी चाहता है। प्रस्तुत प्रबन्ध शृंगार-रस के नाम पर की गयी अश्लील कविताओं की वकालत करने के लिए नहीं लिखा जा रहा है। आलोच्य विषय केवल ब्रजभाषा-काव्य का ईश्वर है। इसलिए ही हम इस प्रकरण की अवतारणा कर रहे हैं।

ब्रजभाषा के युग में, हमने अब तक देखा है कि इस प्रकार की प्रवृत्ति आ गयी थी कि कविगण तटस्थ रूप से अपनी सारी हँसी-खेल, क्रीड़ा-कौतूहल युगल-मूर्त्ति में पर्यवसित कर दें। कवियों ने इस प्रकार के भाव-चित्रण में अद्भुत सफलता पायी, रसिकों ने इस कविता का काफी सम्मान किया। ऐसा साहसी व्यक्ति शायद ही हो जो सूरदास या नन्ददास के ऊपर [जिन्हें ग्रियर्सन ने मध्ययुगीन मरमियों (mystics) के Bernerd of Clairvaux कहा है] भ्रष्टाचार फैलाने का अभियोग लगावे। परन्तु सूरदास की कविता में राधा और कृष्ण की प्रेम-लीला का साम्राज्य है। नन्ददास भी इस प्रेम-लीला की मस्ती में ही विभोर रहे। इधर

गृहस्थ-श्रृंगारी कवियों की तो गिनती ही नहीं।

यह सारी कविता स्पष्ट है। सौन्दर्य को ठोस रूप में उपलब्ध करने का परिणाम यह हुआ है कि उसमें किसी रहस्य-भावना या आध्यात्मिक रूपक का प्रभाव नहीं है। शेली या वर्ड्सवर्थ के समान विशुद्ध प्रकृति का प्रेम ब्रजभाषा के कवियों में ढूँढ़ने पर भी नहीं मिलेगा; मिलेगी ससीम की लीला—मिलेगी सान्त की क्रीड़ा। तन्त्र-साधना के उस आदर्श ने जिसमें सीमा को असीम की उपलब्धि का कारण बताया गया है, ब्रजभाषा के कवियों को बड़ी दूर तक प्रभावित किया था। उसी माधुर्य के फलस्वरूप विष्णु का आसन कृष्ण के नीचे हो गया। गोलोक में सिवा कृष्ण के पुरुष का अस्तित्व जाता रहा। कृष्ण के प्रेमी राधिका की सखी हो गये। उस सख्य-भाव से वह युग प्लावित हो उठा था।

श्रीकृष्ण के सम्बन्ध में की गयी अनेक श्रृंगारी कविताओं में गोलोक की भावना ने यथेष्ट पुष्टि प्रदान की है। श्रीकृष्ण ही एकमात्र पुरुष हैं, बाकी सब राधारानी की सेविकाएँ, सखियाँ; फिर संकोच काहे का, व्यवधान कैसा ? एक दूसरे प्रकार के भक्त थे जो अपने को श्रीकृष्ण का सखा समझते थे। इन्हें भी अपने रसीले मित्र की रहस्यमयी कथाओं को खुलकर गाने का अधिकार था। यह सब होते हुए भी ब्रजभाषा का कवि केवल तटस्थ साक्षी है। सखियाँ आकर कृष्ण और राधा के मिलन-विरह को नाना भाव-भंगी से प्रकट कर जाती हैं और श्रीकृष्ण के सखा या 'राधा ठकुराइन' की सखी हमारे कवि, कठपुतली के नाच के सूत्रधार की भाँति, केवल सूत्र खींचा करते हैं। अपना नाम शायद वे साक्षी रूप में रख देते हैं। इस प्रकार के सापेक्ष-निरपेक्ष द्वन्द्व से कवि एक विचित्र सौन्दर्य की सृष्टि तन्मय भाव से करता जाता है। भक्ति के प्रवाह में बहते समय भी वह तटस्थ है और श्रृंगार के सरोवर में स्नान करते समय भी तटस्थ है। इस मनोभाव को आप विचित्र कहना चाहें, कहें, पर है यह अनुपम।

इसी मनोभाव के साथ कवियों ने ब्रजभाषा-साहित्य की सृष्टि की है। अब अगर इस विविध-विचित्रता-युक्त मनोभाव को बिना समझे कोई इस काव्य-कानन में प्रवेश करेगा तो वह बार-बार प्रश्न करेगा कि जिन्हें परम ब्रह्म समझा जाता है उनके नाम के साथ क्या कारण है कि हिन्दी के कवि धृष्टता के साथ इस तरह का दुर्व्यवहार बराबर करते रहे हैं ? समाज के इस नैतिक पतन का क्या कारण है ? इस तरह के साहित्य के प्रचार से समाज का उत्थान होना कैसे सम्भव है ? हमारे जातीय या धार्मिक विकास में किन कारणों से यह घृणित प्रवृत्ति आ गयी ? और यदि आ भी गयी तो क्या कारण है कि इसके मूलोच्छेदन की चेष्टा समाज ने नहीं की ? ये और इसी प्रकार के सैकड़ों प्रश्न उठेंगे। वह आश्चर्य से समाज की इस सहन शक्ति—नहीं-नहीं, भक्ति-प्रवणता को देखेगा।

पर उस युग का समाज—यह समाज अब भी लुप्त नहीं हो गया है—सौभाग्य-वश, कवियों के अनकूल था। श्रीकृष्ण के ज्ञान-भक्ति-कर्म के पूर्णरूप में उसने उस माधुर्य को हृदयंगम करने में किसी प्रकार की बाधा का अनुभव नहीं किया जिसे

तात्कालिक कवियों ने समाज को दान किया था। श्रीकृष्ण के उस रस-मय विचित्र रूप पर उस समाज की प्रेम-भक्ति केन्द्रित हो गयी थी। कृष्ण और राधा उनकी अपनी चीज़ हो गये थे, और हैं। कृष्ण उनके साथ गाय दुहा करते थे, बिरहा गाया करते थे, होली खेला करते थे, झूले में साथ ही झूला करते थे और उसके सभी प्रीति-स्निग्ध कार्यों को अपनी मधुर वंशी से प्लावित कर देते थे। राधा भी दूर नहीं थीं। नवोढ़ा के वासक-शयनों पर वे फूल चुन दिया करती थीं, आगमिष्यत-पतिका के साथ वे प्रतीक्षा-पथ पर आँखें बिछा देती थीं, विरहिणी के साथ वे आँसू की धारा से दिन और रात एक कर देती थीं, कुमारी की मदिर आँखों में नटनागर की 'कलाबाजी-सी करति' आँखों को मिला देती थीं, सखियों के मिलन-मधुर हास्य में वे अमृत ढाल देती थीं—फिर भी राधा और कृष्ण परम-शक्ति और परम-पुरुष थे! इतने नजदीक अथच इतने विराट्। जब तक समाज की इस मनोवृत्ति को आप नहीं समझेंगे, आप उसी तरह चकित भाव से पूछ बैठेंगे—'और यदि (यह घृणित प्रवृत्ति) आ भी गयी, तो क्या कारण है कि समाज ने इसके मूलोच्छेद की चेष्टा नहीं की?' समाज आपके प्रश्न को सुनकर भीत-भाव से पूछ बैठेगा—'कौन-सी घृणित प्रवृत्ति? कैसा मूलोच्छेद?'

असल बात यह है कि उन्नीसवीं शताब्दी के बाद से हमारे नवविचार-परायण पण्डितों के हृदय में जहाँ तर्क की आग जल उठी है, वहाँ श्रद्धा भस्म हो गयी है। 'आर्ट ओ आहिताग्नि' ग्रन्थ के प्रणेता श्री यामिनीकान्त सेन ने गेटे से एक अंश उद्धृत किया है, जिसमें कहा गया है कि "आज का तरुण युवक कहता है—मैं किसी कला-सम्प्रदाय का शिष्य नहीं हूँ। इस युग में कोई ऐसा जीवित मास्टर नहीं है जिससे मैंने कुछ सीखा हो। मृत व्यक्तियों से तो मैंने कभी कुछ सीखा ही नहीं। इस युग का तारुण्य श्रद्धाच्युत हो गया है।" आज हम बीसवीं सदी के भारतीय तरुण गेटे के कथन के उदाहरण हैं। अश्रद्धा-भाव से हम किसी साहित्य का ज्ञान-सम्पादन करते हैं, समीक्षा करते हैं, बुरा या भला होने का फतवा देते हैं और कल्पना कर लेते हैं कि उक्त साहित्य का उपजीव्य समाज हमारे ही जैसा तर्क-परायण और अश्रद्धावान् था।

आगे हम ब्रजभाषा-साहित्य के ईश्वर का जो विचार करेंगे उसके लिए उसी ईश्वर की एक बात कह देना चाहते हैं:

"हे परंतप! इस धर्म पर श्रद्धा नहीं रखनेवाले पुरुष मुझे न पाकर फिर से इस मरणधर्मा संसार-मार्ग में लौट आते हैं।" —गीता, 9-3

2. ब्रजभाषा के कवि और युगल-मूर्त्ति

टेरि कहौं सिगरे ब्रज लोगनि,
काल्हि कोऊ कितनो समुझैहैं।
माई री वा मुख की मुसुकानि,
सम्हारि न जैहैं न जैहैं न जैहैं। —रसखान

कवि ठाकुर प्रीति करी है गुपाल सों,
टेरि कहौं सुनो ऊँचे गले।
हमैं नीकी लगी सो करी हमने,
तुम्हैं नीकी लगै न लगै तो भले।
—ठाकुर

यही हैं ब्रजभाषा के मधुर कृष्ण ! जरूरत समझो, ईश्वर कहो; न समझो, मनुष्य कहो। कवि का इससे कुछ बनता-बिगड़ता नहीं। अपने प्रशस्त प्रेम के विपुलायत राजमार्ग पर वह निर्द्वन्द्व, निर्भय और शान्त भाव से अग्रसर हो रहा है। तन्मयता के मधुर गीत को मानव-चरित्र की ससीम मर्यादा में प्रतिबद्ध रखकर वह अनन्त की ओर छूट चला है। उसके भगवान् तटस्थ की भाँति कहीं बैठे नहीं हैं। उसी के साथ प्रेम के नाना कल-कल्लोलों से उसके मनोमन्दिर को मुखरित करके उसी के साथ खेल रहे हैं। संसार में जिस प्रकार स्त्री अपने लौकिक प्रेम को पति के साथ केन्द्रित करके बाकी जगत् का अपने शुद्ध प्रेम से सिंचन करती है— उसी प्रकार यह कवि अपना लौकिक प्रेम मनमोहन पर केन्द्रित करके शेष संसार को अपने प्रेम से प्लावित कर रहा है। उसके मोहन प्राकृत ही हैं, कुछ अति-प्राकृत नहीं। प्रेम लौकिक ही है, अलौकिक नहीं। पर लौकिक प्रेम के विशुद्ध स्वरूप में अति-प्राकृत के अलौकिक प्रेम की सत्ता रहती है। संसार में हम अनन्त सत्य को ग्रहण नहीं कर सकते। सान्त का यथार्थ ज्ञान हमें अनन्त सत्य की ओर उन्मुख कर देता है। अगर हमारी शक्ति अल्प है तो हमारा सान्त भी छोटा होना चाहिए। जितना ही वह छोटा होगा, उतनी ही अधिक पूर्णता के साथ हम उसका ज्ञान प्राप्त करेंगे। हमारा ज्ञान जितना पूर्ण होगा, जितना यथार्थ होगा, उतना ही हम अनन्त सत्य का अनुभव कर सकेंगे। ब्रजभाषा का कवि इस रहस्य को समझता है। उसने अपने प्रेम का दायरा संकीर्ण कर लिया है। यह संकीर्णता विशालता की उपलब्धि के लिए है। नदी में जल अगर कम हो तो उसके दोनों कूलों का सटा-सा रहना उसके प्रवाह को अधिक निर्बाध और प्रखर कर देता है। संकीर्णता से गम्भीरता आती है, गम्भीरता से शाश्वत रस।

ब्रजभाषा के कवियों के इस रहस्य को अगर नहीं समझेंगे तो आपका मन नाना प्रश्नों की कुहेलिका में मार्ग भूल जायेगा। ब्रज-गोप-गोपिकाओं की विरह-लीला, मिलन-वैभव, रहस्य-केलि और उपालम्भ में वह उस प्रेम के रूप का यथार्थ परिचय पाता है जो सहजगम्य है और जिससे सीमाहीन माधुर्य का साक्षात्कार होता है। इसकी परिधि संकीर्ण है, होने दो; लौकिक है, कुछ चिन्ता नहीं। मगर देखो उसमें यथार्थता है या नहीं। अगर क्षुद्र की ही सत्य उपलब्धि हो सकी है तो काम हो चुका है। जरूरत नहीं कि विशाल विषयों का जाल बिछाकर बैठें और हाथ कुछ भी न लगे।

ईश्वर क्या है? संयम का लक्ष्य ? उपासना का उपजीव्य ? ज्ञान का आश्रय ? नेति, नेति, नेति !

ईश्वर क्या नहीं है ? शृंगार-रस का वह प्रेम जिसे नैतिकता के लक्षणों में नहीं ले आया जा सकता; देव, बिहारी, मतिराम की वे बातें, जिन्हें अश्लील कहने का प्रयत्न किया गया है? ब्रज-बालाओं के मादक विरह का आश्रय, राधा का प्रेमी, सूरदास का श्याम क्या है ? नेति, नेति, नेति !

वह क्या बात है जिसके होने या न होने से ईश्वर का होना या न होना, सम्मानित या अपमानित होना निर्भर है ? किस रास्ते से ईश्वर के मन्दिर तक जाया जा सकता है ? किससे नहीं ? ब्रजभाषा का कवि इन प्रश्नों की निस्सारता को समझता है। उसे खूब मालूम है—'बेदम-से बेद-मत-वारे मतवारे परे !' उसे सीधा सहज मार्ग मालूम है—प्रेम !

तत्त्ववाद के इस विकट युग में प्रेम की बड़ी खींचातानी हुई है। ब्रजभाषी कवि इन दुरूहताओं को नहीं जानता। उसका प्रेम स्फटिक की भाँति उज्ज्वल है, उसी की तरह ठोस। अध्यातमवाद की विकट गुत्थियों को सुलझाने का प्रयत्न उसने किसी दिन नहीं किया। उसकी प्रेम-धारा विशाल नद नहीं है, संकीर्ण नाला है, पर गम्भीर तेजपूर्ण। उसे इसका अभिमान है। वह अपने मार्ग में निर्भीक भाव से प्रेम की मशाल लिये बढ़ रहा है :

कवि ठाकुर प्रीति करी है गुपाल सों,
टेरि कहौं सुनो ऊँचे गले !

कितनी दृढ़ है यह निष्ठा ! मानो वह वर्त्तमान युग के कवि के कण्ठ-में-कण्ठ मिलाकर कहना चाहता है।

वैराग्य-साधना में मुक्ति है; हम इस मुक्ति को नहीं चाहते। असंख्य बन्धनों में रहकर महा आनन्दमय मुक्ति का स्वाद लेंगे। इस पृथ्वी की मिट्टी के पात्र को बारम्बार भरकर (हमारी यह महा आनन्दमय मुक्ति) तुम्हारे नाना वर्ण और गन्ध को अविरत ढाला करेगी, समस्त संसार को प्रदीप की नाईं लाख-लाख वर्त्तिकाओं में जलकर प्रकाशित कर देगी।"

—रवीन्द्रनाथ ठाकुर : 'नैवेद्य'

"वैराग्य के विपुल भार से जर्जर इस देश के अन्तस्तल में सहज प्रेम की निष्ठा को प्रज्वलित किया है, इन ब्रजभाषा के कवियों ने। कैसा वैराग्य, कैसा योग ? शत-शत गोपियों के कल-कण्ठ से योग-साधना के विरुद्ध अधिकारपर्ण बातें भारत वर्ष में अगर सुनने को मिली हैं तो युगल-मूर्त्ति के प्रेम में मतवाले इन कवियों की कृपा से। कहाँ है विरह का यह उमड़ता हुआ स्रोत अन्यत्र ? इस विशाल विरह-वेदना पर शत-शत 'मेघदूत न्यौछावर हैं, हज़ार-हज़ार ताजमहल निसार हैं। इसी विपुल समुद्र को ईश्वर का अपमान कहते हैं आप ? कहिए। पर भूल न जाइए कि मध्ययुग का ईश्वर आज का ईश्वर नहीं है। एक तरफ हैं सहस्राधिक सम्प्रदायों के साधुओं के उपास्य नीरस, निष्काम, निर्गुण ईश्वर और दूसरी तरफ है यह प्रेम का उद्गम, माधुर्य की सरिता, भक्ति का समुद्र, सौन्दर्य का सर्वस्व, राधा माधव की युगल-मूर्त्ति। आपको पसन्द हो तो पहले को लेकर वैराग्य-साधना कीजिए।

ब्रजभाषा के कवियों और रसिकों को वह पसन्द नहीं। योग की साधना व्यर्थ है उनके लिए। वे साफ कहते हैं :

जिन जान्यौ जोग तौ जोग लै जरि मरौ ! —देव

उद्धव को गोपियों ने जो सन्देशा दिया है, वह इतना साफ है कि उसमें आध्यात्मिक गूढ़ताओं का ढूँढ़ना बेकार है। मगर उस विशाल प्रेम-वेदना के अध्यात्महीन होने से अध्यात्म का जगत् इतना निकट आ जाता है कि आश्चर्य होता है। 'मेघदूत' के अमर संगीत का सौन्दर्य क्या है? विराट् मानव का सनातन विरह। युग-युगान्तर का पुंजीभूत विरह प्रतिनिधि कवि के कण्ठ में शाश्वत रूप धारण कर गया ! ताजमहल का सौन्दर्य कहाँ है? पत्थरों में? होगा; पर वास्तविक सौन्दर्य उसका है, उस शाश्वत विरह में। प्रेमी हृदय के उच्छ्वास ही पाषाण से फूटकर सौन्दर्य का रूप धारण कर सके हैं। और ब्रज की इन गोपियों के मादक विरह का सौन्दर्य कहाँ है? गोपियों में? उद्धव में? नहीं। उसका सौन्दर्य उसी मधुर कल्पना में है जिसने वासुदेव-देवकी-पुत्र कृष्ण को आनन्दकन्द मनमोहन के रूप में उपस्थित किया है, जिसने प्रेम की साक्षात् मूर्त्ति इन आभीर-कन्याओं की सृष्टि की है। कितनी विराट् कल्पना है, पर कितनी कोमल !—

जाहि अनादि अनन्त अखण्ड
अछेद अभेद सु बेद बतावैं।
ताहि अहीर की छोहरियाँ
छछिया भरि छाँछ पै नाच नचावैं !

इसे अध्यात्मवाद कहना चाहते हैं? एक यूरोपियन कला के मर्मज्ञ का कहना है कि "यूरोप का आधुनिक अध्यात्म-साहित्य, काव्य या आर्ट में कहीं भी एक परिपूर्ण सामंजस्य के साथ आत्मा का सहज सम्पर्क नहीं स्थापित कर सका है। अतीन्द्रिय-जगत् की ओर जरूरत से ज्यादा खिंचाव होने के कारण वहाँ इन्द्रिय-जगत् की ओर विशिष्ट प्रवृत्ति सम्भव नहीं हो सकी है।" एवमस्तु। अगर यूरोप के अध्यात्मवाद की सचमुच यह दशा है—हमें ठीक पता नहीं— तो कृपा करके इस अध्यात्मवाद से ब्रज के अध्यात्मवाद की—अगर नितान्त प्रयोजनीय नहीं समझते हों तो—तुलना न कीजिए। कहाँ रूखा अध्यात्मवाद और कहाँ यह प्रेमप्लावित माधुर्य :

कहँ धनु कुलिसहु चाहि कठोरा।
कहँ स्यामल मृदु गात किसोरा !

मनमोहन के इस मिलन-विरह में कहीं भी तुरीय-अवस्था की ओर इशारा नहीं किया गया। इसलिए इसका माधुर्य अनुपम है, अवर्णनीय है। इसमें ईश्वर की धर-पकड़ अगर न भी की जाय तो कोई हानि नहीं। रस का परिपाक उसी मधुरता के साथ होगा :

मनमोहन के बिछुरे सजनी, अजहूँ तो नहीं दिन द्वै गये हैं।
सखि वे, तुम वे, हम वे ही रहीं, पै कछू के कछू मन ह्वै गये हैं।

—पद्माकर

अगर ब्रज का कवि इसी भाव को बार-बार दुहराता हुआ जीवन काट दे और मनमोहन के केवल इसी अंश का पर्याप्त और यथार्थ ज्ञान प्राप्त कर ले, तो वह अपनी साधना को सफल समझ लेगा। यह क्या साधारण बात है! सब है, मगर कुछ खो-सा गया है—'पर्युत्सुकीभवति यत् सुखितोऽपि जन्तुः।' यह ठीक है कि इसका दायरा संकीर्ण है, पर क्या हुआ इससे? वह विराट् की उपलब्धि के लिए तो मर नहीं रहा है, उसकी साधना तो सरस-उपलब्धि की है! वह उसे मिल गयी। उसका मधुर, उसका मोहन मिल गया, तत्त्ववाद जाय भाड़ में। इसकी उसे बिल्कुल परवा नहीं।

ब्रजभाषा के कवियों का ईश्वर मधुर और सुन्दर तो है ही, लौकिक विधि-निषेध के परे भी है। वह विधि का विधाता है, पर है घरेलू मित्र। श्रीकृष्ण के इन दोनों रूपों का सामंजस्य ही ब्रजभाषा काव्य की विशेषता है, वही 'माडर्न-माइण्ड' से अगम्य भी है। विधि के विधाता मानव की लीला ब्रजभाषा का कवि सहज ही कह जायगा और अगर आपने कृष्ण के इस सामंजस्य को नहीं समझा है, तो घृणा तक करने लगेंगे। आप चकित की भाँति ताकते रहेंगे और युगल-मूर्त्ति की पद-धूलि का मतवाला भिखारी सूरदास गा उठेगा :

ऐसे जनि बोलहु नँदलाला।
छाँड़ि देहु अँचरा मेरो नीकैं जानत और-सी बाला।
बार-बार मैं तुमहिं कहति हौं परिहौ बहुरि जंजाला।
जोबन रूप देखि ललचाने अबहीं ते ये ख्याला।
तरुनाई तन आवन दीजै कत जिय होत बिहाला।
सूर स्याम उर तैं कर टारहु टूटै मोतिन माला।

क्या कहते हैं आप? "सूरदास के समान भक्त के हृदय में ऐसी गन्दगी और विलासिता कहाँ से आ गयी?" आनन्दकन्द श्रीकृष्ण और श्रीपति राधा-रानी के रहस्यमय केलि से। भक्त की उस साधना को संसार में लोग जब तक नहीं समझेंगे, तब तक इस तरह के प्रश्न करेंगे। समझ लेने पर स्वयं अपने-आपसे ही पूछेंगे—कैसी गन्दगी? कैसी विलासिता?

भगवान् बुद्धदेव ने पूछने पर एक बार बताया था कि तथागत का धर्म उनकी मृत्यु के हज़ार वर्ष बाद तक रहेगा, इसके बाद विकृत हो जायेगा। हुआ भी ऐसा ही। वह युग ही ऐसा था जो अविचलित चित्त से एक साधना को अनायास ही वर्षों तक वहन कर सकता था। पर बीसवीं शताब्दी के बुद्ध महात्मा गाँधी से पूछिए कि आपका धर्म कितने दिनों तक रह सकेगा! विश्वास के साथ वे सौ वर्ष भी नहीं कह सकेंगे। स्वामी दयानन्द को मरे सौ वर्ष भी नहीं हुए कि उनके महान् आदर्श पर स्थापित विधवाश्रम क्या-से-क्या हो गये! यही है हमारा नैतिक-समुत्थान का युग! और बीसवीं शताब्दी की इसी प्रबुद्ध नीतिमत्ता का मुकुट पहनकर हम घृणा-भरी आँखों से ग्रीक कलाकारों को डाँट देते हैं—"बर्बर ग्रीक! अपने उपास्यों की यह नग्न प्रतिमा! देवी-देवताओं का यह जघन्य अंकन!!" इजिप्शियनों की

चित्रकला देखकर गरज उठते हैं—"असभ्य इजिप्ट ! राज-हर्म्य में नग्न परिचारिकाएँ, और उनका चित्रण ! !" फारस के कवि पर आँखें तरेरकर कहते हैं—"विलासपंक में निमज्जित कवि, और सुराही तेरी आराध्य देवी है !" संस्कृत के कवियों पर बरस पड़ते हैं—"देव-वाणी के पवित्र मन्दिर को अश्लील पंक से पंकिल करनेवाले कवि, यही तेरी कला है ! धिक ! !" ब्रजभाषा के कवियों पर टूट पड़ते हैं—"भ्रष्टाचार के प्रसारक कवि, अपने उपास्यदेव के नाम पर तूने यह गन्दगी फैला रखी है ! धिक्कार है !" और फिर अपनी प्रबुद्ध नैतिकता की मशाल लेकर आगे बढ़ जाते हैं, मानो अतीत और भविष्य के निबिड़ अन्धकार को दूर करने के सिवा इस युग के जीवन का और कोई लक्ष्य ही नहीं है।

यह बात विज्ञ-मण्डली को बताने की जरूरत नहीं कि श्रद्धा और प्रेम निकृष्ट-से-निकृष्ट आचरण में उत्कर्ष दिखा देता है। अश्रद्धा और घृणा से उत्तम-से-उत्तम वस्तुएँ घृणित हो जाती हैं। सभी धर्मों में आप कुछ-न-कुछ ऐसी बातें देखेंगे जिन्हें देखकर आपको आश्चर्य होगा कि धर्म के नाम पर यह क्या अनर्थ है ? पर उस धर्म के अनुयायी की सश्रद्ध दृष्टि से उसी बात को देखिए। आप जान सकेंगे कि यह अनर्थ नहीं है। ब्रजभाषा कवियों के कृष्ण भी ऐसे ही हैं। आप जिसे गन्दगी कहकर घृणा से आँख फेर लेते हैं, उसी में वह युग प्रेम का स्रोत बहता देखता है और सिर आँखों चढ़ा लेता है। राधा और मोहन के नेह में भी सन्देह ? ब्रज का कवि आपकी इस बात को समझ ही नहीं सकेगा। वह चकित की भाँति पूछेगा—युगल-मूर्त्ति का नेह भी किसी को अच्छा नहीं लगता ! आप अगर कहें 'हाँ' तो वह विस्मित हो जायगा। कह उठेगा—धूल डाल दो उसकी आँख में, जो इसमें कलुष-प्रवृत्ति देखता है। एक मुट्ठी नहीं, हज़ार मुट्ठी—दस हज़ार मुट्ठी !

राधा-मोहनलाल कौ, जिन्हैं न भावत नेह।
परियौ मुठी हजार दस, तिनकी आँखिन खेह॥

—मतिराम

क्या कहेंगे आप इस ईश्वर को ? इस भावना को ? इस विश्वास को ? पागलपन ? छीछालेदर ? ना; कृपा करके यह न कहिए। उस रहस्यमय ईश्वर को समझने की कोशिश कीजिए। कवि की आँखों से ही एक बार उसके मदनमोहन को देखिए। उस 'आँखिन में राखिबे जोग' को सम-व्यथित्व (sympathy) के साथ देखिए। देखिएगा, वासुदेव और आभीरों के बाल-देवता के इस संयुक्त संस्करण के चारों ओर ठोस प्रेम की कितनी जमावट आ जमी है। अति-प्राकृत का रूप कितना प्राकृत हो गया है। देखिएगा, 'राधारानी' के विशुद्ध काल्पनिक रूप के चारों ओर कितना सरस प्रेम, सहज सौन्दर्य घनीभूत हो उठा है, शून्य को जकड़कर किस मधुर स्नेह का स्तूप तैयार हो गया है। गोपियों को देखिएगा—प्रेम की असंख्य प्रतिमाओं के रूप में।

यह ईश्वर उस कवि का सखा है। अपनी विरह-वेदना को उसके चरणों में समर्पित करके वह धन्य हो जाता है, अपनी पुलक-व्यथा को उसे भेंट कर वह कृतार्थ

हो जाता है। वह गाय होकर भी रह सकेगा, यदि उस 'साँवरे मीत' का दर्शन हो सके; वह पक्षी बनना भी अच्छा समझेगा, यदि प्रिय का केलि-कदम्ब उसका बसेरा हो सके; वह पत्थर भी बन सकेगा, यदि उस लीलामय की उँगलियों का स्पर्श कर सके! क्या कहेंगे आप इस तन्मयता को? बाल-गोपाल की कारी कमरिया पर वह 'तिहूँ पुर कौ राज' वार सकता है, नन्द की गायों की चरवाही करने का अवसर मिल जाय तो आठों सिद्धि और नवों निधि को वह अनायास ही ठुकरा सकता है, कोटि-कोटि कलधौत के धाम वह उन करीर के कुंजों पर न्यौछावर कर सकता है। यह है उसकी गहन साधना! पर यही स्वर्ग और अपवर्ग को ठुकरा देनेवाला कवि आपको आश्चर्य में डालकर गा उठता है:

रोकत हौ बन में 'रसखानि' चलावत हाथ घने दुख पैहौ।
जै हैं जो भूषन काहू तिया के तो मोल छला के लला न बिकैहौ।

× × ×

हाँसी में हार हरौ 'रसखानि' सु जो कहुँ नैंकु तगा टुटि जैहैं।
एक ही मोती के मोल लला, सिगरे ब्रज हाटक-हाट बिकैहैं।

यही है ब्रज के कवि की मधुर और विषम साधना। आप कहेंगे इस साधना में अश्लीलता है। जरूर है। लोक-धर्म बन जाने पर कौन-सी ऐसी साधना है, जिसमें कलुषवृत्त पुरुष न आ घुसे हों? परन्तु सारी ब्रजभाषा की कविता में आप मुश्किल से ऐसी एक-आध अश्लील कविता पायेंगे जिसमें युगल-मूर्त्ति की मर्यादा के प्रति श्रद्धा का भाव न हो। कवि सब कह जायगा, मगर एक मर्यादा के प्रति श्रद्धा रखकर। यह क्या मामूली साधना है? प्रेम के उच्चतम स्तर से लेकर निम्नतम स्तर तक मर्यादा के प्रति एकनिष्ठा, सो भी कितने दिनों तक? सौ-पचास वर्ष नहीं, कम-से-कम एक सहस्राब्दी तक!

संसार का यह एक विचित्र रहस्य है कि प्रेम की आँखों से देखने से जो बात जितनी ही आकर्षक होती है, घृणा की नजरों से देखने पर वह उतनी ही गर्हित। प्रायः देखा गया है कि धार्मिक आक्षेप करनेवाले उन्हीं बातों में अधिक दोष देखते हैं, जिनसे उस धर्म के अनुयायी अधिक प्रेम करते हैं। ईसा के मेष-पाल रूप में करुणा का जो स्रोत फूट पड़ा है, ईसाई धर्म के आलोचकों को उसी में भेड़िया-धसान दिखायी देता है। बुद्धदेव ने संसार की क्षणभंगुरता पर बड़ा जोर दिया था। सहस्र-सहस्र बौद्ध-भिक्षु संसार की इस क्षणिकता को शाश्वत के रूप में परिणत करने के लिए गृह-त्यागी हो गये; पर बौद्ध-दर्शन के विरोधियों ने इस पर सहज पिल पड़ने की कृपा ही नहीं की, बल्कि इसके अतिरिक्त उनकी राय में बौद्ध धर्म का और कोई अस्तित्व ही नहीं रह गया। विरोधी-दर्शनों में बौद्ध क्षणिकवाद के अतिरिक्त और कुछ है ही नहीं। हिन्दुओं ने मूर्त्तिपूजा के प्रति अपनी इतनी प्रगाढ़ श्रद्धा व्यक्त की थी कि धन-रत्न-सर्वस्व उस पर चढ़ा दिया था। आक्रमणकारी मुसलमानों को यही बात सबसे अधिक खटकी। आज अगर कोई हिन्दू धर्म का उपहास करना चाहे, तो उसे इन कवियों की कृतियों में काफी मसाला मिलेगा।

उपाय क्या है !

आज से कम-से-कम ढाई हज़ार वर्ष पहले देव-देव वासुदेव का आविर्भाव हुआ था। तब से अब तक संसार के विविध उत्थान-पतनों के बीच से गुजरते हुए श्रीकृष्ण ने नाना भावों से विचित्र आकार ग्रहण किया है। ज्ञान की सर्वोत्तम प्रतिभा गीता का प्रवचन कराके उन्हें जहाँ विशुद्ध ज्ञान के सिंहासन पर बैठाया गया है, वहीं गोपियों के प्रेम की आश्रय-भूमि बनाकर उन्हें प्रेम-राज्य का सर्वस्व स्वीकार कर लिया गया है। बुद्धि और भाव--intellect और emotion—के अवतार, ढाई हजार वर्ष की विपुल साधना के साध्य को अगर लोग उपहास की फूँक से उड़ा देना चाहते हैं तो उचित तो नहीं कर रहे हैं, और चाहे जो करते हों। इस ढाई हज़ार वर्ष तक की एकान्त निष्ठा को छीछालेदर कहते हैं ? किमाश्चर्य-मतः परम्।

आज हम कविता में विशुद्ध प्रकृति-प्रेमी हो गये हैं और धर्म में विशुद्ध ईश्वर-प्रेमी। यह प्रेम हम प्रेम के लिए नहीं कर रहे हैं, नैतिकता के लिए कर रहे हैं। शिलर (Schiller) कहते हैं—This kind of pleasure at the sight of nature is not an asthetic pleasure but a moral one, for it is arrived at by means of an idea. Whence comes this different sense? How is it that we who in every thing related to nature are inferiors to the ancients, should pay such homage to her, should cling so heartily to her and be able to embrace the inanimate world with such warmth of feeling? It is not our greater conformity to nature but on the contrary, the opposition to her... which is inhcrent in our conditions and customs that impels us to find some satisfaction in the physical world. [प्रकृति में इस श्रेणी का आनन्द हम सौन्दर्य-बोध की ओर से नहीं पाते; पाते हैं नैतिकता की ओर से। क्योंकि यह एक विशेष धारणा से प्राप्त हुआ है। किस प्रकार प्राचीन लोगों की ओर हमारी धारणाओं में अन्तर आ उपस्थित हुआ ? जहाँ तक प्रकृति से सम्बन्ध है, हम उनसे निम्नतर ही हैं। फिर भी हम प्रकृति को अपना अर्घ्य चढ़ा रहे हैं, अनुभूति की ओर से जड़-जगत् को आलिंगन करने जा रहे हैं। इसका मतलब क्या है? यह प्रकृति के साथ हमारे वृहत्तर योग से नहीं हुआ है, बल्कि उलटे, इसलिए हो सका है कि आचार-व्यवहार में हम प्रकृति के विरोधी हो गये हैं और आज उसी भौतिक-जगत् के भीतर कुछ सन्तुष्टि खोजने की चेष्टा हो रही है।]

शिलर के इस कथन में प्रकृति के साथ ईश्वर को भी जोड़ देने की ज़रूरत जान पड़ती है। ब्रजभाषा-कविता पर विचार करते समय हमें ईश्वर-प्रेम के इस आधुनिक दृष्टिकोण का सहारा नहीं लेना चाहिए।